许钧翻译论丛

当代法国翻译理论

（增订本）

许钧 主编

许　钧　袁筱一

袁　莉　刘和平

蔡小红　俞佳乐

曹丹红　　编著

译林出版社

图书在版编目（CIP）数据

当代法国翻译理论 ／ 许钧主编；许钧等编著．—增订本．—南京：译林出版社，2023.11
（许钧翻译论丛）
ISBN 978-7-5447-9842-6

Ⅰ.①当… Ⅱ.①许… Ⅲ.①翻译理论－法国 Ⅳ.①H059

中国国家版本馆 CIP 数据核字（2023）第 120135 号

当代法国翻译理论（增订本）　许　钧／主编　许　钧　袁筱一　袁　莉　刘和平　蔡小红　俞佳乐　曹丹红／编著

责任编辑　韩继坤
装帧设计　侯海屏
校　　对　戴小娥
责任印制　颜　亮

出版发行　译林出版社
地　　址　南京市湖南路 1 号 A 楼
邮　　箱　yilin@yilin.com
网　　址　www.yilin.com
市场热线　025-86633278
排　　版　南京展望文化发展有限公司
印　　刷　苏州工业园区美柯乐制版印务有限责任公司
开　　本　652 毫米 ×960 毫米　1/16
印　　张　18.5
插　　页　4
版　　次　2023 年 11 月第 1 版
印　　次　2023 年 11 月第 1 次印刷
书　　号　ISBN 978-7-5447-9842-6
定　　价　98.00 元

翻译的价值是无可估量的
——“许钧翻译论丛”总序

从大学毕业至今，已经近45年了。回想这40多年走过的路所做的事，我自己觉得最有意义的是翻译。我曾不止一次地说过，我做的工作，基本上只与翻译有关。我做翻译，包括口译与笔译，口译做过同声传译，也做过学术翻译、陪同翻译，有机会认识了联合国前秘书长加利、著名哲学家德里达、诺贝尔文学奖得主勒克莱齐奥等先生，有的还成了很好的朋友。笔译主要是文学翻译，也译过一些重要的学术著作。在做翻译的基础上，我对翻译进行思考，进行研究。除了做翻译、研究翻译，我的主要工作是教翻译，培养做翻译、研究翻译的人才。这几十年来，我之所以坚持不懈地做翻译、研究翻译和教翻译，是因为我对翻译重要性的认识在不断深入，因为我们都知道，不同民族的交流离不开翻译，社会的发展离不开翻译，世界的和平也离不开翻译。

我从翻译出发，通过翻译研究，把目光投向了人类悠久的翻译历史，在历史的审视中，对翻译的本质、翻译的作用、翻译主体的活动、翻译研究的发展和翻译学科的建设进行思考。感谢译林出版社的厚爱，系列推出我的翻译研究成果。可以说，这套“许钧翻译论丛”记录的就是我40余年来在翻译与翻译研究的道路上对翻译的思考与探索的印迹。

翻译活动是丰富的，有多种形态。雅各布森将翻译活动分为三种类型：符际翻译、语际翻译和语内翻译。符际翻译和语际翻译，我们译学界有过不少研究，但对语内翻译，似乎关注不多。我在《绕不过去的翻译问题》一文中曾谈到，“一个民族的文化是不断创造、不断积累的结果。而翻译，在某种意义上，则是在不断促进文化的积累与创新。一个民族的文化的发展，不能没有传统，而不同时代对传统的阐释与理解，会赋予传统新的意义与内涵。想一想不同时代对‘四书’‘五经’的不断‘翻译’，不断阐释，我们便可理解，语内翻译是对文化传统的一种丰富，是民族文化得以在时间上不断延续的一种保证”。

翻译的价值是无可估量的。在我看来，翻译的价值是多方面的，有社会价值、文化价值、语言价值、创造价值和历史价值。对于翻译的社会、文化价值，我们现在了解得比较多了。从整个人类社会发展来看，翻译能够克服语言差异造成的阻碍，达成双方的相互理解，为交流和对话打开通道。正是借助翻译，人类社会才从相互阻隔走向了相互交往，从封闭走向了开放，从狭隘走向了开阔。从某个具体国家民族的社会文化发展来看，翻译通过对别国先进科技和文化的介绍，能够引进知识，开启民智，塑造民族精神和国人思维，在特殊时期甚至能对社会重大政治运动和变革实践产生直接的影响，成为一种文化的构建力量。

而翻译的语言价值观，从根本上说，就是如何认识翻译活动对语言产生的作用和影响问题。翻译是一种特殊的写作活动，与通常的写作活动不同，两种语言的交锋很容易创生“第三种语言”，进入译入语后，能够从句法、词汇等方面丰富并拓展后者。梁启超曾讨论过佛经翻译文学对汉语的直接影响。据他介绍，当时日本人编了一部《佛教大辞典》，其中收录“三万五千余语”。暂不论这“三万五千余语”是否完全进入汉语系统，可以肯定的是，创造新词的过程是汉语逐渐丰富的过程。另外很重要的一点是，新词汇也意味着新观念，语言上的变化也会对思想观念、思维方式造成影响。如是观之，我们就会明白为何五四运动前后，几乎所有进步报刊都登载了翻译作品，而鲁迅、刘半农、沈雁冰、郑振铎、瞿秋白等人又为何会如此热衷于翻译了。

关于翻译的创造性，学界关注不够。翻译本身是一种创造性活动，只有凭借译者的创造才能实现。而且当我们讨论翻译的社会、文化和语言价值时，实际上已经涉及了翻译在这些层面所表现出的创造力。而当“本我”意欲打破封闭的自我世界，向“他者”开放，寻求交流，拓展思想疆界时，自我向他者的敞开，本身就孕育着一种求新求异的创造精神。与此同时，翻译中导入的任何"异质"因素，都是激活目的语文化的因子，具有创新作用。

在当今的时代，我特别关注在全球化的语境下，翻译应该承担的使命。在我看来，全球化和世界一体化给翻译提供了更广阔的发展前景，另一方面也赋予了翻译更为重要的使命。2002年，联合国前秘书长布特罗斯–加利曾访问南京大学。当他得知我多年来一直从事翻译实践与研究后，充分肯定了这一工作的重要性，还为我正在撰写的《翻译论》题写了一句话："翻译有助于发展文化多样性，而文化多样性则有助于加强世界和平文化的建设。"我认为这句话很好地定义了翻译在全球化时代的使命。全球化有其积极的一面，但其负面影响也不容小觑。加利访问南京大学时，曾发表了题为"多语化与文化的多样性"的重要演讲。在演讲中他指出，世界化进程会对文化产生直接的影响，甚至有可能危及文化多样性。他的这种担忧并非没有根据。在当今的国际社会，某些国家以强大的经济势力为基础，以经济利益为诱饵，在推动经济一体化的过程中，谋求强势文化的地位，甚至表现出十足的"文化霸权主义"。面对这种现状，不难理解会有越来越多的人呼吁对"文化多样性"的维护，而翻译因其本质属性，能够而且必须在维护"文化多样性"过程中承担重要使命。

那么，翻译要怎么做，才能承担起维护文化多样性、加强世界和平建设的使命呢？通过研究，我认识到，我们应该从跨文化交流的高度去认识翻译。有几点特别重要：一、在理解翻译的本质时，要坚持将翻译视作一种"跨文化的交流活动"。翻译不仅仅是一种语言转换活动，更是一种跨文化的交流活动，它在世界文明进程中扮演着重要而独特的角色。作为不同语言、文化之间的"转渡人"，译者对"文化多样性"及其重要性的体认应该更为深刻，也因此承担了更为重大的责任。只有正确认识翻译，充分看到翻译的跨文化交流本质，译者才有可能在自己的实践活动中对文化因素更为敏感，对保存和传达文化因素更为谨慎。二、在翻译中，要以平等的态度去善待各种不同的语言。加利在南京大学所做的题为"多语化与文化的多样性"的演讲中就曾指出，语言多样性与文化多样性之间存在着千丝万缕的联系，语言多元是维护文化多样性的基本条件，而世界的民主与和平有赖于语言与文化的多元，因为在他看来，"一门语言，它所反映的是一种文化和一种思维方式。说到底，它表达了一种世界观。如果我们听凭语言单一化，那将导致一种新型的特权群体，即'话语'的特权群体的出现！"翻译如要为维护语言多样性做出贡献，就要坚持开放与交流的文化心态。三、要发扬翻译精神，勇敢承担历史赋予翻译的使命。南京大学的程章灿教授在读了我的《翻译论》后，曾写过一篇富有真知灼见的读后感。在文章里，他指出，我们正处于一个翻译的时代，而翻译的时代不可缺少的是翻译精神。他从我对翻译本质的定义出发，将翻译精神总结为“交流、传承、沟通、创造与发展”五个方面。实际上，我们所提倡的对不同文化的尊重，在翻译中努力再现语言、文化差异，都是这翻译精神的体现。发扬这一翻译精神，实际上便是在准确定位翻译的同时，勇敢承担起语言、文学、文化、社会、历史等种种层面的使命，而加利所说的“发展文化多样性，加强世界和平文化建设”的历史使命自然也被包括在了里面。

在对翻译进行思考与研究的同时，30多年来，我和翻译教学与研究界的同行一起，一直致力于翻译学科的建设。在这方面，我们的努力一直没有停止。在中国翻译协会成立30周年之际，我为《中国翻译》撰写了一篇长文，题目为“翻译研究之用及其可能的出路”。过去常有人说“翻译无理论”；现在翻译理论实实在在地存在了，不少人又说“理论无用”。这种对翻译研究的实用主义态度危害不小，它在很大程度上限制了我们对翻译本质的形而上思考、对翻译过程的多层面研究以及对翻译价值的多元化追求。我本人在翻译实践过程中是有明确的理论追求的，而且我认为这非常重要。理论意识在译者选择原作、研究原作、确定翻译策略、解决具体问题等方面都有很大的帮助。而翻译活动的经验总结、理论升华更能对今后自己和他人的翻译实践有所启迪和助益，避免实践的盲目性。本论丛所收入的《文学翻译批评研究》《文学翻译的理论与实践——翻译对话录》《文字·文学·文化——〈红与黑〉汉译研究》等著作，就是在这一方面探索的结晶。

事实上，从最朴素的翻译思考到今天多视角、多方法的科学理论，翻译研究在不断加深人们对翻译本身的理解，深化了人们对翻译复杂性和重要性的认识。如果没有翻译的语言学研究，翻译活动可能还囿于经验主义的层面。如果没有翻译的文化研究，我们可能还无法对制约翻译产生与接受的机制具有如此全面自觉的意识。而对翻译理解的深化也促使人们从社会交流、文化传承、语言沟通、创造精神和历史发展等多元角度来看待翻译的价值，对翻译的重要性有了更加全面的认识，有利于在维护文化多样性、促进世界和平方面进一步凸显翻译的重要性。回顾我的翻译探索之路，可以看到自己的学术视野不断拓展，对翻译的理论思考也不断深入，《翻译论》《翻译学概论》《二十世纪法国文学在中国的译介与接受》《傅雷翻译研究》等著述，集中地展现了我和翻译界的同人在翻译理论、文学译介与翻译家研究等方面所做的重要工作。

翻译研究为我们理解和探索人类交流的历史开辟了一条新路。翻译是人类跨文化交流的一种重要形式，我们甚至可以毫不夸张地说，一部翻译史，就是一部文化交流史。作为一个翻译学者，我清醒地认识到，翻译历史悠久，形态丰富，翻译的许多问题需要我们继续研究与探索。鉴于此，这一论丛是开放性的，我会加倍地努力，不断给读者奉献有关翻译研究的新成果。

许钧

2020年10月22日

于南京黄埔花园

目　录

绪 论

自改革开放开始，我国译论研究有了长足发展，其成果是有目共睹的。在借鉴、学习外国翻译理论方面，也做了大量的工作，但由于种种原因，对许多国家的翻译研究成果，我们在十余年间还没有进行过系统的介绍，更谈不上深入的研究，比如对法国翻译研究的情况，我国翻译理论界了解就不多，曾经只有对乔治·穆南（Georges Mounin）的一点零星的评介[1]和对巴黎高等翻译学校的概要介绍[2]。然而，自1963年乔治·穆南的国家博士论文《翻译的理论问题》发表后，法国翻译理论是否对乔治·穆南的研究成果有所突破，有所发展呢？当代法国翻译理论研究是否在翻译学的基本问题的探索上有独特的建树呢？正是带着这些问题，笔者应法国文化部邀请，于1993年5月至9月，对法国文学翻译与翻译理论研究的现状进行了重点考察。在访问考察期间，笔者有机会广泛接触了法国翻译理论界人士，并搜集了此前三十年间法国译坛研究的主要成果。为借鉴当

1　如郑福熙的《乔治·穆南论翻译理论问题》，《外语教学与研究》，1986年，第1期；杨建钢的《法国的翻译理论研究》，《中国翻译》，1987年，第4期；许钧的《乔治·穆南的翻译观》，《外语与翻译》，1988年，第1期。

2　如柳门的《法国培养高级国际翻译人才的机构——巴黎高等翻译学校》和施晓菁、翟宠彪的《巴黎高等翻译学校访问记》，《中国翻译》，1983年，第12期；鲍刚的《高校口译训练方法》（《中国翻译》，1992年，第6期）和《口语记忆中语类的归纳》（《北京第二外国语学院学报》，1993年，第2期）对巴黎释意派的口译理论也有过介绍和借鉴。

代法国译论研究成果，拓展我国译论研究的视野，推动我国翻译学科的发展，我们认为有必要将当代法国的译论成果向国内译界人士、有志于翻译理论研究的青年同行和高校外语专业学习翻译的各个层次的学生做尽可能全面系统的介绍。

一

在法国的文化生活中，翻译占据着举足轻重的位置。法国文学翻译家协会前主席雅克莉娜·拉哈纳曾经指出，在当今的世界，任何一个民族离开了翻译，也许就无法生存下去。她曾经就法国翻译出版情况做过一次全面的调查，在《翻译在法国出版政策中的位置》[1]这份调查报告的分析中列举了如下的数字：法国1990年出版的社会科学与文艺作品（包括艺术、文学史、历史与文化、小说、传记、诗歌、戏剧、宗教、人文科学与青年读物等）总计14 360种，其中翻译作品占4 438种，涉及近30个语种。据称，随着社会的发展与国际交流的日益扩大，翻译将占据越来越重要的位置。在法国，直接或间接从事各种翻译活动的人员也越来越多。法国现有的几个翻译协会中最有影响的是法国翻译家协会，它是国际译联的发起组织之一；其次是法国文学翻译家协会；还有阿尔勒国际文学翻译中心等。各协会之间有交流，有合作，都有常设机构，有专人负责定期接待来访人员、组织学术活动、编辑学术刊物。为了解决经费上的困难，有关组织积极活动，争取国家有关部门的支持。1990年，法国政府提供了近500万法郎的翻译资助（其中包括多部中国当代文学作品的翻译资助），并初次邀请了17位外国翻译家（包括中国、苏联、日本、希腊等国的翻译家）赴法进行了短期学术访问。这几年来，资助的经费一直处于上升趋势。为了鼓励翻译人才，法国文化部在1987年设立了“国家翻译大奖”，每年12月颁发，奖励杰出的翻译家；此外，在有关基金会与政府部门的支持下，还设立了诗歌、小说、戏剧等多项翻译奖。应该说，法国政府与有关基金会做出的种种努力，对鼓励翻译人才、促进翻译事业起到了积极

1　参见阿尔勒国际文学翻译中心与法国文学翻译家协会合办的《翻译文学》（*TRANSLITTERATURE*）创刊号，1991年5月，总第1期，第3—13页。

作用。翻译活动的活跃，翻译组织的相对健全，再加上有关部门的支持，在某种意义上也促进了翻译理论研究的开展。

法国从事翻译理论研究的主要是大学教师与有关人文科学的研究人员，还有一些专职翻译家。法国翻译理论研究的气氛，比笔者想象的要浓厚。笔者于 1993 年 5 月 19 日抵法，不久便拜会了法国翻译家协会的有关负责人，听说他们不久前在布洛涅森林举办了一次有关“社科翻译”的学术研讨会。6 月初，笔者收到法国国家翻译图书中心的通知，应邀参加了由久负盛名的法国高等师范学校国际哲学研究中心发起组织的“诗歌与翻译”学术研讨会。会议为期三天，代表们发言热烈。参加这次学术研讨会的有法国的翻译家、著名诗人，如诗歌翻译家米歇尔·德吉（Michel Deguy）、马尔蒂娜·布洛达（Martine Broda），有法国独树一帜的文论家、翻译理论研究家亨利·梅肖尼克（Henri Meschonnic），有来自希腊国家翻译中心的翻译家埃旺克洛斯·比茨奥利斯（Evangheros Bitsoris），此外还有来自意大利、西班牙等国的诗歌翻译家和翻译理论研究者。研讨会议题集中，讨论气氛热烈。紧接着，在 6 月 11 日，法国社会科学院欧洲文化研究中心又组织了一次别开生面的翻译研讨会。该中心的主要研究方向是欧洲本土内各种语言的互译问题，笔者应邀列席了这次研讨会。研讨会规模不大，讨论主题“翻译——自由与侵犯”（主要讨论翻译的主体——译者的权利与束缚），对界定翻译的创造力有着不可低估的理论指导意义。对“侵犯”（violence）这一概念，笔者理解不深，但从有关材料上看，觉得这一概念的提出对消除翻译活动中的诸多消极因素是有一定意义的。翻译，是一个各种关系（语言、社会、文化、道德）交织与碰撞的中心。从积极意义上说，翻译是不同思维体系、不同语言形式、不同文化背景以及不同美学观念交汇、相互影响的中心，在人类交往中起着不可忽视的重要作用；但是，从消极的角度看，围绕着翻译活动，则存在着各方面、多因素的冲突，比如译文与原文的冲突，译语文化与原语文化的冲突，译者与原作者的冲突，读者与译者的冲突。在冲突中，势必会产生一些相互侵犯的行为。研讨会探讨产生这些侵犯行为的社会、文化、语言因素，提出一系列足以引起人们进行深层思索的问题，如“译者粗暴地处理原文”，侵犯原文与原语文化，在译语中掺入浓重的主观色彩等。这些问题的针对性扩大了翻译理论如何与实践结合方面的探讨层面。在先后不到一个月的时间里，巴黎翻译理论研究界就召开了多次学术研讨会，翻译研究的活跃程度，由此可见一斑。

1993 年 7 月初，笔者前往距地中海岸仅 40 公里的阿尔勒国际文学翻译中心。在这里，常年有来自世界各国的翻译家分批进行短期的交流与研究工作。无论就生活环境还是学术环境而言，阿尔勒国际文学翻译中心都确实是个理想的翻译研究场所。与笔者同批到达该中心的有法国、日本、希腊、匈牙利、意大利、保加利亚、罗马尼亚等国的十位翻译家。自然，交流译事经验、切磋翻译技巧成了该中心活动的一个传统项目。此前十年里，每年的 11 月 8 日至 11 日，中心还负责举办大规模的国际翻译研讨会，每次研讨会着重探讨一两个主题，会后将论文集册出版，为法国翻译理论研究的发展做出了重要贡献。

二

乔治·穆南作为法国新时期翻译理论研究的代表人物，在开拓翻译理论研究的领域，廓清翻译理论研究的界限，特别是从语言学的角度，对翻译理论问题的探讨，以及对翻译的障碍与可行性的研究等方面做出了不可磨灭的贡献。但从另一方面讲，乔治·穆南主要是借鉴现代语言学的研究成果，提出了翻译研究应该思索的理论问题。在他之后，法国出现了一批为翻译学的建立而不懈探索的翻译理论研究人员。就总体而言，法国在翻译研究上涉及的面比较广，在有些方面已有了相当深度。

就我们在法国国立图书馆，巴黎第三大学、第七大学、第八大学，巴黎高等翻译学校及阿尔勒国际文学翻译中心图书馆接触到的有关翻译理论研究的图书看，法国翻译理论研究在翻译史、翻译基本理论、翻译方法、翻译教学、翻译诗学、机器翻译等各个方面都取得了一些令人鼓舞的成果。

其中最有影响的是达尼卡·塞莱丝柯维奇（Danica Seleskovitch）与玛丽亚娜·勒代雷（Marianne Lederer）主持出版的“翻译学丛书”。该丛书由 Didier Érudition 出版社出版，第一部是由塞莱丝柯维奇与勒代雷合著的《释意翻译》，出版于 1984 年。该书是塞莱丝柯维奇论述其“释意翻译理论”的奠基性著作。该丛书已有多部著作问世，涉及的方面较广，比如有伊莉莎白·拉沃（Elisabeth Lavault）所著的《翻译在语言教学法中的作用》着重探索翻译教学的理论问题；属于同一研究范围的还有克里斯蒂娜·杜里厄（Christine Durieux）所著的《科技翻译教学法基础》。丛书中还收有翻译史研究的著作，如马利亚姆·萨拉马-卡尔（Myriam Salama-Carr）的《阿拔斯时代的翻译》。得到较为一致好评的是安帕罗·于塔多·阿尔比（Amparo Hurtado Albir）所著的《翻译的忠实概念》，全书236页，以释意理论为指导，对翻译中涉及"忠实"问题的方方面面进行了较为全面、客观、透彻的剖析。从书中也收有论文集，如1991年出版的《翻译中的自由性》就是1990年6月7日至9日在巴黎高等翻译学校召开的国际翻译学术研讨会的论文集，由该校时任校长勒代雷教授与弗图纳托·伊斯拉埃尔（Fortunato Israel）先生合编。

值得说明的是，这套丛书的主编与著作者绝大部分是巴黎高等翻译学校的教师或研究人员。此前十余年里，他们与塞莱丝柯维奇教授、勒代雷教授通力合作，在翻译理论研究中不断拓展，形成了自己的特色。从丛书涉及的内容看，我们似乎可以这么认为：虽然丛书冠以"翻译学"之名，但仅仅是一种探索。已出版的多部著作基本没有从宏观上去建构翻译学体系，而是在现代语言学交际理论的指导下结合翻译与翻译教学实践，提出了"释意理论"。该理论具有系统性，也有一定深度，且对实践有指导价值，其影响已远远超出法国的范围。

由法国南方通讯出版公司出版的《文学翻译研讨会论文集》已出版多辑。该论丛由阿尔勒国际文学翻译中心编辑。从1984年起，法国文学翻译家协会以阿尔勒城为基地，每年11月举办国际文学翻译研讨会，每次会议的论文都结集出版。这套论丛具有较高的理论指导价值。每部论文集的内容相对集中，探索的主题都是翻译的基本问题，与实践的结合性较强。从已出版的论文集来看，内容涉及文学翻译的基本性质、译者的任务、翻译思维与表达形式、诗歌翻译、戏剧翻译、文学翻译工作者的培养、名著重译、翻译质量评价等问题。从阿尔勒国际文学翻译中心安排的研讨会内容看，他们十分注重翻译理论对翻译的指导作用。比如，他们常常围绕一些具有代表意义的作家的作品的翻译，像狄更斯、普鲁斯特的作品的翻译，集中多个语种翻译家的智慧，对这些作家的作品的特点、翻译障碍、处理方法与原则进行较为深入的讨论，这样，由于针对性强，研讨会的成果便具有理论推广的价值了。又如在 1984 年举办的第一次翻译研讨会上，集中讨论了译者的两重性、文学翻译家的社会地位以及作家与翻译家的关系问题，主题明确，讨论紧紧围绕翻译活动的主体——译者来进行，具有相当的深度。[1] 又如 1993 年 11 月，阿尔勒国际文学翻译中心专门组织了一次讨论，探讨译者与原作者、译文与原文之间有关社会、文化、美学观念冲突的协调问题，从理论与实践的结合上对翻译中这一必然遇到的关键问题进行了多方面的思考与探索，取得了令人满意的成果。

在翻译研究领域，米歇尔·巴拉尔（Michel Ballard）主持的“翻译研究丛书”已具有一定影响。列入该丛书出版的包括乔治·穆南的《不忠的美人》、达尼埃尔·吉尔（Daniel Gile）的《会议翻译研究思考》、让娜·坦塞特（Jeanne Dancette）的《翻译过程——理解过程的实验研究》、米歇尔·巴拉尔的《篇章关系与翻译》、莫里斯·贝尔尼埃（Maurice Pergnier）的《翻译的社会语言学基础》、巴拉尔主编的《多元翻译》、利埃温·杜勒斯特（Lieven D'Hulst）的《法国翻译理论研究一百年——从巴特到利特雷（1748—1847）》和巴拉尔的《从西塞罗到本雅明——译家、译事与思考》等。其中较有特色的有利埃温·杜勒斯特所著的《法国翻译理论研究一百年——从巴特到利特雷（1748—1847）》，该书总结了从 1748 年到 1847 年这一百年间法国翻译家所探讨、论述的一些理论问题，有介绍，有评介；另外，米歇尔·巴拉尔所著的《从西塞罗到本雅明——译家、译事与思考》，从翻译的基本原则到翻译学的基本问题，都有所涉及。同时，作者把翻译活动放到人类社会与文化发展的宏观层次上去进行思考与考察，对我们进行翻译史和翻译理论史研究具有启迪意义。

确实，法国翻译理论研究在 20 世纪 60 年代以后，特别是 80 年代相当活跃，而且出现了一批具有代表性的著作，如上面提到的莫里斯·贝尔尼埃，他从社会语言学的角度研究翻译，其博士论文《翻译的社会语言学基础》，由奥诺雷·尚皮翁出版社于 1978 年出版；拉德米拉尔（Jean-René Ladmiral）从翻译学者的角度研究翻译，他的《翻译的理论要素》

1 关于翻译主体研究，参见袁莉：《也谈文学翻译之主体意识》，《中国翻译》，1996 年，第 4 期，第 4—8 页。

一书于1979年由巴黎巴约出版社出版。特别值得一提的是由巴黎高等翻译学校主编的《翻译学研究——献给达尼卡·塞莱丝柯维奇》一书，该书于1990年出版，收录了二十余篇论文，作者大多是塞莱丝柯维奇教授的弟子，他们从各自研究的角度阐述了塞莱丝柯维奇的“释意理论”，为完善该理论做出了努力。此外，还有不少有关翻译历史研究的著作或论文集，如日纳维埃芙·康塔米娜（Geneviève Contamine）主编的《中世纪的译事与译家》、让·马塞尔（Jean Marcel）所著的《圣哲罗姆与翻译》等，这些著作都在考察翻译历史的同时，对翻译家的作用、创造以及翻译的基本原则进行了探讨。

除了各种著作之外，还有不少杂志为法国翻译理论研究的发展做出了努力。如《语言》《交流》《实用语言学研究》《现代语言》《阅读》《美学杂志》等都开辟过专栏或出过特刊，刊登有关翻译理论研究的论文。就连法国最有影响的文学刊物之一《文学半月刊》也在1990年用相当的篇幅进行翻译讨论。目前，法国有三种杂志专门用于交流翻译信息，探讨翻译理论：一是法国翻译家协会的会刊《翻译》，每年四期；二是法国文学翻译家协会与阿尔勒国际文学翻译中心共同主办的《翻译文学》，该杂志于1991年6月创刊，为半年刊；三是雅克·兰古尔出版社出版的《译坛》杂志。此外，还有巴黎第三大学英法文体对比与翻译研究中心创办的《语言再现》杂志，主要刊登该中心的研究成果，限于英法两种语言互译研究的范围。

法国翻译理论界在机器翻译模式方面也进行了积极有效的研究。1964年，乔治·穆南出版了《翻译机器》一书，对涉及机器翻译的一些理论问题做了初步的探讨。20世纪80年代，随着语言学和人工智能研究的不断发展，机器翻译研究取得了越来越可喜的成绩。1991年，法国科学研究中心与巴黎第七大学发布了“欧洲翻译计划”的1号技术报告，作者为L. 邓洛斯与O. 罗朗斯。该报告分两个部分：第一部分涉及自动翻译系统的语言学基础问题，设计了语义的中介转换程序；第二部分涉及形式处理与翻译的层次与秩序问题。这份技术报告的问世，在法国翻译理论界一度引起轰动，尤其在翻译模式、翻译程序与具体转换手段等方面给人们以理论的启迪。不过，从该计划的设计目标看，“欧洲翻译”理论上只能进行“技术翻译”服务。

三

从上文的介绍可以看到，法国翻译理论研究呈多向发展的趋势，几乎涉及与翻译有关的任何一个领域，取得了一批重要的研究成果，有不少值得我们借鉴的地方。在本书中，我们根据手中所掌握的大量第一手资料，经与法国译界的同行多次探讨，选择了 20 世纪 60 年代以后具有代表性的一些成果，结合翻译研究的一些共性问题，有重点地做一概要性的评述。

迄今为止，法国几乎没有一部全面构建翻译学框架的著作问世；据我们了解，目前，法国译论界的研究重点不在此。究其原因，恐怕重要的一点就是翻译学不是凭空可以建立的，它首先需要人们廓清翻译学研究的对象、领域。然而有趣的是，一方面，语言学、符号学、比较文学等学科都争取把翻译研究纳入自己的范围；另一方面，翻译理论研究又把语言学、符号学、比较文学、接受美学等理论当作研究的手段，从各个边缘的、相交的领域入手来确立并扩大自己的研究范畴。在我们所选择的做重点介绍的法国翻译理论中，有标志着当代法国译论新的开端的乔治·穆南；有试图将翻译理论与翻译实践结合起来，构筑真正能够指导翻译实践的译论基础，探索"翻译理论要素"的拉德米拉尔；有以现代语言学为指导，特别是将社会语言学的成果运用到翻译研究中去的贝尔尼埃；有拓展翻译研究的视野，将翻译活动置放在一个开阔的文化大背景中去进行考察的安托瓦纳·贝尔曼（Antoine Berman）；还有以现代诗学理论为基础，对文学翻译活动的本质和特性做出界定的梅肖尼克。另外，从目前翻译理论研究的趋势看，巴黎高等翻译学校所创立的释意理论正以其系统性和对实践的重要指导作用，越来越显示出其影响力，在国际译论界占有越来越重要的一席。本书以较多的篇幅，扼要地对释意理论进行了介绍，同时还对阿尔比的《翻译的忠实概念》和勒菲阿尔（Karla Dejean Le Féal）的笔译教学理论进行了评述、分析与探讨。

我们知道，自 20 世纪初以来，语言学的研究不断深入，各种理论纷呈，语言学的研究成果几乎影响到人文科学研究的各个领域。张汝伦教授在《历史与实践》一书中指出："语言作为人类生存最基本的特征和手段与人同在，它既是思维的工具，也是实践的媒介，又是历史的表达。同时，它又是存在的视界与人文视界的基础和界限所在。语言的这种本体论上的先在性与生存论上的基础性，决定了它必然会成为人们反思与探究的焦点。”[1] 正是因为语言的特殊地位，人们越来越重视对语言的探索与研究。20 世纪初在哲学研究领域开始出现“语言的转向”，德、法等国哲学家在研究中对语言进行深层次的考察与辨析，并将“本体论问题和语言问题融为一体”[2] 进行思考，这从一个侧面反映了哲学与语言学不可分割的关系，更何况以语言转换为具体形式的翻译活动呢？法国当代著名哲学家、语言学家阿热吉在《言语的人——语言学对人文科学的贡献》[3] 一书中专门论述了现代语言学对各人文学科发展所做的贡献，其中也谈到语言学对翻译研究的影响。不能否认，在 20 世纪 60 年代以来的翻译研究中，语言学给了我们许多启迪与指导，翻译研究中的语言学途径在很大程度上拓展了翻译研究的广度与深度。从 20 世纪 60 年代到 80 年代，法国翻译理论界的主要研究成果，可以说是以语言学理论为基础的。如乔治·穆南，他对翻译理论研究与语言学的关系、翻译与语言学关于“意义”的理论、翻译与“世界映象”理论、翻译与人际交流等各个方面都进行了深入的探讨，从理论上论证了翻译的可行性，也指明了翻译的限度。他对翻译的这些深层次的理论思考功不可没。拉德米拉尔的研究也没有脱离语言学的指导，他对翻译实践与翻译理论的关系，对翻译的几个基本问题的总结、梳理与思考，都有着相当的深度。他对乔治·穆南的理论也提出了质疑，认为乔治·穆南虽然在理论上展示了思维的、语言的、社会的共相现象的客观存在，从哲学的意义上论证了翻译的可行性，但是，对于直接从事翻译活动的人们来说，指导作用却不大。为此，他提出，翻译理论研究应该紧密结合翻译实践，翻译学的建立不能基于一些先验的“科学标准”，而应该对译者真正有所启发，有所指导。[4] 他明确指出，鉴于“理论与实践的鸿沟，我们从翻译理论（或者说翻译学）中吸取的唯一好处，便在于澄清翻译的

---

1 张汝伦：《历史与实践》，上海人民出版社，1995 年，第 352 页。

2 徐友渔等：《语言与哲学》，生活·读书·新知三联书店，1996 年，见前言第 1 页。

3 Claude Hagège: *L'homme de paroles, contributions linguistiques aux sciences humaines*, Paris, Fayard, 1986.

4 参见 Roger Goffin: «La science de la traduction 1955–1985 — Une tentative de bilan provisoire», in G. Debusscher et J. P. van Noppen (éd.), *Communiquer et traduire. Hommages à Jean Dierickx*, Éditions de l'Université de Bruxelles, 1985, pp.27–36。

诸多困难，将之分类、概念化，以便能总结出一种决定性的逻辑。目的在于‘启发’译者，为其在翻译中需要做出有所选择的决定时提供帮助”[1]。

翻译的基本理论研究所提出的问题，语言学自然不可能都给予满意的回答。但对翻译的具体实践，现代语言学理论却给予了诸多帮助。由于西方许多语言之间特殊的历史渊源，语言学的许多成果，如语义分析方法、语境理论、语用理论等，对西方很多语言的互译有直接的指导价值。20世纪70年代以后，法国的许多高校使用的翻译教程基本上都得益于现代语言学的成果，如弗朗索瓦丝·格雷莱的《英译法入门》《法译英入门》[2]，弗朗索瓦丝·加里克斯与迈克尔·沃尔什合编的《英法互译教程》[3]，伊莎贝尔·佩兰的《英语翻译方法》[4]等。这里特别值得一提的是吉勒明-弗莱舍的《法英句法比较——翻译问题》[5]。在法国，有关英法两种语言之间的对比分析早已不算是陌生的话题。然而，吉勒明-弗莱舍在这部著作中所探讨的内容却远远超过了单纯的对比语言学的范畴。正如A. 居里奥教授在前言中所说，“此书以全新的方法开辟了一个特殊的研究领域，它所体现的不仅仅是一名语言学家的敏感，更是一名译者、一名教师以及一名文学和语言学研究者的全部智慧”。该书作者以写于19世纪的法国文学名著《包法利夫人》和它的五个主要英译本为研究对象，抽取大量例句，对英法两种语言的语法结构（如时、态、体、数的变化）及这些结构在不同的上下文语境中的转换进行分析，力图阐明这样一个事实：语言内部语法范畴内的某些相似并不是不同语言中同一意群间相互对应的必要条件，其他如上下文的语境、合作发话者（co-énonciateur，亦即译者）的态度，还有作品及译作所处的社会、文化、历史背景等外在因素都是值得考虑的对象。正是这一内在和外在的双重关系构成了一些语言现实，特别是文学翻译研究的基础。这些翻译教程或从语言对比角度研究翻译的著作，对我们研究具体语言的转换规律和编撰翻译教材，无论是在指导思想，还是在编

---

1 详见本书第二章。

2 Françoise Grellet: *Initiation à la version anglaise: The Word against the Word*, Paris, Hachette supérieur, 1985; *Initiation au thème anglais*, Paris, Hachette supérieur, 1992–1993.

3 François Gallix, Micheal Walsh: *La presse économique, versions et thèmes anglais*, Paris, Hachette supérieur, 1992–1993.

4 Isabelle Perrin: *L'anglais: comment traduire*, Paris, Hachette supérieur, 1996.

5 Jacqueline Guillmin-Flesher: *Syntaxe comparée du français et de l'anglais. Problèmes de traduction*, Paris, Éditions Ophrys, 1981.

写原则或具体方法上，均有一定参考价值。可惜由于涉及具体的语言互译技巧或练习，本书不能做进一步的介绍。

无论对翻译基本理论的研究，还是对具体语言转换规律与技巧的探索，语言学的指导作用是显而易见的，但是，由于翻译活动具有特殊性和复杂性，涉及因素多，范围广，因此仅仅从语言学的途径来研究翻译日益显出其局限性。翻译，特别是文学翻译所提出的许多问题仅仅从语言学的角度来探讨，很难说得通。渐渐地，译论研究界不少学者对翻译的语言观提出了质疑。这不仅是必然的，也是译论研究向深度发展所需要的。法国翻译研究界最早突破“纯语言学途径”的，恐怕要数亨利·梅肖尼克了。梅肖尼克是法国著名的文论家，他的《诗学》一书至今已出五卷，在法国文论界影响颇大。其中的第二卷叫《诗学——创作认识论与翻译诗学》。他对奈达的翻译理论提出了批判，认为奈达运用语言学的生成转换理论以及结构主义语义学所构建的所谓的“翻译科学”，实际上并非建立在真正的科学的意义上，因为它在实质上排除了一切文学翻译，将形式与内涵对立起来，将科学与艺术对立起来。在梅肖尼克看来，翻译一部文学作品，具有“超越语言之上”的阅读创作的特性。

文学翻译的特殊性，仅用语言学的手段是不可能得到诠释的，所以必须纳入诗学的轨道。梅肖尼克试图建立一种“实验性的翻译诗学”，要使原语与译语之间、不同时代之间、不同文化之间的种种矛盾得到历史的客观性的解释。从某种意义上说，梅肖尼克是从诗学的角度对文学翻译的使命与原则进行了深层的探讨。他认为，文学创作与文学翻译是文学生命延续的保证。世界上真正优秀的文学作品都必然会被翻译、传播，而真正优秀的翻译作品往往被当作真正的文学精品而得以流传。为此，“翻译诗学”对于他来说，实际上是对文学翻译作品如何传达原作的独特艺术个性，延伸其艺术生命力的研究；正是基于这一点，他特别重视文学翻译中的“形式”问题。对奈达提出的“动态对等”高于“形式对等”的原则，他给予了激烈的批评[1]，他认为，一部文学作品的独特个性往往由其别具一格的形式所体现，忽视原作的表达形式，无异于断其生命。梅肖尼克对可译性的

1 参见 Robert Larose: *Théories contemporaines de la traduction*, Montréal, Presses de l'Université du Québec, 1989, pp.78–80。

探讨也采取了一种崭新的视角，提出了许多值得我们进一步思考的东西。[1] 令人遗憾的是，从某种意义上说，梅肖尼克只是提出了自己的翻译诗学构想与主张，至今并没有建立起一个关于翻译，特别是文学翻译的理论体系。

如果说梅肖尼克的翻译诗学主张从一定程度上突破了纯语言学的翻译研究视野或方法，把翻译研究引向文学翻译必然面对也必须解决的一些基本问题的话，那么，贝尔曼的文化视界观点则将法国翻译理论的研究带进了一个更为广阔的历史与文化空间。他把翻译与文化传播结合起来对翻译进行考察。他的《异的考验——德国浪漫主义时代文化与翻译》一书，从“普遍性”的角度探讨了翻译介乎于两种或多种文化之间所起的作用，以及翻译活动本身在从一门语言到另一门语言的“迁移活动”中，所经历的“异域”的考验。该书以“德国浪漫主义时代文化与翻译”为副标题，对从路德到德国浪漫派最后一位代表人物荷尔德林的各阶段的译事、译论的发展与变化做了全面的探索与思考，考察了翻译在民族文化的发展中所起的特殊作用，并就翻译的目的、任务、方法等问题进行了深入的探讨。他明确指出，翻译研究必须与文化研究结合起来。他不同意斯坦纳（George Steiner）对西方翻译史研究所提出的某些观点和某些做法，认为撰写翻译史“不能将之与语言史、文化史和文学史隔离开来”。对他来说，研究翻译，必须探究翻译在不同的历史阶段和在文化的发展中所起的作用，要明确“翻译在文化视界中的意义”[2]。我们认为，他的许多观点应该得到我们的重视。

当代法国翻译理论不仅研究途径不断拓展，研究视野不断开阔，在理论与实践的结合上，也迈出了成功的一步。在这方面，达尼卡·塞莱丝柯维奇的“释意理论”是一项不可忽视的成果。塞莱丝柯维奇是世界驰名的口译专家，她的口译理论与技巧在世界译坛广为流传。作为巴黎高等翻译学校的创办人，她一直在翻译理论研究这块园地上辛勤耕耘。她从理论上对翻译的一些共性问题进行思考，与勒代雷一道，带领众多弟子一起探索，逐步形成了她的“释意理论”。所谓“释意理论”，其核心在于确立

1 详见本书第四章。
2 参见Antoine Berman: *L'épreuve de l'étranger: culture et traduction dans l'Allemagne romantique*, Paris, Gallimard, 1984, pp.13–15。

翻译思维模式。塞莱丝柯维奇在探讨口译理论中，发现无论口译，还是笔译，其思维形式具有共性。而对翻译来说，关键之一在于正确把握翻译的内容。在她看来，口译也罢，笔译也好，翻译需要传播的不仅仅是语言意义的总和，还有在具体语境中确切的言语意义。为此，她着力探讨翻译中意义阐释的有效途径，指出翻译中不仅要注意把握语言意义，更要注意对传达内容起着积极作用的多种因素，如语境因素、文化背景因素、语言暗含因素、超语言知识因素。塞莱丝柯维奇还对译者在翻译中的特殊地位与作用进行了卓有成效的研究，拓展了翻译研究的深度与广度，越来越受到国际翻译理论研究界的重视。

在翻译批评领域，法国常见的是一种“即时”或应时的批评形式，有“指误性”的、“品评性”的，也有“抨击性”的，但大多缺乏系统性和深度，理论意识不强。真正科学意义上的批评，有亨利·梅肖尼克的“介入批评”和安托瓦纳·贝尔曼的“建设性”的文学翻译批评理论。前者在法国文学翻译批评界具有相当影响，但因其强烈的解构色彩而为不少同行所诟病；后者则因其理论的系统性和实践的可操作性，更因其具有“建设性”，而在文学翻译批评界受到普遍肯定。有必要说明的是，贝尔曼是在生命的最后一刻才完成了他的“建设性”翻译批评理论的构想，他的遗著《翻译批评论》于 1995 年由伽利玛出版社出版。贝尔曼将翻译看作现代阐释学所说的大循环里的一站，以翻译主体为基点对翻译进行研究与批评。同时，他以哲学的目光审视翻译批评实践，以确立、提高翻译活动和翻译批评本身的地位。就翻译批评本身而论，他认为这不可能是个二元对立的概念，翻译批评不应该是单纯的“肯定”与“否定”，批评的目的是“相互交流、相互完善、相互展示，为了文体的永存”。他指出，科学意义上的翻译批评是“一种特殊的、与其他类型的分析有所区别的推理结构”，是“一种自省的，能以其自身特点为主旨，能产生自身方法论的评论方式”，它不仅仅“要产生自身的方法论，而且还试图将该方法论建立在有关语言、文本及翻译理论的明晰的基础之上”。他所追求和探索的是一种“建构性的批评”，其要旨是，批评要有助于文学翻译的形成与完善，有助于翻译文本价值的实现，有助于拓展原作的生命，有助于开启“复译”的空间。

在翻译与翻译理论史研究方面，法国有不少值得介绍的成果，如我们在上文提到的利埃温·杜勒斯特的《法国翻译理论研究一百年——从巴特到利特雷（1748—1847）》、马利亚姆·萨拉马-卡尔的《阿拔斯时代的翻译》，还有爱德蒙·加里（Edmond Cary）的《伟大的法国翻译家》、罗歇·佐贝（Roger Zuber）的《佩罗·德·阿布朗古尔及其“不忠的美人”——从巴尔查克至布瓦洛的翻译与批评》和米歇尔·巴拉尔的《从西塞罗到本雅明——译家、译事与思考》等。在本书中，我们重点评价了米歇尔·巴拉尔对翻译与翻译理论史的研究与思考。

作为译史研究的代表作，巴拉尔的这部著作有着鲜明的特点与独特的思路和思考。在他看来，译史的研究不应仅仅是译事的叙述和介绍，而应把主要的注意力集中到译者或译者对翻译的思考上去，为此他给自己的这部著作加上一个副标题：“译家、译事与思考”。从全书看，巴拉尔是以翻译的作用（在历史中的作用）作为一条主线，将翻译活动、翻译家的思考放在整个历史中去进行梳理。巴拉尔强调，翻译不仅仅是语言活动，而且是人的活动，把翻译的作用作为主线正说明了作者的用心所在：强调翻译这项人的活动在历史中的作用，从而给翻译、给翻译家对历史的发展所做出的贡献、所起的作用进行定位；从历史的角度考察翻译的作用，界定各类翻译在历史的发展中所占的位置和存在的理由。就全书安排的内容看，这部译史著作的重点是翻译理论发展的历史的勾勒，以西塞罗为起点，至本雅明。作者在对古希腊罗马时期、中世纪、文艺复兴时代、17—19世纪的西方翻译史的考察中，发现人们从来就没有放弃过对翻译活动的思考。从历史角度看，译论关注的基本问题是从古有之，例如翻译的忠实性问题，是伴随着翻译史的发展而不断被提出的，任何译家都不可避免。从理论角度看，翻译的思考是一个历史的、发展的过程，两千多年来有着继承与发展的关系，我们研究翻译问题，不能割断历史。研究翻译史，不仅仅是为了总结过去，更重要的是指导今天和未来。巴拉尔对自己的研究有着明确的目标。在书中，他打破了纯历史的叙述方式，而注意注入自己的思考，并从中引出给人以启迪的结论。比如译论研究要处理好理论与实践的关系；译论研究需要向总体和综合方向努力；理论思考要力戒采取绝对化的立场，注意以历史的发展观来考察问题，树立相对的观念，尊重翻译方法的多样性等；这些看法都是十分有价值的。

另外值得一提的是，当代法国翻译理论中的不少成果都体现出法国学术研究重哲学思辨的倾向，注重从形而上与认识论的层面对翻译问题展开研究。这首先是因为许多翻译研究者具有哲学背景，或者本身就在哲学专业内从事翻译研究。例如，拉德米拉尔曾在利科（Paul Ricoeur）的指导下获得哲学博士学位，之后在巴黎第十大学教授德国哲学与翻译学，他的著作《翻译的理论要素》“主要关注的是哲学领域”，“哲学为我们的翻译思考提供了思想来源”[1]。当然拉德米拉尔也强调，这一广义的“哲学”包括了当代语言学、精神分析学、社会科学等诸多学科，具有一种跨学科视野。另一位当代法国翻译理论家代表贝尔曼曾长期在巴黎的国际哲学学院教授翻译，在翻译实践、翻译教学与翻译研究中，格外关注文化差异与差异接受问题。拉德米拉尔指出，贝尔曼“尤其致力于揭示翻译的哲学维度”[2]。此外，由于形而上学在西方历史悠久，翻译研究者即使不是专业的哲学研究者，多少也会受哲学传统的影响。上文我们提到翻译的语言学研究途径，而语言学视角下进行的翻译研究往往会借鉴语言哲学领域取得的重要成果，乔治·穆南所著《翻译的理论问题》的切入点正是西方语言哲学对意义问题的争论。从更普遍的角度说，与语言学、符号学、比较文学等学科一样，法国哲学历来也关注翻译活动。实际上，正如拉德米拉尔强调的那样，在法兰西语境下，翻译恰恰是在当代哲学领域内获得合法地位，成为独立的思考对象，为翻译学科的创立奠定了基础；换言之，当代法国翻译学的产生离不开哲学家对翻译的高度关注与深度探索。翻译活动处于两种语言、文学、文化的交锋地带，需要最直接地面对语言文化的差异，而差异所提出的挑战，所蕴含的知识、文化、思维创新因子，是始终处于同一种语言文化内的人所无法体会到的，因此无论在历史上还是在今天，翻译活动一直都是伟大思想家思考的对象。当代一些世界级的法国思想大师，包括巴迪欧（Alain Badiou）、布朗肖（Maurice Branchot）、德勒兹（Gilles Deleuze）、德里达（Jacques Derrida）、利科、塞尔（Michel Serres）等都谈论过翻译，甚至亲身进行过翻译实践，以翻译作为方法来进行哲学研究。哲学家的研究，包括德里达的《什么是确当的翻译？》《巴别塔》，卡森（Barbara Cassin）的《欧洲哲学词汇：不可译词

---

1 Jean-René Ladmiral: *Traduire: théorèmes pour la traduction*, Paris, Gallimard, 1994, p.8.

2 转引自 Mahdi Farrokhi: «Les œuvres complètes d'Antoine Berman. Étude bibliographique», *Équivalences*, 36/1–2, 2009, p.183。

典》《翻译的颂歌》，利科的《论翻译》，塞尔的《论翻译》《巴别塔》等，从哲学层面对可译性、意义、差异、理解等根本问题进行了深入探讨，加深了我们对翻译本质的理解，而这些著作本身也已成为翻译研究的重要参考文献。不过，鉴于上述重要论著会在相关章节中进行介绍，这里不再做专题探讨。

四

应该说，自20世纪60年代起，法国译论研究界所做的努力是可贵的，取得的成果也是可喜的。限于篇幅，我们不可能在此做全面深入的介绍。但通过我们对法国翻译理论研究现状的初步了解和研究，至少可得出如下的几点看法：

第一，法国翻译理论研究界没有急于去构建翻译学的基本框架。他们的研究方法不是从臆想的理论框架出发，去设计一个系统的理论模式。相反，他们从翻译的一些基本问题出发，从各个角度去进行探索，一步一步地拓展翻译研究的领域，并向深度发展。为此，他们决不排斥翻译家的经验之谈，而是善于把译者的点滴经验上升为理论，如阿尔勒国际文学翻译中心与法国文学翻译家协会合编的《论文集》就是这种做法的直接体现。从当代法国翻译理论研究的现状和发展看，译论研究者们没有囿于语言学的范围，而是不断开拓翻译研究途径，开阔研究视野；也没有像我们国内某些学者那样，绝对否定语言学对翻译研究所起的作用，而是多种理论相互共存，各种研究方法互为补充。

第二，法国翻译理论研究界比较注重理论与实践的结合，无论拉德米拉尔的“翻译的理论要素”与翻译教学经验，还是塞莱丝柯维奇的“释意理论”，都注意使所探讨的理论具有指导意义。从法国翻译家协会主办的《翻译》杂志和法国文学翻译家协会与阿尔勒国际文学翻译中心合办的《翻译文学》杂志刊登的文章看，我们不难发现编委们对翻译实践的特别关注，杂志编发的文章大都具有针对性。

第三，我们发现法国翻译理论研究界近年来特别强调进行具体语言转换的理论研究，比如英法翻译研究、德法翻译研究。还有一些从两种语言的对比，如修辞对比、结构对比等入手，研究翻译的具体转换规律与技巧，取得了一些成功的经验，我们可以借鉴。国内不少专家呼吁加强英汉、法汉等具体翻译的研究，恐怕应引起重视。

第四，在当代社会中，翻译的作用越来越明显，培养高质量的翻译人才，以适应世界日益扩大的交流的需要，是摆在我们面前的一个重要任务。翻译人才培养有赖于翻译教学理论的指导。法国翻译研究界对翻译教学的探索值得我们借鉴。

我们认为，理论联系实际的研究原则、多角度的研究视野、不同研究手段的相互补充以及研究者坚持不懈的努力，也许是真正的翻译学最终得以确立的不可缺少的基础。但愿我们对法国翻译理论研究的介绍与研究，能对我们翻译理论研究的发展，对翻译学科的建设，起到一定的启迪与促进作用。

第一章
法国译论研究的新开端

1963年，是法国翻译研究界值得纪念的一年。这一年的6月，乔治·穆南以《翻译的理论问题》为题的国家博士论文答辩通过，其意义是明显的：首先，以翻译为研究对象，将翻译纳入了科学的研究范围，并被法国教学界和学术界所认可，为翻译研究登入科学研究的大雅之堂打开了通道。其次，翻译作为人类最古老的文化交流活动之一，历史悠久，其重要性和必要性也有目共睹，但对这一实践活动的理论研究，长期以来一直被人们所忽视；乔治·穆南的《翻译的理论问题》明确地提出了进行系统的翻译理论研究的必要性，并身体力行，从语言学的角度，对翻译的理论问题进行了多角度的探索和审视，为翻译研究打下了一个坚固的理论基础，被西方译界称为一部划时代的著作。

乔治·穆南（1910—1993）是法国著名的语言学家和翻译理论家，自1961年起至退休，一直在法国普罗旺斯大学教授语言学和符号学。他一生从事语言学研究和翻译理论研究，著述甚丰，主要有《不忠的美人》（一译《美而不忠的翻译》，巴黎，Cahiers du Sud出版社，1995）、《翻译的理论问题》（巴黎，Gallimard出版社，1963）、《机器翻译》（海牙，Mouton出版社，1964）、《语言学史——自其起源至二十世纪》（巴黎，Presses universitaires de France出版社，1967）和《语言学与翻译》（布鲁塞尔，Dessart et Marduga出版社，1976）等。作为翻译理论家，乔治·穆南的贡献是多方面的，其翻译思想在法国乃至整个西方翻译理论界，均具有重大的影响，被视为“法国翻译的语言学理论的创始人和主要代表”，其代表作《翻译的理论问题》更是被国际翻译界奉为经典。本章试结合翻译理论的一些基本问题，就该书的主要观点做一评述。

第一节　打开语言学的大门

在西方翻译理论界，最早且较为系统地提出翻译理论研究应属于语言学研究范围的，是苏联的费道罗夫（Andrei Fedorov）。他在 1953 年发表的《翻译理论概要》中明确指出翻译的过程是使用语言的过程，因此在翻译中，语言问题应放在头等重要的位置上；他认为翻译研究首先应当从语言学的角度入手，并宣称只有采用语言学的研究手段，才能科学地揭示出翻译的规律和本质。[1] 在他之后，移居加拿大的法国人让-保尔·维纳和让·达尔贝勒纳于 1958 年推出了以“翻译方法”为副标题的《法英比较修辞》，他们积极支持费道罗夫的观点，认为必须把翻译“列入语言学的范围”，并提出“翻译是一个真正的学科，具有自身特殊的技巧和问题”，值得在“目前备受重视的语言学的分析手段”[2] 的启示下进行系统研究。

在目前的中国翻译理论界，对语言学与翻译的关系讨论颇多。首先有一种误解，认为现代语言学雄心勃勃，不安于自己的领地，要把翻译纳入自己的范围。其次是认为翻译不仅仅是一种语言交换活动，因此，语言学不可能解决翻译的全部理论问题，把翻译纳入语言学的范围只能是把翻译研究引入一条狭窄的死胡同。实际上早在 20 世纪 60 年代初，乔治·穆南对这些问题就有过思考。关于语言学与翻译研究的关系，乔治·穆南经过多方面的考察，指出了这样一个事实：翻译作为一种特殊的语言活动，一个具有其独特客体的研究领域，在 20 世纪 50 年代之前，却一直被语言学研究所忽视。他指出：“关于翻译活动的科学研究，更为令人奇怪的是：任何一部完整的哲学论著都得将语言理论包括在内，但是语言理

1　参见谭载喜：《西方翻译简史》，商务印书馆，1991 年，第 287 页。
2　J.-P. Vinay, J. Dalbernet: *Stylistique comparée du français et de l'anglais*, Paris, Didier, 1973, p.23.

论却从不把翻译作为语言活动加以研究并列入自己的范围。翻译是一种特殊的但也是普遍的语言活动，也许对语言和思维的研究都有一定启示。最近问世的有关语言学综合研究的重要著作对这一点也只字不提。翻译作为语言现象和独特的语言问题至今无人过问。在索绪尔（Ferdinand de Saussure）、叶斯伯森（Otto Jesperson）、萨丕尔（Edward Sapir）、布龙菲尔德（Leonard Bloomfield）的论著中，难以寻找到四五处提及翻译的只言片语。被提及时，翻译事实上也往往只起个旁注的作用，用于论证与翻译毫不相关的某个观点，几乎从未就翻译而论及翻译。”[1] 他还发现，这种对翻译一无所知的必然结果就是在大百科全书中见不到“翻译”的条目：无论是法国的、英国的还是意大利的或德国的百科全书，没有一行论及翻译及其历史与问题的文字（只有狄德罗编纂的百科全书是个例外）。[2] 在他看来，现代语言学对翻译这一特殊的语言现象继续熟视无睹，将翻译排斥在其大门之外，是“语言科学的耻辱”。因此，当费道罗夫、维纳和达尔贝勒纳等为翻译大声疾呼，要求获得科学研究独立客体或独立领域的地位时，乔治·穆南认为这是翻译研究一个新的开端。

然而，乔治·穆南看到，争取使翻译在普通语言学论著中获得一席之地，让翻译像双语现象、语言接触现象、语言地理学或词源学一样，受到语言科学的重视，并非一件易事。除了语言学界的排斥之外，这一为翻译争取科学研究领地的努力还受到了众多翻译家的异议，他们认为翻译是一门艺术，反对“把翻译说成一种严格地隶属于科学认识范畴，特别是隶属于语言分析范围的活动”[3]。如法国的爱德蒙·加里，他是一位著名的翻译家，既有文学翻译，特别是诗歌翻译的丰富经验，又有在国际重要会议长期担任同声传译的经历。他认为费道罗夫和维纳等的论点“经不起事实的考验”[4]。在他看来，翻译是一项极为复杂的活动，涉及多方面的因素，无法复归于语言学完全合理的科学定义的统一性。他指出，“文学翻译不是一种语言活动，而是一项文学活动”[5]，并认为：诗歌翻译是一种诗歌活动，要译诗，译者必须善于表现出诗才；剧作翻译若要达到演出的要求，就

1 Georges Mounin: *Les problèmes théoriques de la traduction*, Paris, Gallimard, 1963, p.11.
2 同上。
3 同上，p.13。
4 Edmond Cary: *Comment faut-il traduire?* Lille, P. U. L., 1986, p.4.
5 同上，p.6。

不可能是语言活动的结果，而是戏剧活动的成果，不然，语言是译过来了，但因为不注意戏剧艺术，却不能供演出；至于电影译制，更是一种超越了语言学范围的特殊的电影艺术活动，因为对应词句的选择必须尊重演员的口形、语流、动作以及影片的音乐、画面和视像规定的情景，甚至还要考虑到群体观众的社会反应等。[1] 乔治·穆南充分意识到了加里提出的这些观点的合理性。但他认为，对于翻译研究而言，“这些观点与其说否定了费道罗夫和维纳的论点，毋宁说是对他们的论点的限定与补充。这些观点批评费道罗夫在提出翻译理论的设想时陷入了‘语言学的倾向’，而费道罗夫则指责加里的观点提出的是一种‘文学的倾向’”。乔治·穆南指出：“这是两个极端，双方都仅仅看到一项至少包括两个方面的活动的一个方面。加里和苏联的同行主要说的是，翻译（小说、诗歌、戏剧、电影等）不仅仅是一项凭词汇、形态、句法问题的科学分析便可以解决其一切问题的语言活动。而费道罗夫则强调了另一方面：翻译首先是且也始终是一项语言活动；语言学是所有翻译活动的共同点和基础。”[2] 乔治·穆南反对加里的极端观点，认为加里之所以否认语言学对翻译理论的任何辅助作用，是因为他把语言学的定义限制到了形式描写语言学的定义：“他作为一个翻译家而非语言学家，把普遍语言学和描写语言学混为一谈，不知除了内部语言学之外，还存在着一种外部语言学（语言心理学或心理语言学和语言社会学或社会语言学）和一种文体学，而文体学研究的问题正是他作为翻译家所关心的问题。”[3] 在乔治·穆南看来，翻译，尤其在戏剧、电影、口译方面，确实具有非语言和超语言的方面。但是，任何翻译活动的基础部分都包含着一系列隶属于语言学的分析和活动内容，而实用语言学能够比任何技巧性的经验之谈都更准确、更可靠地给予启示。他说，翻译和医术一样，可以说是一种艺术，但是一种建立于一门科学基础之上的艺术。翻译的许多问题，诸如翻译活动的正当性、可行性等基本问题，都可以从语言科学的研究成果中得到启示。

1　Georges Mounin: *Les problèmes théoriques de la traduction*, Paris, Gallimard, 1963, p.14.
2　同上，p.15。
3　同上，p.16。

第二节 “意义”与翻译

在翻译中，意义的传达是最基本的问题之一。翻译，不应该只是译词，“还要译意；不但要译意，还要译味”[1]。从一种语言到另一种语言，意义能否转换、如何转换是翻译理论界长期以来探索的主要问题。维纳和达尔贝勒纳就明确指出，译者往往从意义出发，在语义范围内进行所有的转换活动。在索绪尔之前，不少语言研究者认为“语言，归结到它的基本原则，不外是一种分类命名集，即一份跟同样多的事物相当的名词术语表”，“这种观念假定有现成的，先于词而存在的概念”[2]。法国语言学家马丁纳在他的《语言学概论》一书中也谈到了这一相当普遍的看法：“根据一种极为幼稚但也相当普遍的看法，一门语言不外是一份词汇表，即一份声音（或书写）产品的目录，每一件产品都与某一个事物相对应；如某一种动物，马，以法语命名而著称的特殊目录便相应地制造出一种特定的声音产品，以 cheval 这一书面形式加以表示；各种语言之间的差异最终只归结到命名的差异；如法语为 cheval，英语则说 horse，德语则为 Pferd；再学习一门语言只不过在于记住一份在各个方面都与原来的分类命名集相平行的新的分类命名集。”[3] 若按照这种普遍的观点，翻译中的语言转换自然不成问题，正如乔治·穆南所指出的：“既然世界被视作一个物质的或精神的区别明确的事物大仓库，那么每种语言便以一种独有的标签、一种独特的编号给事物编目造册；这样一来，既然原则上每个事物大致只有一个标签，且每个编号只代表预先交给所有编目者的同一仓库中的一件物品，那么人们就可以毫无差错地从一种目录过渡到另一种目录。”[4] 然而，乔治·穆南认为，从一种语言到另一种语言的转换是非常复杂的，涉及多方面的问题。他深入地分析了索绪尔、布龙菲尔德、哈里斯（Zellig S. Harris）、叶姆斯列夫（Louis Hjelmslev）等语言学家有关语言意义的论述，指出意义问题并非人们想象的那么简单，但也不像上述语言学家认为

---

1 《译者前言》，参见司汤达：《红与黑》，许渊冲译，湖南文艺出版社，1993 年，第 10 页。
2 索绪尔：《普通语言学教程》，高名凯译，商务印书馆，1982 年，第 100 页。
3 André Martinet: *Éléments de la linguistique générale*, Paris, Armand Colin, 1960, p.14.
4 Georges Mounin: *Les problèmes théoriques de la traduction*, Paris, Gallimard, 1963, p.22.

的那样不可捕捉。

索绪尔指出："语言符号联结的不是事物和名称，而是概念和音响形象。后者不是物质的声音，纯粹物理的东西，而是这声音的心理印迹，我们的感觉给我们证明的声音表象。它是属于感觉的，我们有时把它叫作'物质的'。那只是在这个意义上说的，而且是跟联想的另一个要素，通常更抽象的概念相对立而言的。"[1] 他进而指出，语言符号是一种两面的心理实体，一面为所指，另一面为能指。能指和所指的联系是任意的，是约定俗成的。这就否定了被表达的概念和表达概念的语音链之间存在着内在的必然联系。那么意义与词，所指与能指，到底是通过什么方式进行联结的？在索绪尔看来，"在词里，重要的不是声音本身，而是使这个词区别于其他一切词的声音上的差别，因为带有意义的正是这些差别"[2]。一个词的意义严格地取决于所有其他触及或可能触及该词所指的现实的词存在与否，比如，redouter（恐惧）一词的意义受到类似 craindre（畏惧）、avoi peur（害怕）等词语的存在的限制，这类词的整体形成的不是一份添加式的目录，而是一个系统，类似一张网，所有的语义网眼都是相互依存的。若使一个网眼变了形，所有其他网眼便会因此而变形。[3] 索绪尔就此明确指出，"语言既是一个系统，它的各项要素都有连带关系，而且其中每项要素的价值都只是因为有其他各项要素同时存在"[4]，而价值总是由一种能与价值有待确定的物交换的不同物和一些能与价值有待确定的物相比的类似的物所构成。在索绪尔看来："一个词可以跟某种不同的东西即观念交换，也可以跟某些同性质的东西即另一个词相比。因此，我们只看到词能与某概念'交换'，即看到它具有某种意义，还不能确定它的价值；我们还必须把它跟类似的价值，跟其他可能与它相对立的词比较。我们要借助在它之外的东西才能真正确定它的内容。"[5] 对于翻译来说，如何确定词的意义只是第一步，而从一种语言向另外一种语言转换，就有个转换是否等值的问题。然而，索绪尔认为，由于词是系统的一部分，在同一种语言内部，所有表达相邻近的观念的词都是互相限制的。而词的内容

1　索绪尔：《普通语言学教程》，高名凯译，商务印书馆，1982 年，第 101 页。
2　同上，第 164 页。
3　参见 Georges Mounin: *Les problèmes théoriques de la traduction*, Paris, Gallimard, 1963, p.23。
4　同注 1，第 160 页。
5　同上，第 161 页。

不是预先规定了的观念，而是由系统发出的价值。他指出，如果词的任务是表现预先规定的观念，那么，不管在哪种语言里，每个词都会有完全相对等的意义；可是情况并不是这样。[1]作为翻译理论研究者，乔治·穆南十分清楚地看到了索绪尔的命名观（把命名当作“系统”）和词的价值说与把语言当作分类命名表或编目的传统观念之间的根本差别。他说这一传统观念可以追溯到《圣经》，《圣经》把事物的命名描写为一种专有名称的分配，如《创世记》第1章第5、8、10节中就写道：上帝称光明为昼，称黑夜为夜，称空间为天，称硬的部分为地，称积水的地方为海。乔治·穆南认为柏拉图在他的《对话录》中阐明的普通名词理论，即对一般事物的命名的理论，也同样表现出了“语言为分类命名集”这一古老的观念，把名称与事物的结合，亦即意义与词的联结，看作了一种命名，一种清点。然而，索绪尔的观点深刻地动摇了人们这种从古以来的简单认识，同时，从某种意义上揭示了翻译的基本障碍：词的意义不是一种简单的分配，翻译活动面对的不是词的意义的简单转换，而涉及整个语言系统。不过乔治·穆南指出，索绪尔对词与意义联结这一概念的分析并没有损害翻译活动的正当性，因为这种分析是建立在古典的心理学基础之上，丝毫没有真正地对反映普遍的人类经验的概念的普遍性质——不管对价值的划分如何——提出异议。这一分析就其本身而言是难能可贵的。借助索绪尔对“意义”的传统观念的分析，我们可以对“词对词的翻译之所以不能进行”做出科学的解释。

布龙菲尔德的“意义”理论表现了与传统观念的彻底决裂，乔治·穆南认为，布龙菲尔德力戒对“意义”这一概念做出任何主观性的定义，他所采取的是行为主义的定义：一个语言陈述的意义就是“讲话者发出这一陈述的环境以及这一陈述从听话者身上引起的行为-反应”[2]。布龙菲尔德明确指出，促使人们发出语言陈述的环境包括他们所处的世界的所有事物和所有情况。为了赋予一门语言的每一个陈述意义以科学准确的定义，我们必须对讲话者的世界中的任何事物都有一种科学的、准确的了解。然而，问题是，我们对自己生活在其间的这个世界的了解是多么不完全，致

1　索绪尔：《普通语言学教程》，高名凯译，商务印书馆，1982年，第162页。
2　Leonard Bloomfield: *On Language*, London, George Allen & Unwin Ltd, 1995, p.13.

使我们很少能对一个陈述意义做出准确的阐述。因此，“……在语言研究中对‘意义’的说明是一个薄弱的环节，这种情况一直要持续到人类的知识远远超过目前的状况为止”[1]。乔治·穆南看到，布龙菲尔德的这一行为主义的“意义”理论实际上意味着对任何翻译活动在理论上的正当性或实践上的可行性的一种否定；既然一个陈述的意义永远难以（至少目前还不能）认识，那么我们就绝不可能把一种语言的意义传达到另一种语言中去。不过，乔治·穆南对布龙菲尔德的观点的有效性提出了质疑。他认为，即使在布龙菲尔德本人看来，对意义的这种定性也表达了一种理想的程序、一种绝对性，它定能通过人类在无数个漫长的世纪中不断获得更多的知识而一步一步地接近。只是在目前阶段，由于方法等暂时的原因，对意义的捕捉就科学性而言是不可能的，翻译在科学意义上来说也就是不可能的。但是，布龙菲尔德是自相矛盾的，因为他提出了一个假设：“正因为我们没有办法确定大部分意义，也没有办法展示意义的恒定，因此，我们应该把每一个语言形式的特殊性和恒定性作为任何语言研究的一个假设，完完全全像我们与其他人的日常关系中假设的那样。我们可以这样提出这一假说，作为语言学的基本假设：在某些共同体（语言共同体）内，有一些语言陈述，就其形式与意义而言，是同一的。”换言之，这就意味着“每一个语言形式都有着一种特殊的、恒定的意义”。[2]乔治·穆南指出，应该说布龙菲尔德的观点对我们更好地了解意义概念的科学限度是有益的，但他的意义理论并不能真正从本质上否认翻译的可行性，因为他最终还是承认了社会实践以各种方式保证每一个语言形式所特有的，也是相对的恒定性和特殊性，并且承认这种手段的合法性，无论是事物指称，还是词语定义，甚或翻译。据此，乔治·穆南认为，布龙菲尔德的假设恰好证明了翻译在实践上是可行的，尽管是有条件和限度的。

继布龙菲尔德之后，分布语言学派继续就意义问题进行大胆的探索，该学派大胆抛弃了布龙菲尔德的假说，试图将意义撇在一边，建立其纯形式的语言分析方法。乔治·穆南指出，该学派力戒使用“意义”一词，其

1　Leonard Bloomfield: *On Language*, London, George Allen & Unwin Ltd, 1995, p.140.

2　同上，pp.144–145。

目的是为了赋予构成语言的结构的描写以更严格的科学性。面对一种语言素材，该学派的分布分析主动置身于环境之中，而这势必是一种破译者面对密码的环境：不再由意义给文本分析提供出发点，而由文本的形式分析最终导向意义。但分布语言学派在实际的研究中并不能彻底地实践他们的理论，比如哈里斯在后期的研究中就重新给意义以一定的位置，加以重视，将之作为分析的辅助标准。在《分布分析方法》一书中，哈里斯明确指出，意义至少可以作为参考指数源加以使用，还可以作为分布分析的补充和各种可以加以使用的分析程序中的一种。乔治·穆南认为，分布语言学派在理论上的这些让步与修正，不管在他们的整个理论体系中处于何种地位，具有何种重要性，本身都是有价值的；意义，即语义，不无道理地从理论之门被驱逐出去，但又无道理地通过实践之窗回到分布主义语言学之中。只要意义能被捕捉、认识，翻译就能进行。乔治·穆南还就叶姆斯列夫排斥意义研究的语言学观形成的原因和后果进行了探索和分析。他指出，叶姆斯列夫的研究理论与方法并没有摧毁语言学中的意义概念。

叶姆斯列夫与索绪尔、布龙菲尔德、哈里斯等语言学家一样，试图把对意义的认识置于语言描写的终点，而不是置于起点。他们的目的在于为最终接近意义提供更为科学的方法。但在更为科学的方法得以建立、被接受与通过，并能分析内容实体之前，叶姆斯列夫基本上是将自己的观点建立在布龙菲尔德的那一假说之上：每个独立的语言陈述都具有一种比较特殊、比较恒定的意义，但也有一定的限度，而这些限度正渐渐地被认识。这一假说无疑在以人类的某些经验为基础，暂时支撑着任何语言研究的正当性。在乔治·穆南看来，现代语言学的诸派理论在一定意义上深化了对语言陈述形式和意义之间准确关系的分析。上述种种理论出于方法上的原因，试图排斥意义，不借助意义这一概念，达到确定构成语言的关系系统这一目标，但是，这种反对借助意义的企图，哪怕在形式主义的描写语言学范围内，也是有争议的。他明确指出，布龙菲尔德、哈里斯、叶姆斯列夫的理论具有正当的理由，将动摇人们探索意义这一概念时所具有的传统的安全感。它们表明了意义的捕捉——不再出于文学和文体学的原因，而是出于语言学本身甚至符号学的原因——是，或者也许是十分困难的、不够确切的和偶然的。它们虽然根据不同的情况和环境指出了一些迄今为止未被人们认识到的限度，但既未损害翻译活动理论上的正当性，也未损害翻译活动实践上的可行性。[1]

第三节　翻译与“世界映象”理论

在上文中我们看到，乔治·穆南通过研究现代语言学的意义理论，指出人们对意义的传统认识并不科学。而索绪尔、布龙菲尔德、哈里斯、叶姆斯列夫等语言学家从某种程度上来说摧毁了人们的传统意义观，从而对翻译活动的正当性和可行性间接地提出了异议。除了传统的意义观，乔治·穆南还看到人们对语言结构的认识也同样受到了质疑。

乔治·穆南指出，长期以来，人们一直认为语言的结构或多或少都直接地源于宇宙的结构和人类思维的普遍结构：语言中有名词和代词，是因为在宇宙间有存在物；语言中有动词、形容词和副词，是因为宇宙间有过程，有存在物的品质，有过程的品质与品质本身的性质；语言中有介词和连词，是因为宇宙里、存在物之间、过程之间、存在物与过程之间存在着相关、赋予、时间、地点、状况、并列、从属等逻辑关系。按照这样的观点，翻译自然是可以进行的，因为：

（1）一门语言将全等的符号置于某些词（a，b，c，d……）和某些存在物、过程、品质或关系（A，B，C，D……）之间：

a，b，c，d……＝A，B，C，D……

（2）另一门语言将全等的符号置于某些别的词（a’，b’，c’，d’……）和同一存在物、过程、品质或关系之间：

a’，b’，c’，d’……＝A，B，C，D……

（3）翻译的任务就在于复写出：

a，b，c，d……＝A，B，C，D……

a’，b’，c’，d’……＝A，B，C，D……

因此：a，b，c，d……＝a’，b’，c’，d’……

翻译，“是把一桶用升计算的液体用加仑来计算，但液体始终不变，无论以升还是以加仑出售。人们普遍认为，以两种不同计量单位出售的是

1　Georges Mounin: *Les problèmes théoriques de la traduction*, Paris, Gallimard, 1963, pp.39–40.

完全同一的现实事物，是同一数量的现实事物”[1]。在乔治·穆南看来，人们对翻译的这种简单化的认识是十分普遍的。确实，无论在外国，还是在中国，人们都对翻译活动缺乏深刻的认识。至今在中国，翻译在大多数人的眼里，只不过是一种语言的简单交换，一种纯模仿的技术性工作，不需任何创造性。这种观点直接源自人们对世界、思维和语言之间的关系的简单化认识。虽然不同语言是以不同的方式切分语言内容实体和语言范畴，但大多数人都认为，无论何时何地，人的思维都遵循普遍逻辑或心理范畴对宇宙的经验进行切分。

各种语言之间应该互通，其原因在于所有语言都无一例外地总是指称同一人类体验的宇宙，而这一宇宙又是遵照所有人都一致的认识范畴加以分析的。乔治·穆南认为，这一简单化的认识造成了人们对翻译的种种误解：“如此看来，翻译的困难源自一些偶然性的情况，如译者没有抓住出发语某一表达法的全部内容实体，致使传译不完整；或如译者对目的语中丰富的内容形式和表达形式了解不充分，运用有误。在这两种情况中，翻译的错误都是译者造成的。若避免了这两类错误，那翻译的其他困难都仅仅来自审美的差异，而不属于语言学的问题。如果原作很美，而译作与之相比无法令人满意，那是因为译者没有才气。”[2]然而，事实果真如此简单吗？乔治·穆南看到，新洪堡学派有关语言哲学的观点，对宇宙与语言之间关系的传统看法提出了质疑。如新洪堡学派的卡西尔（Ernst Cassirer）就认为语言不是一种被动的表达工具，而是一种积极的因素，给人的思维规定了差异与价值的整体。任何语言系统对外部世界都有着独特的分析，有别于其他语言或同一语言其他各阶段的分析。语言系统沉积了过去一代代人所积累的经验，向未来的人们提供一种看待与解释宇宙的方式，传给他们一面多棱镜，而他们将用这面多棱镜去观察非语言世界。他在《象征意识病理学》一文中指出：“世界并非仅仅由人们通过语言去理解与想象；人们对世界的观念以及在这一观念中生活的方式已经被语言所界定。”[3]卡西尔的这一观点得到了人们的关注。如特里尔（Jost Trier）就指出：“每一门语言都是一个通过并依赖客观现实进行选择的系统，实际上，每一门

---

1 Georges Mounin: *Les problèmes théoriques de la traduction*, Paris, Gallimard, 1963, pp.40–42.
2 同上，p.43。
3 转引自同上，p.44。

语言都创造了一幅完整、自足的现实图景。每一门语言也都以其独特的方式构建现实，因此建立了这一特定语言所特有的现实要素。一门特定语言中的语言现实要素绝不会以完全一样的形式在另一种语言中出现，也绝不是现实的直接描摹。”[1] 叶姆斯列夫对特里尔的这一观点进行了精辟的阐述，认为人们并不能通过对所指事物的自然描述，就有效地显示出某一共同体中所采用的语义习惯、群体评价与社会舆论的特征。因此，对内容实体的描写首先必须把语言与社会其他机构联系起来，构成语言学与社会人类学其他分支的接触点。

正因为这样，同样的自然事物可以根据不同的文明对象，得到完全不同的语义描写，对类似于“好”与“坏”这样的直接评价的语义描写如此，对“房屋”“座椅”“国王”这类文明所直接创造的事物的语义描写如此，对自然界事物的语义描写也如此。叶姆斯列夫还举例说，如“马”“狗”“山”“冷杉”等事物，在一个熟悉它们（并认出它们）是本地事物的社会里，与在一个它们纯粹为陌生事物的社会里，人们对它们下的定义自然不同——但这并不妨碍语言拥有某个词指称这些事物。比如狗，在因纽特人眼中，这首先是一种牵引动物；对琐罗亚斯德教徒来说，它是一种神圣的动物；在印度社会里，狗像贱民一样遭受歧视；而在西方社会里，狗是一种通过驯服后用以狩猎、警卫的动物。在这四种不同的社会里，“狗”的语义描写自然是不同的。[2] 叶姆斯列夫的观点十分明确：不同社会的人对同一事物的经验是有别的，因此对该事物的语义描写也自然有别。这就给翻译的可行性提出了疑问：既然不同社会对同一事物的语义描写可能不同，那么要把一门语言指称或指写中的事物用另一种语言传达出来，自然障碍重重。语言学家沃尔夫（Benjamin Lee Whorf）的观点更进一步，他认为：“所有观察者并不必定从同一明显的自然事物中得出同一宇宙图景，除非他们思想中的语言背景是相似的，或通过这种或那种方式可以达到同质。”[3] 而“每一门语言都是一个宏大的结构系统，与别的系统有着区别；在这一系统中，对形式与范畴进行文化层次的组合，个人借助这些形式与范畴进行交流，对自然进行分析，领会或忽略这一或那一类型

1　转引自 Georges Mounin: *Les problèmes théoriques de la traduction*, Paris, Gallimard, 1963, p.45。
2　参见同上，p.46。
3　转引自同上。

的现象或关系。个人在这些形式与范畴中注入了他思维的方式，并通过它们构建他的世界知识大厦”[1]。总之“我们是根据我们的母语预先规定的界线切分自然”[2]。乔治·穆南对这些观点进行了梳理和分析，从中看到了这样一个事实：每一门语言在现实中切分着不同的一面（忽视另一门语言所提示的东西，发现另一门语言所疏忽的东西等），而且对同一现实的切分单位也有差别（你划分我合并，我合并你划分，你兼含我排斥，我排斥你兼含等），这几乎成了法国哲学界和语言学界的共识。他认为，这些观点对于翻译而言，是致命性的，“意味着在严格的意义上否认了翻译活动的任何可能性”。他说，一旦意义没有普遍性的保证便无法捕捉，因而也就无法翻译。若按照新洪堡学派的观点，不同语言对现实有着不同的切分，那么，不同语言所指涉的存在物、过程、品质和关系就不一致，因此，也就无法有逻辑地证明a，b，c，d……与a’，b’，c’，d’……之间“传统”的等值性。但是，乔治·穆南对这些观点的理论依据提出了质疑：“难道我们真的只是在一个我们的语言已经定下模式的宇宙里思维吗？难道我们真的仅仅通过一门特殊语言的变形镜看待世界，以至于我们从每一门特殊语言中得到的（同一现实）不同的图景永远无法准确地重叠吗？难道真的当我们用两种不同的语言表述世界时，我们所表述的永远都不是一个完全同一的世界，致使不仅仅从一门语言到另一门语言的翻译不合理，而且科学意义上的任何翻译在实际上都是不可能的吗？”[3]他认为新洪堡学派的观点失之偏颇，但是，这些观点却可以给翻译诸多启迪。他指出，我们必须承认宇宙的结构远远没有机械地，即有逻辑地在语言的普遍结构中得到反映。

确实，不同的语言往往是以不同的语言结构表述同一的自然现实，比如拉丁语与法语的语言结构就不同，虽然同样表达“皮埃尔打保尔”这一现实，但词序结构就相异。同时，不同的语言也往往以不同的结构来切分人类的客观经验。他举例说，假设宇宙中存在着方式结构（回答以“怎样”引出的、就行为提出的问题），那么法语中“Il traversa la rivière à la nage.”（他游过了河。）一句似乎完全反映了客观经验结构。但是，对

1 转引自 Georges Mounin: *Les problèmes théoriques de la traduction*, Paris, Gallimard, 1963, p.47。
2 同上。
3 出处同上，p.51。

于这一包含着同一客观经验的同样结构的同一情景，英语却做如下的描述："He swam across the river." 可以看到，英语和法语对经验的切分完全不同。主客体未变，双方一致，但就行为而言，在经验世界中看来是同一的，但在语言分析中就不一致：法语为 traverser（穿越），英语则为 to swim（游）。法语动词注重的是行为的空间运动的一面，如 traverser（穿越），monter（登上），descendre（下来），longer（沿着……走），contourner（绕过），suivre（跟随），等等。英语则注重同一行为的动力或技术的一面，如 to swim（游），to walk（走），to run（跑），to jump（跳），to ride（骑），等等。法语中作为"穿越"这一行动的方式的一面，是以游的方式（à la nage），而不是以涉水、骑马或跳越的方式（à gué，à cheval 或 d'un bond），英语却视之为动作本身。与此相反，法语中作为动作的一面，英语里却成了行为中次要的一点（如 across，along，around 等）。如此一来，如何确定这两种语言结构中的哪一种更准确地反映了客观经验的结构呢？而对于翻译来说，这两种结构是否能够完全对译？乔治·穆南认为，我们在探讨翻译的时候，决不应该回避新洪堡学派在对语言思维与现实、语言与"世界映象"之间的关系进行思考时提出的观点，这对于我们进一步认识到不同语言的传情达意规律的深刻差异，从而更全面地认识与发现翻译中的本质障碍，提高翻译活动的自觉性，无疑是有利的。他指出："我们必须接受——而不是回避、否认，甚至视而不见——这些看似摧毁了翻译的可行性的事实，只有在这一基础上，翻译的理论问题才有可能被理解，甚或得到解决。"[1]

第四节　翻译、语言与人际交流

翻译作为一种历史悠久的人类文化交流活动，尽管理论上有种种障碍，甚或被看成是不可能的，但实际上都一直在不断地进行着。乔治·穆南认为，探讨翻译的理论问题，必须从本质上去加以认识。只有在深刻地分析翻译可行的基础、认清翻译的基本障碍的基础上，才有可能更进一步认识翻译的本质和译者所承担的任务。他认为，在漫长的翻译历史中，

---

1 Georges Mounin: *Les problèmes théoriques de la traduction*, Paris, Gallimard, 1963, p.58.

自西塞罗到勒孔特·德·里尔（Leconte de Lisle），从圣哲罗姆、艾蒂安·多莱（Étienne Dolet）到若阿基姆·杜贝莱（Joachim du Bellay），翻译的困难一直主要被描写为文体学和诗学的困难，如：原作词语表达有力，译作却显委婉；原作结构简练，译作却见笨拙；原作形象光彩照人，译作却平淡无奇；原作富于乐感，译作却缺乏和谐；等等。但是，无论西塞罗、圣哲罗姆，还是杜贝莱，所有探讨困难的人都坚信他们抓住了需要传译的“意义”，坚信他们能够传达一部原作的意义，就好似榨出一只橘子的汁，尽管操作并不容易，尽管操作的结果与原来的面目不可能完全相似。总之，古人对翻译的各种见解都基于一种假设，那就是人类的经验、思维具有一致性，人类的认识形式具有普遍性，因此，人们在任何时候都可以很快使一切得到交流。然而，乔治·穆南通过研究现代语言学所探讨的一些有关语言、思维与世界关系的理论问题，看到翻译的困难比人们想象的要深刻得多，其障碍也比古人们想象的要多得多。除了与语言的本质密切相关的翻译障碍，还有着世界映象与文明差异等造成的种种困难。但是，在承认当今语言学所揭示的种种翻译障碍的同时，乔治·穆南也看到了这样一个现实：“当今的语言学坚持认为人类是凭借语言得以交流，并更为细致地研究人类是如何通过语言交流的。因此，当今的语言学在使翻译陷于瘫痪状况的同时，又给了翻译以救助。它通过揭示翻译障碍，使人们不再无视这些障碍的存在。通过描写这些障碍，它同时指出了排除这些障碍的限度，以及如何排除的可能性。通过对语言事实更为深入细致的分析，它使译者得以更为准确地估价其相对的信的程度，自觉地测定其不信的限度，以至不可译的限度。”[1] 在乔治·穆南看来，翻译理论必须直接面对并回答现代语言学向翻译提出的种种问题。而这些问题主要集中在“意义”是否可以捕捉，操不同语言的人对世界的认识是否一致，他们之间是否可以真正达到交流等问题的科学认识上。他看到，在西方，有一股现代思潮，主要是哲学家、心理学家、文学家，也有少数几位语言学家，他们在人与人之间的交流的问题上提出了一种假设，“假设人际交流是不可能的，人们在任何时候都无法交流任何东西。翻译也就不可能，因为语言本身无法保证人们相互之间的交流，甚至连同一语言之间的交流都无法保

1 Georges Mounin: *Les problèmes théoriques de la traduction*, Paris, Gallimard, 1963, p.170.

障”[1]。这一思潮所提出的问题，于翻译是至关重要的。乔治·穆南认为对这一思潮的主要观点应该有一个正确估价。

他认为，这一思潮持语言唯我论，这在洪堡身上已经相当明显。洪堡曾经说过：“话语与观念的交流，正如上面已经看到的，并非一个人表达的思想向另一个人的传达；无论在接受者还是在讲话者的脑中，一切仅仅在于使其处于这种或那种状况的和谐的刺激。”他还补充说：“哪怕最具体、最明确的话，都远远不能激起话语发出者认定能激起的思想、情感和记忆。”[2]乔治·穆南指出，在洪堡的观点中，还带有纯粹是实证主义时期的思想的现实主义成分。洪堡谈到了由同一个陈述在讲话者脑中引起的“和谐的刺激”，其立足点还是人类经验的普遍性。但是当里尔克宣称“我们所遇到的一切几乎都无法表达”，“实际上正是在最基本的点上我们有说不出的孤单”时，他已经离开了洪堡的立足点。在20世纪初，洪堡的弟子尼古拉·鲁巴金（Nicolas Roubakine）提出了更为绝对的观点，他认为一部书只不过是读者思维的外部投射，说“无论如何有必要抛弃这一十分普遍的观念，即以为每一部书都具有它自身的内容，且这一内容可以在阅读的时候传达给任何一位读者”，并断言“任何借助语言进行的直接交流都是不可能的”[3]。乔治·穆南认为，这实际上是个悖论，它提出人类交流的本质问题，引导人们对人类交流中的一些反常现象进行了思索，就这一点而言，它具有积极的意义。以前，人们总是天真地认为只要想说什么，就可以表达什么，只要接收到的，就能明确地传达；若能借助鲁巴金提出的悖论改变人们这一传统的幼稚的观念，当然不无好处。但是，他指出，持交流绝对不可能之假设的理论家们是从另一个极端来修正交流绝对可能论。一方面，现代语言学对语言交流的问题进行了新的探索，对绝对的简单主义的观点加以了驳斥，如布雷亚尔（Michel Bréal）在其《语义学》一书中就明确指出，语言“绝不是，也远远不是一面现实反映其间的镜子，它是借助特殊的符号对现实的一种转换，而这些特殊符号大都与真正的东西根本不相符”。另一方面，现代语言学可以帮助我们分析“交流不可能”这一悖论的理论依据，并发现该悖论在分析论证时是如何一步步

1　Georges Mounin: *Les problèmes théoriques de la traduction*, Paris, Gallimard, 1963, p.170.

2　转引自同上。

3　同上，p.171。

成为不合逻辑的推论的。乔治·穆南指出，语言唯我论源自对语言的直觉，继而在哲学上有系统地形成壮大，它从未经过语言学分析的验证，也从不理会语言学分析方法的发展。然而，从 20 世纪以来，语言学的分析彻底更新了把语言作为交流工具的描写。当代语言学真正发现并以科学的方式界定和区分了语言的多种功能：语言具有基础的交流功能，逻辑思维的工具功能，情感因素的流露、表现甚或交流功能，以及美学功能。这四种功能的前两种与后两种之间存在着一条相当深的分界线。当代语言学并没有以任何话语中的一切都无法交流这一新的直觉观念来反对任何话语和话语的一切都能交流这一古老的普遍观念，而是坚持认为某种东西总是可以交流的，并着力于探索这种东西的性质和交流程度。当代语言学也并没有肯定话语中的哪一部分可以交流，哪一部分不可以交流，而是着重分析被交流的到底是哪一部分。正是这种分析方法最终区分了语言的各种不同功能，也正是由于区分了语言的各种不同功能，才有助于更加精确地分析话语中得以交流的东西。

对于翻译理论来说，当代语言学的这种分析重点无疑有着重大的意义。乔治·穆南甚至认为这种分析奠定了翻译理论的基础。正如布龙菲尔德等语言学家所论，两种环境绝不会完全相似，因此，与两种环境相联系的两种话语的意义看上去是相似的，但实际上也绝不相似。但是，交流还是可能的，因为这两种不同的环境与话语从交流的角度来看，都具有两种成分：一是宏观事实，这些事实对不同的讲话者来说都是相当一致的；二是“微观的、模糊多变的、因人而异的”（布龙菲尔德语）特征，这些特征“并不具备直接的社会重要性”。因此，布龙菲尔德提出，在两种相似的环境和与之相关的两种语言陈述中（如一位讲话者与一位听话者，他们脑中都有“苹果”这个概念，但两个人也许从未一起见到同一只苹果），存在着一些对交流来说并不具备区别性的环境特征（如苹果的大小、形状、色泽等）、一些区别性特征或区别性语义，从而对这一事实做出了初步的科学和现实的界定。法国语言学家梅耶（Antoine Meillet）的观点更为明确，他认为一个词的意义只能取同一社会的个人和群体对该词的语言上的用法的平均值加以确定；巴利（Charles Bally）也说过，“由于我们的语言是一个社会现象，因此只能表达个人活动中能为其他人所认识的一面”。乔治·穆南认为，布龙菲尔德定义的意义在于可以以“区别性语义特征”为基础，进行深入的分析，因为这些区别性语义特征就其社会性而言对讲话者和听话者都是共同的。科林·切利（Colin Cherry）对交流行为有过深入的分析，他与布龙菲尔德一脉相承，认为同一个语音信号，如“人”一词，在一些迥然不同的场合为一些不同的讲话者用于指称不同的被指称物（一些永远不相同的个人），交流之所以通过这一语音信号可以进行，是因为在种种变化之中存在着“某种不变性”。他指出，透过在特定的环境里被捕捉到的现象看，确实“存在着某些不变的成分”。比如，尽管个人与个人之间如何不同，但“所有持英语的讲话者的声音都构成了一个类别，具有某些共同的语音特征……每个人的书写不尽相同，但也存在着一些共同的形状特征。这些人们以为存在的最基本的成分或不变成分被称为信息负载成分”。确实，“一些视、听和其他的模式虽然经过大量的变化和变形，虽然变换了种种外表，但仍可辨认；既然如此，这些模式在种种变化之中必定保持着［不变因素的］某些共同的性质”[1]，即不变成分。应该说，当代对交流现象的分析大都建立在科林·切利所揭示的这一事实基础之上。乔治·穆南认为布龙菲尔德和切利等语言学家的分析，对于人际交流与翻译理论来说，具有多方面的指导和启迪价值。

首先，交流是可能的，这方面的试验证明了有可能通过运用一个特定的语言陈述造成一个特定的环境。布龙菲尔德说，人们可能通过语言进行交流，证据就是一个讲话者可以指引一个听话者到达一个他从未去过的地方。科林·切利发展了布龙菲尔德的研究和分析方法，使之系统化，使人们得以通过实践与社会的检验来确定一种意义的内容，即通过一些交流区别性特征，亦即通过一些始终不变的交流特征。不管是什么讲话者、什么环境，也不论陈述的“所指”多么特殊，这些特征始终存在于相关的符号中，而对该符号的各种用法来说，这些特征具有共同的性质。这一分析方法说明了为何维系于一种环境的两种意义可作为同一个意义运用与交流，尽管在我们作为讲话者和听话者时，这两种意义在主观上会有一定差别。对于翻译，确定意义可以交流是个理论的基础问题。倘若任何意义都无法交流，那么翻译自然便不可为了。

其次，这种分析成果可以解释至少自施莱格尔以来经常听到的一种

1　转引自 Georges Mounin: *Les problèmes théoriques de la traduction*, Paris, Gallimard, 1963, p.176。

直觉性翻译观：人之所以可以翻译，是因为可以学习一门外国语言；之所以可以学习一门外国语言，是因为可以学会母语。逻辑学家奎那（W. V. Quine）提出了一种理论，说可以通过参照母语讲话者运用这一语言时的环境来把这一门外国语言学习得地地道道的。他称这种学习方式为“彻底翻译法”。这样，翻译便可被置放在一个外语习得和运用大背景中加以考察，从而确立其合理性和可行性。

再次，当代语言学对交流行为越来越细致的分析最终提示了交流行为的实现存在着不同的“层次”，因此，翻译也存在着不同的层次。语言唯我论总是把交流称为一种受二一背反律支配的现象，而当代语言学通过区分语言的不同功能，提出交流是一种多层次的，其效果可以是近似的或相对的现象。这不仅有助于我们在理论上进一步认识翻译活动的本质任务和层次性，也有助于我们在实践上明确翻译活动的可行性和限度。乔治·穆南以马拉美的“La chair est triste, hélas! Et j'ai lu tous les livres”（悲哀啊，肉体，我已读尽世间书）这句诗为例，说明听话者可以从各个不同层次来捕捉其意义。一是最基本的社会交流功能层次。比如听话者是个初二的学生，他可以弄懂这句诗的词汇和句法，可他差不多肯定会提出疑问：为什么可以说肉体是悲哀的？有人是不是真的可以说他读尽了世间书？二是与前者十分贴近的思维组织功能层次。如听话者是个初三的学生，他可以明白“肉体悲哀”是诗人对生活和肉欲的一种判断，与精神相对而言。他也懂得“读尽世间书”是一种夸张的表达方式。三是情感价值表达功能层次。比如听话者是个高二或高三的优秀学生，对马拉美的生活、思想，尤其是对他将“书”几乎奉若神明的情况有所了解，同时也知道法语 chair（肉体）一词在文化、宗教、哲学和道德各个方面所蕴含的意义，这样，他肯定便可以捕捉到后半句诗的价值，领悟到诗人所表达的极度痛苦：肉体悲哀，精神复悲哀！四是语言学功能层次。同一名优秀的高中生也许通过分析可领会到该诗句的实在性以及其反衬中显出的平衡，并悟出该诗的语音价值：由于 triste（悲哀）和 tous（所有）两词中的塞清辅音调遣得当，也由于全诗句由 11 个单词组成，其中竟有 10 个单音节词，从而尽管诗中有着流音，却可赋予全诗句一种沉重感。当然，通过分析加以区分的这些层次，在同一个听话者脑中可以相互交织在一起，具备各种不同的价值，如初中生可以借助 hélas 和 triste 这些词的情感所指意义捕捉到诗句的部分情调；他也可以凭直觉感觉到该诗的节奏和语音价值，在不知不觉中感悟到诗中绝望的重负。同一陈述中的每一种语言功能都可在不同层次建立起交流网，这些不同层次既取决于陈述本身，也取决于每一个听话者的经验。[1]关于交流的层次分析理论，对翻译研究者来说，这是可以直接借鉴的成果。一方面，我们可以借助语言学的研究成果，说明普遍交际的可能性和翻译活动的可能性；另一方面，我们可以更清醒地认识到理解原文是一个多层次的活动，作为翻译的基础阶段，如何尽可能全面地捕捉原文各个层次的意义，是翻译中最关键的问题之一。

第五节　翻译是可行的，但也是有限度的

从理论上看，当代语言学的一些研究成果和新观点似乎都在对翻译的可行性提出质疑。然而。在乔治·穆南看来，当代语言学的许多观点都是建立在假设的基础之上，这些假设的正确与否，需要以事实加以证明。而我们讨论翻译，研究翻译，绝不能忽视翻译实践本身。因此，他提出，我们的重点是“要探讨翻译者的‘实践’活动相对而言为何又怎样是可行的，尤其要弄清翻译活动的程度和限度”[2]。

虽然翻译的可行性在理论上受到质疑，但翻译的实践却可以充分地证明自己的合理性。即使从理论上看，当代语言学的某些极端性的观点，也是可以加以反驳的，何况不同的语言学派在许多问题上远未达成共识。乔治·穆南说，人们可拿出种种证据反驳翻译不可能的断言，人类的翻译实践能力在不断增强，许多被看作不可译的例子，实际上不仅是可译的，而且可译程度相当高。比如，1958 年 1 月 15 日美国文化中心在巴黎出版的《通讯资料》（月刊）第 49 期上有一篇未署名的文章《耶鲁圆桌会议》，该文章谈到在一个大的文化范围内，也同样存在着一些不同的“社会经验世界”，很难把一个概念从一个世界传译到另一个世界中去，如 capitalisme（资本主义）这个在任何政治经济学中都极为普通的概念在表达该词所表示的经济结构时，就给翻译造成了不可克服的困难。该文说：“美国资本

1　参见 Georges Mounin: *Les problèmes théoriques de la traduction*, Paris, Gallimard, 1963, pp.176–180。
2　出处同上，p.191。

主义具有自身特有的特征，它既是传统资本主义的继续，又不同于传统资本主义。正是这些特征促使美国资本主义试图用 le capitalisme de tout le monde（所有人的资本主义）这一说法来更准确地给自身下定义，但是，这一用法却没有很好地传达 people's capitalism（人民资本主义）这一更为简洁的美国说法。我们有时将其译为 capitalisme démocratique（民主资本主义）或 capitalisme populaire（大众资本主义），为方便起见，我们干脆称之为 capitalisme américain（美国资本主义）。"乔治·穆南认为，一个具备一定的政治经济学知识的普通法国读者肯定可以发现，该文用以传译 people's capitalism 的四种方法都没有完全传达出原文所包含的明确意义。但这并不意味着该词就绝对不可译。倘若接受作者对该词下的定义，那么便可看到这一 people's capitalism 的特征就是：普遍拥有生产资料的所有权（百分之十五的美国家庭拥有股份），消费者和股东广泛参与经济管理，普遍利益在每家企业的政策中占主导地位，以及大众生活水平高等。一位职业翻译肯定会发现这四种特征要求采用 capitalisme universel（普遍资本主义）这种译法，该译法是根据 suffrage universel（普选）的说法类推而成的。译者也许还会认为这一译法模棱两可，弃之不用。不过，从中可以得到启示，拿出好的译法：le capitalisme pour tous（大众资本主义），如法语中就有 lectures pour tous（大众读物）、médecine pour tous（大众医学）等说法，表达的正是同一特征，即某一种特权扩展为大众的权利，因此有助于改善所有人的命运。可见，理论上断言难以传译的词汇，若能以科学方法加以探索，寻找各种途径翻译还是可行的。

乔治·穆南还指出，关于不同世界映象与不同语言切分以及具有差异性的各种文明无法相互渗透的观点，虽然试图在理论上说明翻译的不可能性，但是，只要稍稍用逻辑学的观点进行一番观察，许多特例便可攻破。

比如，比亚鲁普（Pyallup）的印第安人关于鲑鱼，因纽特人关于雪，某些非洲部落关于棕榈和阿根廷高丘人关于马的皮毛的叫法那样丰富，令人瞠目结舌，仿佛他们切分世界的方法与我们不同，对世界的看法也与我们迥异。但是若在同一门语言的内部进行一番分析，就可发现对持这同一门语言的不同讲话者来说，存在着不同"层次"的世界经验——为其语汇结构所反映——暂且不谈语言上不同的世界观。乔治·穆南认为，只要同一语言中的两级讲话者所处的世界经验层次不一，每每可以搜集到一些令人震惊的现象，就仿佛是在另外半个地球发现的。比如城市的儿童只认识“小鸟”，而乡村的猎手却可识别并叫得出鸣禽目中的几十种来；又如一般的法国人只知道雪而已，但滑雪的法国人却像拉普人和处在最靠近北极的地区的因纽特人一样，能够区分或叫得出数十种雪名，这还不算并非纯技术术语的八个形容雪的词，以及根据滑雪板底部涂蜡技术不同而组成的四个不同类型的词语。同样，若处于和高丘人同样的养马实践层次，那么法语中（英语或意大利语亦然）关于马的皮毛的词语也有两百个之多，与高丘人用的毫无差别……可见，从比亚鲁普的印第安人关于鲑鱼的叫法或因纽特人关于雪的叫法中去寻找证据，证明他们对“世界的看法”或他们的“文明”与我们迥然相异，格格不入，因此两种语言不可翻译，这是没有道理的。实际上，这是在比较两种不可比较的词汇“层次”。一个层次代表的是一种普通的语言，不过在这种语言中，某一特定语义场的某一技术词汇属于大众语言的一部分，因为相应的技术工作为所有的讲话者所从事；而另一个层次则代表另一种普通语言，在这一语言中，同一的语言场根据语言中技术最低的“层次”进行处理，因为在这里，相近的技术只属为数有限的讲话者团体所有。

对于不同的世界看法和文明是否可以相互渗透（这关系到翻译是否可行）的问题还可以进行更为深刻的讨论，这就是乔治·穆南所引用的普通语言学的一个比较新的概念，即“语言共相现象”（universaux de langage）的概念，以及（完全独立的）暗示语言中意义的人类学和文化共相现象（universaux culturels）的概念。乔治·穆南指出，这一新的共相概念，套用了一个古老的词语（但赋予了全新的意义），即哲学史中遗留下来的、中世纪唯名论者所用的“universaux”（共相）一词。该词在 20 世纪前半期的任何一部普通语言学的大作中都未出现过，它最早见于盎格鲁-撒克逊人类学、社会学和心理学学者的术语中，然后再渗透到语言学家的术语中；直到 1951 年，该词在 G. A. 米勒（G. A. Miller）的著作中还未见到，到了 1957 年，才在科林·切利的《论人类交流》的第三部分第七章中占了令人瞩目的一席之地，从中可以看到它从心理学的概念转化到了语言学的概念。1956 年，瓦特默赫（Joshua Watmough）在其《语言论》的附录中列上了“共相”一词，并说了对当今的美国语言学来说极为普通的一段话："不管语言的诸面多么不同……都存在着语言本身固有的、基本的共相，并重现在迄今为止所研究过的所有特殊语言之中。"该词的意思由此而变得非常明确，它已从拉朗德词汇集和《牛津英语词典》中所标明的传统逻辑学的意义转化到了瓦特默赫笔下未曾言明却非常明确的意义：共相是重现在"所有"语言中或由这些语言所表达的"所有"文化中的特征。对这种特征的探索，相对来说是非常缓慢的，这有多方面的原因，其中至少有两条：首先，语言学作为一门科学，它借以形成的一种分析方法自然倾向于强调每门语言中的所有不同之处。其次，哲学对共相的研究是建立在一种先验的形而上学的基础之上的，这就是人类精神的一致性、思维的同一性和逻辑的普遍性；直到19世纪末，这种形而上学的观点才在各个领域渐渐失去影响。目前，即使存在着瓦特默赫所阐明的有着明确限定意义的"共相"，它们的存在也应该通过一种纯经验的调查研究加以确定，而不应带有任何先验的想法。

乔治·穆南认为，实际上语言学并没有完全否认最后的"共相"一词所覆盖的概念，但是共相现象的存在往往是在研究另外的领域时偶尔被发现的，一般都具有附带性的性质，或者只是在涉及分析客体时使用的一种逻辑的预防措施，语言或不同类型语言之间的一般区别几乎总是语言学研究的客体。不过，共相的发现对于描写语言学来说虽然是次要的，但对翻译理论来说，却至关重要，因为翻译理论一直致力于探清人们为何又怎样进行语言间的交流，尽管有种种说法，甚至有人认为不同语言系统之间存在着彻底的差异。[1]

乔治·穆南对当今语言学关于共相现象的研究进行了认真的分析与归纳，指出共相现象可以分为几类。一类可称为宇宙共相或生态共相。根据法国语言学家马丁纳的观察，因为"所有人都居住在同一个星球上"，我们可期望在各种"民族语言"中发现一定的相似性。在今天看来，语言间的相似性是显而易见的，马丁纳的这种看法也许会显得平庸无奇。但对翻译研究者来说，一旦搜集类似玛雅语无法传达我们的"季节""沙漠""山""河""湖"等概念的例子，将这些"世界映象"进行一番比较时，马丁纳的看法便显得弥足珍贵了。若要确定这种比较的真正限度，得

1 参见 Georges Mounin: *Les problèmes théoriques de la traduction*, Paris, Gallimard, 1963, pp.195–196。

出希腊语和玛雅语这两门相去甚远的语言所共有的生态概念和非同一的概念，就少不了马丁纳的观点的指导。实际上，除了少数几个特殊的概念之外，可发现整个生态共相领域，如冷与热、雨与风、天与地、动物界与植物界、全球性的时间划分、昼与夜、白昼的划分、阴历和阳历、植物生长周期等。不管有关降水的语义场的切分如何，也不管阿兹特克语对“雪”如何称呼，基础的参照意义都应该是一致的，外部世界的参照框架也是同一的，因为存在着生态共相。至于差异无法消除的“世界映象”，经过整体的计算，发现只不过占每一个特例概念有限的一个百分比。二是生物共相，许多语言学家都认为生物共相是存在的。马丁纳的观点可以概括大多数人的看法：“正因为所有的人都居住在同一星球上，并有着都是人这一共同点以及这一共同点所包含的生理和心理的类似性，所以，可望在所有民族语言的演变中发现一定的相似性。”[1] 如埃塞尔·艾金斯基（Ethel Againsky）和布特·艾金斯基（Burt Againsky）在《语言共相的重要性》一文中指出，“人类的基本独特性及其在我们星球上的生活环境”说明了在生物层次的共相现象是确实存在的。他们揭示了七个主要的语言场：食物、饮料、睡眠、呼吸、排泄、温度和性。同时，他们还指出了与之相适应的解剖共相。苏珊娜·厄曼（Susanne Ohman）也引证泰格奈尔（Esaias Tegnér）的观点，指出每一门语言都以其独特的方式划分词汇场，但另一方面，在某些领域，是自然本身划定了语言切分的界限，这样，各种不同语言之间也就存在着“相吻合之处”。冯·瓦特堡（Walter von Wartburg）也表达了同样的观点，他说虽然不同语言的语义组在本质上有很大差异，但“有的语义组限定明确，差不多始终保持稳定，如人体各部、亲属关系、体温现象、人类生活的每日活动（吃、喝、睡）等”。应该说，无论是马丁纳，还是其他许多语言学家，他们虽然都批评语言——目录这种传统观念，认为这种观念“建立在简单主义的思想基础之上，认为整个世界先于人们对它的看法，按顺序组合成完全独立的客体范畴”，但是，“若涉及……活的生物类，那么这一简单主义的观点在一定限度范围内是正确的”[2]。

1 转引自 Georges Mounin: *Les problèmes théoriques de la traduction*, Paris, Gallimard, 1963, p.197。
2 André Martinet: *Éléments de la linguistique générale*, Paris, Armand Colin, 1960, p.15.

对这些语言学家来说，哪怕他们分析的是有关语言差异的典型或传统例子，也仍然重视语言的共相基础。如在颜色研究领域，许多人认为不同的民族因有不同的“世界映像”，所以在语言上表现出了极大的差异。尽管如此，不少语言学家都承认并指出在色彩的辨别中，也存在着如加里弗莱（Yves Galifret）所持的观点——“没有理由假定人的视网膜或皮层组织会因人种和所处的地方不同而有不同的功能”。弗利奥查特（Jean Filliozat）在与汉学家热尔内（Jacques Gernet）的一次谈话中，也明确指出过：“当您说中国人看色彩与我们不同，我猜想您是指他们看的色彩与我们还是一样的，只是他们具有不同命名的习惯罢了。”在谈到梵文时，他还指出：“我想色彩的辨别在古时与在今日一样广泛。”[1] 乔治·穆南认为，语言学家，尤其是结构主义语言学家的这些观点对翻译理论来说是至关重要的，因为它们确立了一点，那就是在颜色命名这一对翻译理论来说如此不利的领域，也存在着一个参照（参照生理学的共同的辨别事实）意义核；即使并非所有的内涵价值在不同的语言之间都可自动加以传达，这一意义核至少可以使所指意义得以交流，这些所指意义就其定义而言与那些生理参照物是密切联系在一起的。

除了上述的共相之外，与翻译活动直接相关的语言是否有共同的特征，即是否有“语言共相”呢？乔治·穆南认为，对这一问题的回答直接关系到翻译的可行性问题。为此，他对语言的共相做了多方面的考察。他以第六届国际语言学家代表大会所讨论的问题为例，指出许多语言学家对这一问题的回答是肯定的。如叶姆斯列夫在大会第一议题“是否存在世界语言普遍具备的共有范畴”的开场报告中，认为有着语言的形态共相，如任何语言都通过一种形式来传达一种实体，以及能指与所指、表达与内容、系统与话语、纵聚合与横组合之间相互对立与相互依存的关系，句法的三大功能和某些语义范畴。萨丕尔更加明确地指出，在世界各“语言中，没有比它的普遍性更惊人的特殊性了”。乔治·穆南认为，语言的共相或各语言间存在的相似性是宇宙、生态、生理和心理等共相现象存在的必然结果，它们为建立各种不同语言间的交际理论和翻译理论构成了一个较为充足的基础。他明确指出：“对一种处在创始阶段的翻译和交际理论

1 参见 Georges Mounin: *Les problèmes théoriques de la traduction*, Paris, Gallimard, 1963, p.199。

来说，只要承认存在这种共相现象，也就足够了，不管在语言学家看来，这些共相现象有多么‘基础’。翻译者可以说，只要你给我两门不同语言中的某一特定主题的某一共同参照点，我就可以掀起整个世界。只要给我一个‘现在时’的共同参照系的共同点，我就可以重新确定一个适用于两种语言各种时间概念的交际体系。”[1]

乔治·穆南以共相的存在为依据，以科学的方法论证了不同文明与不同语言之间并非完全隔绝，互不渗透，相反，由于它们之间存在着“比人们想象的要多得多”的相似性，相互之间的交流是可能的，而人类的文明史正是一部个人之间、民族之间相互交流的历史。从翻译的角度看，各种语言与各种文化之间的共性，构成了翻译的可行性或语言学意义上的可能性，而不同语言或不同文化所特有的个性，则构成了翻译的必要性，同时也构成了翻译的障碍，在这个意义上说，翻译也是有一定限度的。

第六节　乔治·穆南的贡献与局限

从上面扼要的介绍中，我们对乔治·穆南在《翻译的理论问题》中所提出的主要观点已经有了一个大致的了解。应该说，他对翻译及翻译理论问题的探索远远超越了一般经验主义的范围，加深了人们对翻译及与翻译密切相关的一些本质问题的认识，他所提出的许多问题，至今仍需要我们做进一步的探索。从译论建设的角度看，他给我们的启示是多方面的。

首先，乔治·穆南对翻译活动持科学和客观的态度。对于20世纪50年代初西方的翻译语言学派与文艺学派之争，乔治·穆南身为语言学家，没有贸然投入语言学派的阵营，而是以科学的态度加以分析，认为翻译语言学派与文艺学派不可调和的观点显然与对翻译活动缺乏客观、科学的全面分析有关，它们虽含有各自的合理成分，但都失之片面，走上了极端；他指出“这两种极端的观点都只是看到翻译活动的一个方面，但实际上翻译活动是多方面的”。

乔治·穆南对翻译活动科学、客观的认识特别表现在对翻译可行性的分析上面。对于翻译的可行性的认识，翻译理论确实经历了一个相当长

1　Georges Mounin: *Les problèmes théoriques de la traduction*, Paris, Gallimard, 1963, p.209.

的发展过程，从“翻译万能”与“不可翻译”的观点对立阶段逐渐进入了一个认识相对统一的阶段：翻译是可行的，但存在着一定的限度。从经验出发，自觉或不自觉地体会到“翻译的局限性”，也许并不怎么令人折服。但从理论的高度，通过多途径的探索，以客观的分析来加以论证，这无疑会对翻译实践产生积极的指导作用。乔治·穆南正是以科学的态度，客观分析了翻译的诸方面障碍，第一个明确地提出了“翻译是可能的，但它确有限度”的观点。他对翻译障碍的分析是多方面的。首先，他分析了文化的多样性对翻译构成的障碍。除了奈达归纳的“生态环境、物质文化、社会习俗、宗教文化”等几个方面的差异外，穆南还提出了“意识形态方面的差异”。这些差异势必反映到语言中去，首先表现在文化的缺项造成语言词汇缺项；其次表现在文化背景不一导致各民族语言对“非语言经验的实际切分不同”。穆南还分别从“语言的意义单位”“句法结构”“形式功能”“交际环境”等诸方面探讨了各种不同民族语言之间的差异，客观地指出了语际翻译转换过程的困难及其限度。乔治·穆南对翻译障碍的客观分析的意义在于：通过对翻译中各类不同障碍的描述，明确其产生的原因，有助于人们在翻译中采取相应的科学手段加以克服。比如文化缺项造成的词汇缺项，只能通过“借词”去解决，而“借词”的生命力长短取决于这一文化现象在目的语国家能否扎根及被了解的程度。又如各种不同语言对非语言经验实际切分不同造成的语义单位的非对应，就要求译者采取灵活的手段加以传达，这也在实践上说明了翻译单位的非确定性。从这个意义上说，明确翻译障碍的症结所在，就是克服障碍的开始。由此可见，乔治·穆南对翻译障碍的客观分析在理论上有助于我们克服“翻译万能”与“不可翻译”的观点，在实践上有助于人们消除翻译障碍的神秘性，大胆采取相应可行的方法，克服障碍，最大限度地达到异语交际的目的。

其次，乔治·穆南对翻译活动始终持发展、辩证的观点。他认为，翻译的可行性存在于其限度之中，而其限度也不是一成不变的。他明确指出：“翻译活动的成就是相对的，它所能达到的交流思想的水平是变化发展的。”[1] 这是因为翻译活动势必受到整个人类知识水平和对世界的认识水平等诸方面的限制。他以法俄翻译活动为例，指出在分析法语与俄语之间

---

1 Georges Mounin: *Les problèmes théoriques de la traduction*, Paris, Gallimard, 1963, p.278.

的转换活动的可行性时，不可避免地要进行语言对比，但同时也不可忽视两种文化及语言之间的接触对翻译可行性产生的作用。他说，将俄语翻译成法语，20 世纪 60 年代的水平已经远远超过 18 世纪 60 年代的水平。那时，第一部法俄词典尚未问世，两种文化与语言之间的接触甚为罕见。到了 18 世纪后期，两国之间的交往逐渐增多，每一次接触都使法俄翻译的可行性增加了一分，直到屠格涅夫、托尔斯泰热在法国兴起，不但减少了两国文化背景之间的差异，语际转换中产生的有关障碍也自然减少了。

在分析不可译论的代表沃尔夫提出的有关人们对世界映象的认识差异与翻译的关系的观点时，乔治·穆南认为，沃尔夫在强调语言对人们的世界观的“引导、组织”的作用的同时，犯了极端主义的毛病，其错误在于夸大了语言对人们世界观形成的作用，仿佛语言能够完全禁锢人们对世界的认识。穆南明确指出：新洪堡学派以语言的差异导致了人们对世界映象的认识差异为依据，提出了“不可译”的绝对观点，是失之偏颇的。其原因在于新洪堡学派只片面地看到了“从语言到世界的运动关系，而忽视了从世界到语言的运动关系”，从而也就忽视了人类对世界的认识水平对异语交际的制约作用。鉴于这一点，乔治穆南坚持“人类的语言能力与人类对世界的认识”之间相互制约的辩证关系，进而提出人类的文化史是在人们克服困难、不断认识世界、相互交流的运动中发展的。异语交际，即翻译活动的可行性在很大程度上取决于不同文化之间的接触与交流。这一观点对我们从根本上认识翻译的意义，辩证地处理文化结构与语言符号结构之间的关系，克服翻译活动的盲目性，无疑是大有裨益的。

穆南对翻译水平的这一认识还从理论上说明了译本不断更新的必要性，也从实践上向我们更大限度地接近原文、追求译文质量的不断提高提出了客观的要求。他强调指出，奈达关于“翻译就是在归宿语言中产生与出发语言的信息之间最接近的自然对等，首先在意义方面，其次在文体方面”的论点无疑是正确的，但是“如果把这个公式固定化，认为既然有两种语言，能自然产生相应的信息与译文，由此而产生的最接近的自然对等便可一次完成，这仍然是一种僵死的、反辩证的观点”[1]。与此相反，随着人类文化与语言的不断相互接触，随着人类知识与认识水平的不断提高，

1 Georges Mounin: *Les problèmes théoriques de la traduction*, Paris, Gallimard, 1963, p.77.

翻译的可行性必将不断扩大，因此，翻译中追求最大限度地接近原文是永远没有止境的。

在处理翻译实践与翻译理论的相互关系上，乔治·穆南提出应该克服两种倾向，即“囿于经验的实践”和“抽象空泛的理论”，主张建立两者互为补充、相互促进的关系。确实，翻译界与翻译理论界，至今还存在着一定程度上的相互隔离的局面，否认翻译理论的指导作用，对任何理论一概持排斥态度，只凭自己经验搞翻译的人有之，而不关心翻译实践，不重视翻译实践中出现的具体问题，一味从理想出发埋头“制作”理论的人同样有之。这两种倾向的直接后果就是难以保证翻译质量。作为一位语言学家、翻译理论专家，乔治·穆南尤其强调翻译理论对实践的指导作用，同时善于借鉴与翻译相关的邻近学科，特别是语言学的最新成果来分析翻译活动的过程，指导翻译实践。比如，他吸取乔姆斯基的转换生成理论探讨不同系统的语言结构与语言意义之间的可能性；借鉴语义场的理论阐述语义单位非对应性，并指出语义传达应采取“直接”与“非直接”手段并重的方法，在一定程度上说明了采取“意译”与“直译”的方法并不取决于译者的主观态度，而是取决于翻译活动中两种相关语言的特性及文化背景关系。他还从布龙菲尔德的语境理论中得到启示，提出翻译可以借助创造相应的语境或情景，最大限度地降低语言信息在翻译活动中的丢失，因为他认为“翻译总是可以从最明确的情景、最具体的信息和最基本的共同现象开始的”[1]。

在强调翻译理论的指导意义的同时，乔治·穆南力戒不着边际的泛泛空论。在他的翻译理论专著里，他或结合翻译实践中难以解决的难题，或就某一人们争论不休的具体例子，从理论的高度进行分析，提出自己的见解。法国著名语言学家奥里高度赞扬穆南在翻译理论探索道路上做出的巨大努力，他曾这样写道：“从具体到一般，从实践到理论，面对堆积如山的乱石，要知难而上，手执铁镐，在坚硬的岩石上一镐一镐地去开掘，在危险的悬崖上一镐一镐地去建筑，既要做一位计算精确的设计师，又要当一位不畏艰辛的建桥工。乔治·穆南就是这样一位知难而上的勇士……”比如在论述翻译中十分关键的语义传达问题时，乔治·穆南针对某些语言

1 Georges Mounin: *Les problèmes théoriques de la traduction*, Paris, Gallimard, 1963, p.279.

学家"语义不可知"的极端论点，用语义场、义素分析、语境理论，乃至文献学等多方面的理论，证明语义传达虽然困难，但是可以进行的，并具体研究了语义传达的某些手段，指出要辩证地处理语言意义与言语意义的关系。[1]

再次，乔治·穆南对翻译的探索是多角度的。翻译是一项多层次、"多因素参与"的复杂活动，这一特征规定了翻译理论研究的综合性。乔治·穆南对翻译理论问题探索的一个明显特点就是他始终致力于多角度的研究。有人在介绍乔治·穆南翻译思想的文章中认为他是纯粹的语言学家，似乎他探索的最终目的在于使翻译理论"真正发展成为语言学的一个分支"，说他"讨论过翻译与语义的关系……坚持语言学观点，而反对文学观点"。[2] 这一评论是不公道的，至少是片面的。为了客观地评价乔治·穆南为探索翻译理论问题所做出的多方面的努力，不妨看一看《翻译的理论问题》一书的篇目：

第一部分：语言学与翻译
第二部分：翻译中的语言障碍
第三部分：词汇与翻译
第四部分：世界映象与翻译
第五部分：文化多样性与翻译
第六部分：句法结构与翻译

从该书的篇目就不难看出乔治·穆南对翻译问题的探索并没有完全局限于语言学范围，也没有"坚持语言学观点，而反对文学观点"（上文已经谈到他并不赞成分别以维纳与加里等为代表的两种"极端"观点）。恰恰相反，他坚持翻译理论研究的开放性，从各种不同角度去探讨有关问题。比如在讨论语义的翻译问题时，他就从交际学和符号学的途径探讨了蕴含意义的构成与传达障碍。他精辟地指出蕴含意义是指跟语符相联系的主观的补充价值，它牵涉到以下三个关系：

1　参见 Georges Mounin: *Les problèmes théoriques de la traduction*, Paris, Gallimard, 1963, 第 2—3 部分。
2　参见中国对外翻译出版公司选编：《外国翻译理论评介文集》，1983 年，第 7 页。

（1）说话者与语符之间的关系；

（2）听话者与语符之间的关系；

（3）说话者和听话者与语符之间的关系。

蕴含意义含蓄在词语的所指意义之内，又区别于所指意义，主观性、表感性较强，有时难以捉摸，难以传达。但乔治·穆南所阐述的语符与语符使用者之间的关系对我们理解与传达蕴含意义很有启发。[1]

乔治·穆南对翻译理论的多角度探索，突出地表现在对"共相现象"（也称普遍共同现象）的研究上。他在客观分析翻译障碍的同时，致力于人类思维、文化结构、语言结构的分析与对比，从中发现存在着一些普遍的共同现象，指出语际翻译在一定程度上是异中求同，说明这些共同现象构成了语际翻译的依据与基础。

乔治·穆南还从人种学、文献学等途径，探讨不同文化的可渗透性以及语义的可传达性。他指出，由对客观世界认识不一造成的语义差别可通过"人种学"途径去识别、弥补。"人种学"途径有助于人们认识在"现时"与我们有别的不同"世界映象"和"文化"；"文献学"途径则有助于人们认识在"过去"与我们有别的不同"世界映象"和"文化"。[2]通过这两条途径，人们可能发现人类文化的普遍共同现象是占主导地位的，而那些构成语义传达障碍的差异现象是可以不断认识、逐渐克服的。

应该看到，乔治·穆南作为一位杰出的语言学家，更善于从语言学途径去研究翻译的有关问题，他认为语音结构、句法结构和语义结构的对比关系研究是翻译研究不可缺少的一个课题，它有助于我们认识语际翻译的待值限度，采用灵活的翻译手段，克服语言各层次存在的客观差异，以完成翻译所担负的交流思想、交流信息的任务。乔治·穆南的这一研究倾向在《语言学与翻译》论集中表现特别明显。在《翻译的理论问题》一书中，他也用了近一半篇幅来探讨与语言学相关的翻译理论问题。但这并非说明他完全把翻译研究纳入语言学的范畴，只是在一定程度上说明了翻译科学与语言科学十分密切的关系，正如谭载喜在《必须建立翻译学》一文中指出的那样，"翻译研究虽然不能被一般的语言研究所代替，但两者之

1　参见许钧：《蕴含义的理解与翻译》，《外国语文》，1987年，第1期。

2　参见 Georges Mounin: *Les problèmes théoriques de la traduction*, Paris, Gallimard, 1963, 第13、14章。

间是有密切关系的，语言科学越发达，就越能促进翻译科学的发展”[1]。

最后，应该特别说明一点，翻译理论至今尚未形成一套完整的科学体系，乔治·穆南对翻译理论多角度的综合探索也只是从各个不同侧面研究了翻译的某些问题，并带有明显的语言学倾向，而对翻译科学的基本对象、基本内容、基本方法，尚未展开研究。不可否认，乔治·穆南对翻译与翻译理论的一些基本认识和观点对我们就翻译活动进行系统科学研究是具有借鉴意义的。

1　参见《中国翻译》，1987年，第3期，第2页。

第二章

构筑翻译理论基础的尝试

J. R. 拉德米拉尔是 20 世纪 70 年代末以后法国致力于所谓“翻译学”（traductologie）的中坚力量之一，亦是为数不多的以翻译家、哲学家的身份对翻译的理论问题进行系统思考的人之一。拉德米拉尔把自己的译论研究分为三个阶段：第一阶段我们姑且可以称作“翻译种志学”（traductographie），意指用与人种志学研究相类似的描述手段对翻译实践中涌现出来的问题进行分类、梳理和总结，以资料性为其特征；第二阶段则是我们常常所说的“翻译学”（traductologie），“学”在这里与其说是学科体系的意思，不如说是研究进入理性轨道的标志，是其从十几年的法德传译经验中“演绎”出来的理论阐述；第三阶段上升到了我们涉及不多的“翻译哲学”（traductosophie），以其近年来哲学著作的翻译为出发点反过来观照翻译中的哲学问题，是第二阶段研究的延展。[1]

拉德米拉尔自 20 世纪 70 年代以来在《语言》《种族心理学》《美学》等一系列重要杂志上发表了多篇有关翻译理论的论文。在《翻译的理论要素》[2]

1　据拉德米拉尔自己所述，“翻译哲学”正是这些年来他的研究重点，并且他已就此发表了一系列文章，如《翻译：古典文本？》（*La traduction: des textes classiques?*）、《翻译神学》（*Pour une théologie de la traduction*）、《文本及其演变的研究》（*Etudes sur le texte et ses transformations*）等。

2　Jean-René Ladmiral: *Traduire: théorèmes pour la traduction*, Paris, Gallimard, 1994（初版于 1979 年，Payot 出版社）.

一书之后，他又与爱德蒙·马克·李比昂斯基合著了《跨语际交流》[1]。而我们在这里讨论的《翻译的理论要素》，正是他第二研究阶段的代表著述，是继乔治·穆南之后法国译论研究界的重要成果之一。

如果我们接受拉德米拉尔关于翻译研究阶段的划分，或许我们在翻译上的第一个悖论也就在某种程度上得到了解答：我们说翻译是人类历史上最为古老的活动之一，但是关于翻译的较为系统的理论研究却是近几十年的事情！——我们也许只是在第一阶段上停留了太长的时间！正如拉德米拉尔在《翻译的理论要素》1994 年重版序言里指出的那样，翻译研究从来都是一门自省的学科。翻译实践在相当范围内的自我满足使得翻译理论长时间地滞留在一种旁观的地位；一直到今天，翻译理论仍然还只是“关于”翻译的理论（une théorie sur la traduction），不包含质的、唯一的性质。不仅如此，翻译实践还在某种意义上模糊了我们的理性认识，于是，翻译学的主要任务之一是澄清我们由翻译实践而起的概念性的模糊！[2]

众所周知，出于历史及翻译的语言转换形式的原因，翻译研究一度被完全纳入语言学的范畴，并在某种程度上成为语言学的一个分支，即实用语言学（la linguistique appliquée），语言学为其提供了主要的方法论及术语。但是，语言学本身在席卷了人文科学的一切领域后也陷入了一个岌岌可危的困境，即使有了“外部语言学”与“内部语言学”之分，它仍然无法满足翻译活动中错综复杂的关系与因素，这就使翻译研究必然地走上了跨学科研究的道路。在语言学仍不失为其重要支撑的情况下，跨文化研究也为其背景研究打下了坚实的基础。这个发展过程本身证明了翻译理论研究的多元化将成为它必然的走势。对此，拉德米拉尔有极其清醒的认识，他没有让步于投机性的框架构建，而转向了阐述一种“零碎”的、“偶发性”的理论。正因为如此，他将自己对翻译研究长期思考的结果取名为《翻译的理论要素》。

在这部书里，有我们在翻译实践中所必然碰到的几个基本问题，也是翻译理论界长期为之纠缠不休的几个问题，作者致力于对前人观点的总

1　Jean-René Ladmiral, Edmond Marc Lipianski: *La Communication interculturelle*, Paris, Armand Colin, 1989.

2　参见 Jean-René Ladmiral: *Traduire: théorèmes pour la traduction*, Paris, Gallimard, 1994, pp.10–20。

结、梳理与选择，将之分为四个部分：

（1）何为翻译？

（2）翻译可不可为？

（3）翻译与外语教学的关系何在？

（4）内涵的概念在翻译中起什么样的作用？

拉德米拉尔也是“新名词”的创造家。他在法国译论研究界曾引起强烈反响，因为他将法国的译论研究断然划分为两大派别。与文艺学派和语言学派的划分点完全不同，他将之分为“出发语主义者”（sourcier）与“目的语主义者”（cibliste），并认为前者注重“语言的所指”（signifiant de la langue），偏重点在出发语上，而后者则侧重“意义”（sens）的传达，侧重“话语”（parole）而不是语言（langue），强调用目的语的固有手段进行翻译。按照他的说法，前一阵营里有瓦尔特·本雅明（Walter Benjamin）、亨利·梅肖尼克和安托瓦纳·贝尔曼等；后一阵营则有乔治·穆南、艾菲姆·埃特肯德（Efim Etkind）和他自己。[1] 至此，我们也不难发现在新名词掩盖下的真实立场：拉德米拉尔在某种程度上坚持的也还是语言学立场。所以，该书四个部分的语言学含量也就不言自明了。

第一节　何为翻译

就像人类对自然界及自身的许多现象仍旧无法给予一个合理的解释一样，在翻译理论研究中，直到今日，何为翻译也是悬而未决的问题。然而这并不妨碍翻译实践本身在现代社会中起着越来越重要的作用，诚如拉德米拉尔所言，已经“没有一个民族落后与孤立到这样的地步，能够在他们的生活中略去翻译的作用”。

作为一个翻译实践家，拉德米拉尔并没有花太多的笔墨陷入这个定义的怪圈。事实亦复如此，对于翻译的不同定义只是取决于定义者不同的视角。拉德米拉尔在这里为我们阐述了四个不同视角下的思考。

首先是职业的角度，完全与理论无涉。一般来说，翻译有笔译与口译

1　关于这两个概念，可参见拉德米拉尔发表于《翻译文学》（*TRANSLITTERATURE*）杂志上的《三十年的法语翻译学》（*30 ans de traductologie de langue française*）一文。

之分。我们译论研究界所涉及的主要对象“文学翻译”一般属于前者的范围。与后者的即时性和同步性相比，笔译往往有一个时间与空间的差距以及“译者不在场”的问题。当然，无论是笔译还是口译，作为译者，他必须具备出发语与目的语的语言知识运用能力以及对两种（或两种以上）文化背景的大致了解；而如果是涉及某一专门领域的翻译，译者还必须具备一定的专业知识。

作为译者，他可能是经过专业培训的，世界上不乏巴黎高等翻译学校、日内瓦翻译学校等类似的机构；他也可能是——并且大部分译者确实是——在“实践中成长起来”的。后一类译者多半是外语教学人员或外国文学研究者，翻译并不是他们的第一职业。

除了“笔译”与“口译”，笔译还可分为“文学翻译”与“技术翻译”，以待译的文本类别为划分标准，哲学、文学及其他人文学科领域的翻译被纳入“文学翻译”的范畴，“技术翻译”则包括工程资料、纯理性科学以及法律文件等的翻译。除文本类别本身，两者在翻译目的及经济效益上也有较大差别。

紧接着，作者又转入了语言学这个纯理论的视角，意在指出译坛长期以来关于“直译”与“意译”（或称“文字翻译”与“文学翻译”）的争战的实质。在拉德米拉尔看来，这个实质问题牵涉两个层面。一是哲学层面上关于“同”“相似”“另一个”（même，ressemblance，autre）的矛盾统一，作者对经由奈达发挥过的“等值”（équivalence）概念提出了批评。赫拉克利特说过，人不能两次跨进同一条河流，可见“等”的概念从来就不可能是绝对的，因而为了内容上的绝对等值而放弃形式上的等值只能加剧内容与形式的二元对立。并且，奈达为了“等值”，将翻译减略为“信息的传递”或“信息码”的传递，这就将文本减略成了信息码的组合，与早在索绪尔时代就受到了批判的“语言—目录”的传统观念无异。作者在此重新提出索绪尔的语言与言语的区别，指出语言是某语言共同体所具有的语言可能因素的集合，而言语是指语言在个体上的具体运用；我们翻译的是“言语”而非“语言”。但是作者本人也意识到，在翻译实践中，我们似乎不可能将“言语”从“语言”中完全剥离出来……

争战实质的第二个层面还是语言学。其实直译与意译的关键分歧在翻译单位的划分上。词是独立性意义单位的最低一级。但翻译若以词为单位，似乎连通常意义上的直译（文字翻译）也做不到。通俗一点说，翻译一般是以句为单位的，在句与句之间实现语言的转换和意义的传达。作者在这里倾向于卡特福德（J. C. Catford）所提出的“一定语境之中的意义”，也就是说若论等值，不应当是奈达等人提出的“纯粹语言学上的等值”，而是“功能性”的等值。出发语文本与目的语文本在“相同语境下起作用”时，即具有“相等的意义”。

从语言学理论到翻译实践，诚如卡特福德进一步所阐述的，“不是一个简单纯粹的线性应用关系，也不是类似从生物学到医学的过程”[1]。这就是为什么曾经被完全纳入语言学的翻译理论始终难以与实践接轨。拉德米拉尔于是独辟蹊径地从理论与实践的角度关系来探讨翻译这个复杂的过程。在实践中，翻译只能是“部分可能”的。也就是说，翻译本身就意味着“部分信息的必然丢失”，译者的作用不是在传递所有信息的努力上，而是在于“选择”。选择的方式则与翻译目的有关，涉及目的语的读者、读者的文化层次以及译者预设的读者对原作语言文化的熟悉程度。

拉德米拉尔注意到，在这个方面，维纳与达尔贝勒纳合著的《法英比较修辞》一书曾做过一定程度的尝试，他们针对翻译中的难点提出了七种解决方法，分别为借词、仿造词、字面直译、移植、灵活调整、等值与改写（emprunt，calque，mot-à-mot，transposition，modulation，équivalence，adaptation）。可正如我们在前文中所提到的，七种解决方法并非建立在同一级翻译单位上，前三者主要是针对目的语中词汇的匮乏情况而采用的，按拉德米拉尔的话来说，只是处在“翻译的最底层”。而最后一项“改写”，又超出了翻译的限度，只能作为特殊情况下为着特殊目的的特殊存在（如中国林纾的翻译）。在同一级翻译单位上的“移值”、“灵活调整”与“等值”本身就具有普遍抽象的意义，难以区分。况且，正是“‘调整’这个词构成了翻译过程，有待我们定义……”[2]

翻译最后一类定义的视角则是在文化上。文字、文学都是文化的沉淀，几乎所有的人文科学都可以囊括在“文化”的大系统内。因而翻译的文化背景导致了翻译的复杂性与哲学上的所谓“不可译”。“不可译”最突

1 转引自 Jean-René Ladmiral: *Traduire: théorèmes pour la traduction*, Paris, Gallimard, 1994, p.18。
2 同上，p.21。

出地表现在哲学与诗的翻译上，在此类翻译中，译者的主观性发挥到了极致，非“再创造”而不可为。从文化的角度来看，译者在承担诠释角色的同时，无疑也承担了与原作者相当的“合作者”与“再作者”的责任。

第二节　翻译与外语教学

这是从事译论研究的人较少虑及的一个问题，而实际上，在翻译理论研究之初，很多研究者正是将翻译理论简约成了两种语言的转换过程，并以某一文本的双语比较作为翻译理论的根本研究方法，因此拉德米拉尔专辟一章，对翻译与外语教学的关系以及翻译在教学实践中的运用做了具体的分析。

事实证明，翻译矛盾重重，在外语教学中尤为明显，主要表现在以下几个方面：

其一，从大的方面来说，以外语教学为目的的翻译与外语教学所趋向使用的手段之间存在着矛盾。众所周知，外语教学的理想主义目标是培养一个“双语者”，使其能够承担起沟通两种不同的语言文化的责任。而所谓的双语者，是指他们的第二语言堪与母语相媲美，不仅能够透彻理解，还要能够纯熟地运用，甚至可以用“第二语言本身来思维”。这种理想主义的目标就使得作为传统教学手段的翻译（thème et version，将母语译成外语或将外语译成母语）渐渐被排挤出了外语教学的阵地，包括中国在内。我们在教学中都趋向于一种直观法，而近些年来视听手段的广泛运用更是能够使人相信“使学习者将第二语言的所指与能指对应起来，可以不通过母语的媒介，而代之以图像”；并且，拉德米拉尔谈到，即便是在语法教学中，如果说法（母）语还被用来进行解释的话，那么这种解释也早已退而求其次了，更重要的是解释之后大量的结构运用的练习。

针对这种理想主义目标下的教学进程，拉德米拉尔还是发出了疑问。首先，母语的参照一直是存在的，从词汇到语法乃至整个语言文化背景的教学。学习外语的人从来都不是真正意义上的“婴儿”，可以听凭周边的语言环境在其思维中构建起一个语言的王国。他本身的学习目的正是为了有所参照、有所比较乃至有所交流。文化背景的生疏更使这种参照成为必然。其次，这种直观或视听教学的真正结果并不能造就所谓的“双语者”。

就拉德米拉尔重点论述的中学外语教学而言，母语（法语）与外语（英语）的掌握一直处于不平衡的状态之中。正是不平衡构成了两种语言的互相干扰。再者，如果有了“双语者”，有没有“三语者”“四语者”呢？而以英语为中心的这种“双语教学”势必会影响其他语言的教学与运用。这也是法国人从情感角度所不愿面对的事实。

然而我们无法否认，在外语学习的初始阶段，我们必然抵御来自母语的强大干扰。在国内外的教学机构中，传统的翻译手段已退出了低年级的外语教学，或只作为一种辅助性练习存在。直观教学的实际效果是能够较为迅速地培养外语（但不是双语）人才。或许我们在教学中，只有根据不同的学生状况，等到其外语与母语达到平衡的那个时刻，翻译才能真正被引进教学中来，并且成为一种职业性的练习。

其二，作为教学手段的翻译与翻译本身也是矛盾重重！“翻译”（traduction）这个词的模糊性在这里也可窥一斑。拉德米拉尔认为，严格意义上的翻译本身并不存在，存在的只是不同类型的翻译，为着各自不同的翻译目的。而教学意义上的翻译练习与我们日常所说的翻译的差别就在于，作为教学手段的翻译练习遵从的是教学的要求，而我们日常所说的翻译有“明确的”目的，以产生译文，使读者免读原文为己任。就理论意义而言，关键不仅仅在于这种差别，“巴别塔的古代神话最终化为翻译在实践上的各种异质的进程——每一种实践方式都对应着不同的塔层。那么，作为翻译理论来说，一种所谓的理论融为‘各种问题’的集合也就不足为奇了”[1]。

正是由于翻译练习受到了教学目的的制约，干扰至少会在以下几个方面存在：首先是文本的选择。翻译练习中的文本大多是经过教师筛选的，在外语译成母语的练习中，往往是要符合某种文体风格上的辨识需要，而在母语译成外语的练习中，则以语法需要为主。这样便使翻译练习中的文本在语境意义上受到很大损失。剔除上下文的教学“剪”，使得翻译练习较真正意义上的翻译更为困难，而专业性较强、术语较多的文本在翻译练习中几乎不可能。其次，翻译练习是作为作业或试题完成的，与严格的翻译行为相比，它有一个“是”与“非”的问题。拉德米拉尔详细研究了外

1 转引自 Jean-René Ladmiral: *Traduire: théorèmes pour la traduction*, Paris, Gallimard, 1994, p.43。

语翻成母语练习与母语翻成外语练习中常见的“错误”。前一种练习中的“错误”可分为两大类，一类是无意义、反译、错译的“三重奏”。这类错误建立在对原外语文本的错误阐释上。当然，“错译”往往是外语表达手段与母语表达手段的差距造成的，是母语干扰因素在翻译练习中的具体体现。而“反译”是对原文本的意义的错误理解和外语能力的不足造成的；但是最为严重的“无意义”则根本显示了学生在“才智”（intelligence）上的匮乏，其中也包括社会文化方面的才智的匮乏。第二类错误的分量则小许多，主要表现为学生在母语运用中的种种偏差、语法或句法上的错误或拼写错误。这类错误可与母语教学练习中的错误相提并论。而在后一类母语翻译成外语的练习中，错误也可以分为两类，一类是外语词汇使用不规范（barbarisme），包括词的生造、词义混淆及搭配不当等；另一类则是句法上的错误（solécisme）。拉德米拉尔指出现在的教师偏向于选择“拼写错误”和“语法错误”来定义这两类错误，这种考试观念上的让步，使得母语译成外语的练习越来越趋向于成为学生在外语阅读中获得的词汇及熟语的“大拼盘”。

问题是，我们还要回到我们真正意义的翻译上来。我们不难发现，无论翻译理论怎样不甘心，想要挣脱语言学的桎梏走向跨学科的光明，作为翻译理论一个方面的翻译批评却始终难以走出翻译练习中正误评判的窠臼！是不能够，还是在我们的观念上根本还没有将翻译练习与翻译（严格意义上的翻译）区分开来？

其三，从法语词源上来看，所谓将外语翻译成母语的 version 与将母语翻译成外语的 thème 毫无关系，这就暗示着 version 与 thème 并不是两个反向对等的翻译练习过程。的确，在教学实践中，version 与 thème 的矛盾正是我们在严格意义上的翻译中关于直译与意译之争的实质。

通常，我们认为 version 较 thème 更为容易，拉德米拉尔分析道，这是因为 thème 要求的是一种“生产性的语法”，而 version 则仅要求一种“接受性的语法”。但是实际上，version 与 thème 的存在恰恰说明了翻译中的两个层次，即所谓的“解码”-“组码”与风格的层面。

thème 是将翻译减略为“解码”-“组码”的实践过程。拉德米拉尔认为，如果说外语教学能造就真正的“双语者”只是一种奢侈的幻想，那么，要求他们在尚未完成学业时就已经具备这样的“双语”能力，则更为

“荒唐”。应该说，绝对意义上的 thème 的存在正是以这种荒唐幻想为前提的。它要求学生具备外语创作的能力，按照他们所说的语法创造出能够替代母语原文本的译文。也正是因为这种幻想的不实际性，thème 的要求只能退而求其次，以合乎外语语法规范为衡量标准。

version 的情况则大不相同。外语语法的要求在这里得到了宽容，宽容到能够理解原文即可。相反，母语的表达手段提到了“风格”的层面上。因为 version 中的翻译单位与 thème 中的翻译单位完全不同。version 的翻译单位往往比 thème 的翻译单位来得更大一些。“母语已不再只是承载信息进行交际的工具。”与 thème 相比，version 显然更是一种“才智型”的活动，它对学生的文化需求也就更为迫切。拉德米拉尔认为，这种文化介入主要表现在三个方面：首先，作为以母语为目的语的练习，version 对学生的“受教育”程度本身就是一个检验，检验他是否接受过最基本的教育，是否具备一种“个人”的基本文化观；其次，语言作为文化载体，也有其“科学性”和规律性的一面，学生的母语译作能否符合语言规范，是其文化素质高低的综合体现；最后，对出发语国家文明历史的了解也是 version 的关键之一，拉德米拉尔在此举了维纳提出过的一个例子，英语中的 civil war 在美国文化背景下应译成 guerre de Sécession 而非 guerre civile，这就超出了单纯的语言学知识的范畴。

如今，“直译”与“意译”之争仿佛已渐趋明朗化，thème 与翻译活动本身的冲突决定了它在教学中的地位也日渐衰微。绝对意义上的 thème 的不可能，犹如翻译在哲学层面上的不可能一样，使之成为一种妥协性的练习。在这项练习中，最基层的便是“语法性”的，如同完形填空，以语法知识点的考查为主，并不具备实际的翻译意义。第二类 thème 则是“模仿性”或称“应用性”的，它提出一个基本文本给学生，让学生在此基础上能重新运用基本文本里已经出现过的语言要素。而这些要素可能是关于词汇运用的，也可能是关于句法运用的。最高一类则已超出真正的 thème 的范畴，称为反向的 version 更恰当些。在这类“文学性”的 thème 里，表达手段及风格色彩的运用已经被摆到突出的位置。

其实，在非练习性的翻译中以母语为目的语的情况也远远多于以外语为目的语的情况。这或许跟 thème 加深了哲学意义的“不可译性”有关。无论如何，作为练习的 thème，对翻译来说与其说是一种存在形式，毋宁说是一种反对形式。翻译永远不可能只停留在“语法性”的层面，这是thème的悲哀，也是翻译的悲哀。

外语教学是个从无到有的过程，学生从零起点慢慢接近教师的“双语能力”。外语教学中翻译的练习由教师来判断正误，学生本身并不承担责任。这就决定了翻译练习的一个根本性的缺憾：它无法作为翻译理论的起点，虽然我们在翻译练习中已经有了一整套的教学规律可以遵循！它充其量只能是“教学认识论”中的一部分。

这里有翻译练习本身在关系上的混乱。拉德米拉尔提醒我们：一方面，兼有“译者-校正者”双重身份的教师以原文本作者的身份自居，并以译文的假想主体出现。而另一方面，改正过的译文是属于教学的范畴的，它有教学上的绝对化倾向，使学生相信译文也和原文一样，成了一种应当遵从的真理。而这种可译性的实现正是牺牲了“语言”与“言语”的差距。

的确，如果说翻译理论（尤其是一种理论）难以对翻译实践有所规束，其根本原因，就是自教学中的翻译练习开始，翻译实践就是在不同层面、不同要求下展开的。它始终具有——用拉德米拉尔的话来说——“外部的”与“内部的”双重目的。在翻译练习中，“外部的”教学性目的已经遮覆了“内部的”目的，从而形成了矛盾性，在构成翻译实践最底层的同时又游离于严格意义的“文学翻译”之外。而“文学翻译”的“内部”固有目的占了主导，这就使它无法控制地滑向了哲学意义上的“不可译”，拉德米拉尔称之为“先决否定”。所谓“先决否定”，指的是对可译性的否认，且这种否认是先决性的。

第三节　关于“先决否定”的论战

这是一个哲学命题，仿佛翻译理论上的任何一派都难以解决，所能做的充其量只是缩小理论与实践、精神与物质之间根本的二元对立。正因为这样，拉德米拉尔并没有以哲学家的身份去加大哲学上的“不可译性”与实践上“可译性”的差距，而是以乔治·穆南早期一本题为《不忠的美人》[1]

1　Georges Mounin: *Les belles infidèles*, Paris, Cahiers du Sud, 1955.

的翻译理论著述为基础，指出了这种二元对立性不可能有一个正面的解决途径的现实。

证明一种业已存在的事物的“不可能性”，当然不是自翻译始。其实在思想与行动间早已有了这道鸿沟，如是才有人类的绝望。阿喀琉斯永远追不上世界上最慢的动物——乌龟，这则寓言如同中国古老的“飞矢不动”的理论一样，很形象地说明了这个问题，埃利亚学派的芝诺便是以此为依据来证明运动的“不可能性”。[1] 但是，拉德米拉尔问道：我们定义一样事物不总是依据它业已存在的事实吗？

人类亘古的矛盾反映到原本就矛盾重重的翻译上，就是这所谓的“先决否定”。在《不忠的美人》里，乔治·穆南将“先决否定”的依据分为三类：

第一类为“论战性依据”。这类否定依据建立在对译本质量不高的抱怨上。从词源角度看，似乎“译者”（traducteur）与“志行薄弱者”（traditeur）就有着某种必然的联系。尽管人们不得不承认一时间无法找到衡量的尺度，可是用“该与不该”去指责翻译的做法一直有增无减。但这些指责于翻译实践真的有多大好处呢？答案还不可知。当然，正如拉德米拉尔说的那样：“我们必须承认不是所有译本都如此尽如人意，尤其牵涉到精神分析、哲学或其他人文科学的疑难文本。一个深刻难解的大哲学家，如黑格尔或海德格尔，对他的译者提出的几乎都是难以解决的问题，这就是为什么这类著作往往有好几个不同的译本……说实话，这里所涉及的，并不是错译的问题，应该说只是观点的不同，或者说是在诠释上有所分歧。”[2]

即使我们无法将“观点的不同”与“诠释上有所分歧”用来面对所有的指责，这所谓的“论战性依据”也还是不能为“不可译性”提供真正的理由。指责多是针对译者对原文理解的局限性，但是如果说我们必须“严斥质量低劣的译本”，这“恰恰说明还存在着更好的翻译，也就是说翻译是可能的”！

第二类被乔治·穆南称作“历史性依据”。这类依据其实非常含混不

1 转引自 Jean-René Ladmiral: *Traduire: théorèmes pour la traduction*, Paris, Gallimard, 1994, p.85。
2 同上，p.21。

清。按照拉德米拉尔的观点，所有“论战性依据”势必都与一定的历史局限相联系。在“论战性依据”里，乔治·穆南曾举孟德斯鸠的名言为例：“如果你总是在翻译别人，那么你将永远不会被别人翻译！”[1]而在“历史性依据”里，乔治·穆南则主要以七星诗社的著名诗人杜贝莱为例，强调当时文艺复兴的背景。孟德斯鸠的名言自然也有其历史背景，是在古典与现代之战中对现代的维护。回头去看，翻译仿佛总是承担着超出其自身重量的历史重任，并且在某些非凡的历史时期首当其冲，中国19世纪末20世纪初的翻译就是极好的证明；正是在这样的历史重任里，翻译会暴露其自身的许多特点，而进一步受到“该与不该”的评判。

第三类，即所谓的“理论依据”。乔治·穆南谈到，一般认为，“诗歌，风格手段”通常是“不可译”的。拉德米拉尔进一步分析道，这就说明每一种语言里都有一个无论好坏的译者所必须面对的不可译成分。这种不可译成分视文本类别而定，诗歌自然成为这类不可译文本的代表。那么，什么样的文本可以将不可译成分减少到最低程度从而成为可译的呢？按杜贝莱的观点，所有的“科学”都是可译的，并且我们的朝代——无论过去还是现代——似乎总是对具有“实用”价值的科学翻译的需要更为强烈一些。然而颇具讽刺意味的是，在这类有待大量翻译的科学领域，我们越来越趋向于用英文直接著述，也就是说，翻译正在步步退让！无论如何，这类“理论依据”的“贡献”在于明确划分了“诗歌”（艺术）与“科学”的二元对立，这正是我们在翻译理论研究里避之不及的问题。

事实的确值得遗憾，乔治·穆南对这三类依据的划分并没有为我们提供驳斥“先决否定”的契机。三类依据之间是互相包容、交错纠缠着的。翻译的“历史性不可译”在于文字总是沉淀具有某种文化背景的因素，这种因素的无从破解有可能构成译者的理解偏差，而以这种因素为基础的不可译成分又在诗歌中达到了表现的高潮，继之而来的便是“诗歌”与“科学”的二元对立了。

“诗歌”是不可译的，“科学”是可译的，然而什么是“科学”，什么是“诗歌”？拉德米拉尔从词义论起。德文中的Wissenschaft一词一般被译作法文的science，但Wissenschaft与science在内涵上却有很大的

1　转引自 Georges Mounin: *Les belles infidèles*, Paris, Cahiers du Sud, 1955, p.12。

差别。法文中的science属于认识论的范畴，在内容上满足于经验方法的积累，同时在形式上也满足于数理逻辑结构。而德文Wissenschaft则更属于某种社会文化甚或社会职业的范畴，意指一切有着自身规律及方法论的学识，一切在大学教育机构中开展研究的领域。

我们还应该看到，随着时间的流逝，无论德文中的Wissenschaft，还是法文中的science，甚或中文中的“科学”，这个词的内涵都发生了不同程度的变化。人文科学领域的个性的表皮被揭开，不稳定下仿佛也有规律可循。从这种意义上来说，“哲学”当然也属于“科学”的范畴，因而是可译的。所有承载信息的文字形式都站到了“诗歌”的对立面去。

以这样的逻辑，拉德米拉尔说，那么“有待我们定义的，便是诗歌本身”[1]。无怪论及文学翻译，有人主张必须借助诗学。

那么什么是“诗”呢？什么又是杜贝莱所认为的译者无从涉及的“诗人”呢？诚然，荷马、维吉尔是诗人，但诗人无疑有着更广阔的含义，在这里，诗人就是作家的代名词。

因而在某种意义上，从事文学翻译的人更应该被称作原文的“合作者”，当然是用了另一种语言！这几乎是他们想也不敢想的事。和乔治·穆南一样，拉德米拉尔显然并不赞成翻译的诗学理论。因为译者无论如何与纯粹的作家是不能等同的，他们所应遵从的真实是被作家改造过了的真实。所以在翻译理论上，我们不是要“建立一种普遍意义的美学理论，而是一种可用于个人实践的写作道德”。译者只是尽量体现原文作者的一切创作细节，不事遗漏。“如果说的确存在着一种最低程度的美学，那也是一种接受美学、听从美学，不会是一种结构完整、层次分明的美学，而是一种理论要素不连贯的拼凑，随时会被新的实践打破，形不成一个和谐的整体”[2]。兜了一大圈，乔治·穆南，包括拉德米拉尔，也只能说，诗就是诗。事实证明二元对立根本无法解决翻译固有的悖论。拉德米拉尔最终提出了四个问题：

（1）关于“先决否定”的论战是没有答案的，如果有，它是开放式的，是多元性的，也就是说它不是唯一的……

---

1 参见Jean-René Ladmiral: *Traduire: théorèmes pour la traduction*, Paris, Gallimard, 1994, pp.107–108。
2 同上，p.110。

（2）从乔治·穆南的分析来看，他的三类否定依据其实可以归结为一，就是“理论依据”，而这一“理论依据”又是建立在对“科学”与“诗歌”的二元划分上。但根据我们在上文分析的情况，为翻译界定一种美学、一种创作文体学、一种诗学，这对于实践者来说显然是太野心勃勃了一些，甚至对理论家来说也过于困难。

（3）我们还必须承认，哪怕早在两个世纪以前的杜贝莱时代，“科学”的含义也颇为宽泛，仅仅在对所谓“科学”的翻译上，这项工作也无法缩减为单纯的译码过程，它所提出的也绝不仅仅是语言转换问题。从哲学翻译来说，我们可以总结出一种“翻译哲学”。至于其他人文科学诸领域翻译，也因其理论而面临种种特殊的困难。总之，将诗歌与其他文字类型对立起来绝不可能为翻译提供一种充足的理论依据。

（4）至于“先决否定”本身，它只是翻译上的埃利亚学派的一种观点，旨在证明翻译这项业已存在的活动的不可能性。对此，我们只能以存在本身来回答，其实数百上千年来的翻译活动本身就是最好的回答。但是在这场论争中真正的问题或许在于某种“经院主义”，这种神学立场将翻译的理论问题抛向非历史的泥潭，并试图将其置于一种理想化的永恒境地。也就是说，这种观点把翻译划至“神秘”的范畴。[1]

鉴于以上四点，拉德米拉尔意欲做出某种“侧面”的努力。因为乔治·穆南为了避免正面遭逢到具体化的实践与理论的矛盾，在批判“先决否定”的观点时，似乎依然未能走出“先决否定”观本身的阴影。这正是拉德米拉尔要尝试的。在《翻译理论要素》中他用了将近一半的篇幅，来详细论述一个从语言学上借来的概念——内涵。

第四节　内涵与翻译

很显然，拉德米拉尔试图借助语言学上的“内涵”概念，来包容诸多翻译“要素”。这一概念进入翻译研究领域还只是近几十年的事情，然而它却与翻译的各个层面都能发生关系，或许这是因为它的本身也具一定的模糊性。

1　参见 Jean-René Ladmiral: *Traduire: théorèmes pour la traduction*, Paris, Gallimard, 1994, pp.112–114。

追寻“内涵”的定义不是一件容易的事。在利特雷（Littré）词典里是这样解释的：内涵是“话语在一般意义之外的特殊含义”，而其动词形式（connoter）则意味着“除却主要意思之外，还附着有次要的含义”。但是“内涵”成为语言学领域的焦点，或许还是自布龙菲尔德始，我们知道行为主义学派的“内涵”是“发语者传送某一陈述及此陈述在听众中激起行为反应的情境”[1]。在布龙菲尔德之后的马丁纳、乔治·穆南、吉罗（P. Guiraud）、里翁斯（J. Lyons）甚至罗兰·巴特（R. Barthes）都对这个概念产生了莫大的兴趣。

其实，真正使我们感到一筹莫展的，也许并不是把“内涵”定义在什么样的位置上：如果说“内涵”的概念几经变迁，那么它赖以生存的对立面“外延”（dénotation）却几乎从未改变过。我们已经习惯将一个词、一种表达方法的含义分为两个方面：一是语义场，即外延；另一个则是文体价值，或风格，亦可以与内涵同属。以词为例：法文中 cheval、canasson 和 coursier 都可以指马，也就是说它们有着相同的外延，但是它们的内涵却明显有别。这种差别当然不仅限于词这一级单位，在大至词组、句式乃至整个文本的范围内都存在着类似的差别。问题的关键在于内涵在语言中所承载的重量远远超出了人们一般认为的情感意义（emotive meaning），所以语言的内涵究竟是怎样形成的，它是完全的个体行为还是语言共同体所共有的“指征”？这就是拉德米拉尔致力解决的问题。

如果我们真能将翻译截然分作两个层面——像现代语言学家、翻译理论家泰伯（Ch. R. Taber）提议的那样——先译意义，后译风格，那当然是一件幸事。泰伯在一篇名为《先译意义，再译风格》的文章里，借助了生成转换语言学深层结构和表层结构的划分理论，认为语言的深层结构即语义结构，而我们所读、所念、所写的表层结构不过是根据深层结构做出的一系列“复杂多样”的句法转换。但是，对于同一个深层结构而言可能存在着数种表层形式，由作者来选定其中的一种。这类选择的总和便组成了风格。泰伯还认为，所有语言的深层语义结构都是极为相近的，甚至可以说是普遍存在的主要的物、事件及抽象概念。于是与这些语义类别相对

1 “内涵”概念在翻译理论上的阐述可具体参见 Georges Mounin: *Les problèmes théoriques de la traduction*, Paris, Gallimard, 1963, pp.144–168。

应的便是各种语言的词类；名词、动词、形容词、副词，等等。[1]

撷取马丁纳的例子来说明，法语中“La pluie ne cesse pas”与“il pleut sans arrêt”（我们姑且按字面直译为“雨没停”和“雨下个不停”）的深层结构是相同的，但表层结构有所不同，前一个例子采取的是名词作为主语，而后一个例子采取的是无人称结构；就这样，由于生成转换的方式不同，它们也就由相同的深层语义结构过渡到了不同的表层语法结构，而选择的完成则由“不同的语境”来确定。

影射到翻译上，我们就不难理解奈达为什么会说翻译“类似于将衣服置于不同的行李箱内，衣服总还是相同的那些，但箱子的形状可以各不相同”[2]。正如拉德米拉尔分析的，这种观点给翻译提出了三个大的问题：

首先，这种观点会让人以为翻译中存在着所谓的“意译轴线”，允许此语言的意义通过该轴线传递到彼语言去。因为“箱子”早已存在，固然形状各不相同，译者总可以选择看上去漂亮些的，或与原来的“箱子”相近些的。但是就我们现有的心理语言学的知识来说，似乎还根本无法证实这道“意译轴线”的存在，翻译实践本身的重重困难也证明了它绝非是将相同的衣服放进不同的箱子里那么简单的事情。

其次，这样的截然划分提出了一个翻译的老问题，我们可以称作“语际间距”。仍然回到前文马丁纳的例子，用中文分别翻译两个例句几乎是不可能的，因为两种语言体系间不存在预设的表层结构的对等。这可以将翻译重新打回到信息传递的层次上去，也就是我们所说的“字面直译”；很显然，“字面直译”在翻译上的运用已经极为有限了。

最后，从上文的推断来看，表层结构的选择如果不是由作者无从推测的心理因素决定的，便是由马丁纳所谓的“语境”主导的。也就是说，文本的“文体变化”总是任意的、不定的。由此，内涵已被完全抛至表层结构层面。但是关于一个译者所面临的内涵，泰伯显然也是极为矛盾的。他曾将深层语义结构等同为“文本信息的概念性及情感性内容”。而我们已经知道，在英美语言学家那里，内涵带入了语言学的深层结构，也就是说“风格”在深层语义结构上也有涉及，它成了一个混合体。“一方面，它直

1　参见 Jean-René Ladmiral: *Traduire: théorèmes pour la traduction*, Paris, Gallimard, 1994, pp.55–63。

2　转引自 Henri Meschonnic: *Pour la poétique, Epistémologie de l'écriture, poétique de la traduction*, Paris, Gallimard, 1982, p.332。

接与语义存在结构发生关系，因为组成风格的选择决定于语义结构中业已存在的视角；而另一方面，它又是表层结构的必然组成部分，我们甚至可以说，风格是表达方式和单纯语义结构的最为明晰的分界线。”[1]当然，从译者的经验来说，我们当然不能甘心把风格降至某种“语境的调整”，是某种盲目机械甚至无意识的“句法转换”；风格以“情感性因素”为入口进入深层结构，自然也有一定道理。但是在这样的情况下，我们又如何能“先译意义，再译风格”呢？风格又如何再成为附属之物呢？

于是风格也因内涵的模糊性而模糊起来。风格当然不是一种追加物，在意义与风格之间始终存在着一种对应关系，翻译着眼的是“形式”与“意义”这两个不可分割的联合单位。从某种程度上来说，这就是内涵作为跨“形式”与“意义”的概念，在翻译问题上试图做出的解答。

我们或许很难否认内涵的主观性，亦即我们在前文不同程度提到过的关于内涵的最初也是最具影响力的定义：所谓话语的“情感意义”。布龙菲尔德之后的不少语言学家都或多或少地将这种主观性系数与内涵概念连接起来。因此对于翻译尤其是文学翻译而言，这种情感意义远比再现其语言意义重要得多！但是直到今天，正如泰伯说的那样，“我们还缺少一种精确的办法来分析这种情感成分”，更遑论在另一个语言系统中再现了。

况且，拉德米拉尔曾分析道：“如果说内涵被定义为主观意义，问题则在于：它究竟是经验性的还是先验性的？也就是说——我们在这里正是用索绪尔语言学从康德哲学那里借来的名词——内涵究竟是一种个人的现象，是言语性的，还是一种集体的现象，即语言性的？”[2]

大部分语言学家似乎倾向于使内涵成为说话者的某种个人性的异质。阿兰·雷（Alain Rey）将之定义为“不同于其他交流者的因素”。乔治·穆南在其《翻译的理论问题》中则援引了马丁纳的解释：“一个词不同于该语言其余使用者的用法”。举例为证，“火车”一词对于三个人来说很可能有三种不同的内涵，某个人将它当作高高兴兴出发旅行的象征；另一个人则在这个词上集聚着灾难事故的回忆；而对于第三个人来说，它可能只是日常生活中往来于工厂与家之间的交通工具罢了。它涉及个人的语

1 转引自 Jean-René Ladmiral: *Traduire: théorèmes pour la traduction*, Paris, Gallimard, 1994, p.126。
2 同上，p.135。

言学习（或者说语言知识的获得）中的不同经历。

这种将内涵的个体化倾向引进翻译理论研究领域的做法不啻又一个不利的信号。因为内涵受制于个人语言学习的语言心理，这又将把我们带回“可译性”与“不可译性”的无休止论争之中。于是，在某种意义上，内涵和诗一样，是完全个人化的，是不可交流的，自然也是不可译的。内涵被扔进了语言学能力之外的神秘黑匣子。

但是，包括布龙菲尔德本人在内的某些语言学家，如罗兰·巴特，同样指出过一个词的内涵往往覆盖所谓的“非个性化特征”，它可能来源于一个语言集体的沉淀与演变。也就是说，内涵并非严格意义上的个人现象，也不能说在一个词中，个人的语言意义与另一种集体语言意义并存着，于是问题就在于个人在内涵的游戏中到底扮演怎样的角色。目光由此可能转向了社会语言学。

将言语从个体的发话行为扩展出去，现代语言走向交际语言学（la linguistique de la communication）和陈述语言学（la linguistique de l'énonciation）并不是没有道理的。乔治·穆南曾经提出过一张交际简表，列出了三类“实际关系”：

（1）表述者与话语之间的关系，亦即发话者倾注在话语上的情感态度，是一种心理的表达性形式。

（2）话语与接受者之间的关系，亦即发话者的话语态度，这是社会语言学的信息表达，体现了“社会语境”价值。

（3）表述者与接受者之间的关系，此时内涵表现一种极其社会化的情感因素，而这些情感因素是发话者与听众共有的。

应当说前两类关系都是不完全的，都要归总到第三类关系上。虽然有些社会性内涵，诸如俗语、术语、古语、地方语、儿语会为发话者所忽略，但这种情况毕竟有限：发话者只是误将接受者纳入自己的圈子，发生了交际的偏移；或者发话者“组码”能力有限，出现了交际空白。且在这两种情况下，一个有能力的译者都能调整到社会语言的客观角度，还它们以原本意义。在这里，我们可以看到，陈述语言学的观点实质就在于它强调所有的话语都必须被安置在一个交际环境里，且必须收到听众的反馈。而翻译则是一种特殊的交际行为，是第二层面，以第一层面的交际结果为基础——在某种程度上，也以此为目的。

因此研究翻译，显然就有一个使内涵重新社会化的问题。用索绪尔的概念来说，它反映的不是单纯个人性的言语问题，而是属于语言的范畴。但是它不仅仅属于语言的范畴，因为它并不是普遍存在的，或者说它是“介于言语与语言之间，但更接近语言”。

也就是说，属于语言范畴的内涵，它总是为一部分语言群体所承认，并以此为基础进入交际过程。当然这个群体只是语言共同体的一部分，甚至一小部分，因此语言学家提出了“语域”的概念。“语域”转了一圈，仿佛又回到了所谓的“语级”（niveaux de langue）或风格现象学。布龙菲尔德对这种语域做过划分，除了严格的社会性内涵外，还区分为地方性内涵（古语、技术语言、学术语言、外来语言或半外来语言、俗语、语言禁忌）和高密度内涵（感叹词、拟声词、儿语、爱称等）。

在这样的划分中，翻译或许要提一个问题：存不存在零度的内涵？布龙菲尔德曾经举过这样的例子：如果我们在日常语言范围中使用了科学术语，那么就会很自然地产生一种“技术性”效果，内涵可谓显而易见；反之，如果在一篇科学论述中我们使用日常语言，则将产生一种戏剧效果。

从这个角度来看，日常用语是可以被看作零度内涵的，因为布龙菲尔德的科学语言以此为轴流离出不同的内涵来。但是科学语言也呈中性化趋向，因为它试图成为一种被普遍接受的语言，至少在这个中性化趋向的过程中，人们在竭力摆脱内涵成分。但是，正如布龙菲尔德立即补充的那样，“我们还是失败了；比如说‘13’这个数字就有着丰富的内涵”。

的确，我们不妨承认科学语言包含的正是一种“偶发性”内涵，是长期的非科学性使用之中，日常语言在语言河床上沉积下来的。而日常语言更是很难达到一个中性的“零度”，正是出于我们在前文所指出的原因：内涵是一个跨“语义结构”与“形式结构”的概念，日常用语的内涵就表现在它已深深嵌入语言的语义结构中。

但是翻译也究竟还是要提第二个问题：如果我们接受了社会语言学关于内涵的概念，那么我们在翻译中把个人的语言创造放在什么样的位置上呢？是不是我们必须放弃诗人、哲学家的创造呢？我们至今还无法否认，这些创造相对于语言规律，相对于社会语言学所说的“区域语言”的规律而言都发生了不同程度的偏离。有些语言学家的确举手投降，又将此归入不可译的黑匣之中。

看来，在反复的纠缠不清之中，如果我们仍然守着语义学与文体学的鸿沟，这于翻译的实践将会毫无裨益。社会语言学为内涵带来过一线光明，但同时也增添了它的模糊性。在我们坚持内涵社会性的同时，对于它确实存在的个人化倾向，我们只能借助于语言心理学，从而滑向不可译的深渊。拉德米拉尔也是在百般迂回之际转向了较语言学更大的一个系统——符号学。

如果语言脱离了它撷取意义的语境，那么一切都要成为不可译。但是并非一定要回到个人化的逻辑之中，话语才成为我们所谓“语义上只见一例的词”的。这是为什么呢？用维特根斯坦的话来说：词没有意义，它只有作用。对于译者而言，这真是再清楚不过的事实，译者从来不能够借助词典来打破包裹词义的那层壳。这里就关系到语言单位在语境中的语义运行状况的研究，因而拉德米拉尔选择了符号学的研究成果。

具体到内涵的概念而言，他具体参照的是叶姆斯列夫的符号学定义。对于叶姆斯列夫而言，内涵是语言符号的一种功能方式，它在原表达平面（signifiant 1）的集合体上展开，而赋予其第二层面的表达功能（signifiant 2）。仍旧举例说明，法语中“la bagnole est esquintée”（signifiant 1）的外延是可以确定的，它含有一定的内容（signifié 1），从所指层面来说，接近于“la voiture est abimée”（车子坏了）；对于叶姆列夫，正是表达平面（signifiant 1）与内容平面的（signifié 1）结合组成了“内涵载体”（connotateur）的表达平面（signifiant 2），而该“内涵器”的内容（signifié 2）因此含有一种粗俗的色彩。

我们可以发现，外延单位（从该例来说是四个词）与第二层面的单位并不是同构关系。第二层面的单位在这里只有表达粗俗的“内涵载体”，是它决定了内涵语言。我们可以说对于 bagnole（相较于 voiture）和对于 esquintée（相较于 abimée）的选择共同构成了“内涵载体”的表达层面（signifiant 2）。这个表达层面含有唯一的内容（signifié 2）。这种符号学的观点趋向于将具有所谓区域性语言标记的语境纳入一种经验性语境之中。

正是这种“内涵载体”与外延语言单位的不同构性为我们的翻译研究提供了极好的理论依据。在拉德米拉尔看来，这就是我们在翻译实践中经常运用的补偿原理。具体来说，“一旦原文的内涵意义为译者正确识别，那么译者则有权利自由选择目的语的内涵载体而不必顾及出发语的内涵载体形式。因为出发语的内涵载体本身与外延语言单位是不同构的。关键在于要再现出发语内涵意义于目的语中”[1]。译者这样便可以释下重负，而那些对译者“不忠”的指责也就随风而散了。

在定义了内涵载体的概念之后，叶姆斯列夫补充道：“内涵的言语不是一种语言，这种言语的一个层面即其表达层面才是语言。”说到底，这就是我们根本无法用目的语来再现内涵载体全部层面的原因了。如此我们似乎也可以把符号单位与翻译单位联系起来。

拉德米拉尔认为，如果说词没有意义而只有功能，那是因为语言的内涵语义总是通过内涵内容的符号系统来表现且通过内涵载体来实现的，而正是表达层面与原语言表达层面异构的内涵载体将原语言之语义置于语境之中，才完成了意义的改变。这样，即便是词典里的词条，也具有一种以词汇学为表征的符号学意义。

拉德米拉尔在此引进符号学显然还有别的原因，那就在于符号学是一个较之语言学容量更大的系统。因此，拉德米拉尔认为，翻译中至少存在着两个符号学的层面：

首先，符号学在内涵概念的阐述上可以融进“社会语言学”的观点，因为翻译实现了两种语言的碰撞，并使两种语言在译者这里都趋于不同程度的客观化，以区域语言或者说子语言的面目出现。

其次，也是极为重要的一点：如罗兰·巴特指出的那样，符号学的观点为语言打开了文化背景的大门。符号学本身就是一门关于内涵的科学，并且它完成了从语言学到真正历史人类学的飞跃。而如果我们认为翻译是翻译内涵的话，其实译者真正面临的——无论内涵是在语义结构还是在表层结构，是个性化的产物还是语言集体的标识——总是内涵所包容的文化沉淀。译者面临的内涵在某种意义上与单纯的创作者所创造的内涵是有一定差别的。就我们刚才的分析而言，所谓的“内涵载体”体现的是在出发语中表达层面与意义层面的结合，正是有了这样的结合，内涵意义才得以从中分离出来，为人破解。而作为译者，在破解内涵之后，他的问题是要在目的语里完成表达层面和意义层面的再次结合。诚然“内涵载体”的分割已经为译者自由选择目的语表达层面提供了理论依据，但是内涵翻译的

1 转引自 Jean-René Ladmiral: *Traduire: théorèmes pour la traduction*, Paris, Gallimard, 1994, p.190。

棘手之处倒似不在于译者的选择上的自由——真的如同拉德米拉尔援引的那句萨特名言，即我们被判处了自由——而是在于他无可选择，因为不同语言系统的文化发展绝不可能是同步的，文化因素在某种语言系统中的匮缺才是真正将译者置于不可译境地的原因。

第五节　建立一个开放的翻译理论体系

翻译是一门实践的科学，这是我们一说再说的话题。在对拉德米拉尔所陈述的诸多翻译理论要素做了一个大概的梳理之后，掩卷之际，我们也许要问——拉德米拉尔自己也是要问的——翻译理论（无论它以怎样的面目出现）的意义究竟何在？这本书的意义又在哪里呢？

在"应用与要素"的小标题下，拉德米拉尔写道："鉴于我们在上文所指出的理论与实践之间的鸿沟，我们从翻译理论（或者说翻译学）中吸取的唯一好处，便在于澄清翻译的诸多困难，将之分类，界定其概念，以便能总结出一种具有决定意义的逻辑。目的在于'启发'译者，为其在翻译中需要做出有所自动选择的决定时提供帮助，让他能够意识到这些概念工具的存在。翻译学的论述不是旨在为翻译实践发现'新大陆'，这些抽象的概念只是一些'窗户'，可以照亮翻译的实践过程。这是作为一种'文化知识'或基本培训而存在的……"此外，翻译理论还为我们提供了一些"概念钥匙"，使我们幸而能够把握翻译的实践。就这样，在"语言学及符号学的帮助下，译者才能摆脱使之陷入困境的关于语言现象的一种理想化观点"[1]。

并且，作者再三强调，这只是"关于"翻译的"一种"理论途径。为了证明这种理论与实践的关系，作者在书的最后列举了两个实践的例子，以说明多元的理论要素存在的必要性。我们应该看到，长期以来在习惯上，我们似乎满足于理论上的一种既定标准，可以以此来解决我们实践中的困难或进行某种正误性的评判。拉德米拉尔倡导的这种以多元性"要素"形式出现的理论阐述方式，为我们带来的思考和启示之一，恐怕就是翻译标准应该是多元的，而我们应致力建设的，也是一个开放的翻译理论体系。

1　转引自 Jean-René Ladmiral: *Traduire: théorèmes pour la traduction*, Paris, Gallimard, 1994, p.211。

第三章

翻译理论基本问题研究

翻译是一项形式复杂的语言转换活动，更是一项意义深刻的跨文化交流活动。这项历史悠久的人类交流活动，在理论和实践上提出了一系列谁也无法回避的基本问题。回顾中西方翻译史，我们可以清楚地看到在翻译活动中，无论中外，无论过去还是现在，“忠实”性问题始终是关注的中心。它像一条主线，贯穿了整个翻译理论史。[1]

确实，伴随翻译实践和理论而产生的“忠实”问题始终难以有所界定，并且幻化为翻译理论中种种最基本的二元对立：直译与意译，形式与内容……对这个躲不过去的问题，翻译家、翻译理论家都多多少少地阐述了自己的意见。而安帕罗·于塔多·阿尔比的《翻译的忠实概念》[2] 所致力的就是以翻译理论上极为敏感的“忠实”问题为切入点，切入翻译理论的内部，对翻译理论的一系列基本问题（或者说悖论）进行了较为客观的澄清。与前人所提及的“忠实”不同的是，阿尔比显然更是将“忠实”当作一把概念的钥匙，以求对翻译中出现的大部分基本问题都有所观照。

作者首先澄清的当然必须是自己的观点。在引言部分，作者非常明确地写道：“现代翻译研究常常求助于其他学科，但是人们似乎忘记了应

---

1 参见 Robert Larose: *Théories contemporaines*, Québec, Presses de l'Université du Québec, 1989。

2 Amparo Hurtado Albir: *La notion de fidélité en traduction*, Paris, Didier Érudition, 1990, p.13–16.

该从翻译实践的自身去审视它，忘记了译者自身：如果没有译者，翻译活动就不可能进行。”[1]因此，作者选择了巴黎高等翻译学校塞莱丝柯维奇与勒代雷的释意理论为其根本的理论出发点，因为释意理论关注的正是“翻译的过程”，并且，在他看来，该理论也摆脱了传统译论局限于翻译结果、原文与译文、目的语与出发语之间的比较的弱点。同时，作者借助大量的法译西班牙语文本，通过比较与分析尝试着建立一个客观的、可衡量的却又不失宽容的忠实标准。

第一节　一个争论了几千年的问题

在翻译理论上，关于“忠实”问题的争论由来已久，并且这场争论至今仍然难有答案。在中国翻译理论界，关于“形似”与“神似”，“直译”与“意译”谁是谁非的讨论也是自译事始而始，直到今天还津津乐道的。支谦“因循本旨，不加文饰”的提议和道安“五失本三不易”的学说都是古代直译的代表，鸠摩罗什则不怕“依实出华”。在罗新璋《我国自成体系的翻译理论》一文里，他借梁启超的话指出：“翻译文体之问题，则直译意译之得失，实为焦点……新本日出，玉石混淆。于是求真之念骤炽，而尊尚直译之论起。然而矫枉太过，诘鞠为病；复生反动，则意译论转昌……”他认为，“直译意译此消彼长，难有定论”。[2]而在1995年进行的关于《红与黑》复译问题的讨论中，我们也可看到，在读者调查表上所列举的各家译本代表性例句后面，赫然标着“忠实”或“再创造”的字样。

事情之于西方，更确切地说之于法国也大致类似。其实“忠实”的提法源于法国。17世纪在法国一直被视作翻译史上“不忠的美人”的黄金时代：著名作家梅纳日（Gilles Menage）在谈及佩罗·德·阿布朗古尔（Perrot d'Ablancourt）的翻译时曾有妙论，说那些不忠实的翻译，使他想起了年轻时在图尔的一个情人，她很美丽但不忠实。于是“不忠的美人”的说法就此流传了下来，“美”与“忠”不能两全的观念也终于流传了下来。

1　参见 Amparo Hurtado Albir: *La notion de fidélité en traduction*, Paris, Didier Érudition, 1990, p.11.
2　罗新璋：《我国自成体系的翻译理论》，见罗新璋编：《翻译论集》，商务印书馆，1984年，第4页。

矛盾的复杂性其实不完全在于“美丽与忠实不能兼得”这样一个习惯成自然的观念，而在于“忠实”于什么。一般说来，我们用“忠实”这个词来概括依照原文语言形式（小至词汇的运用，大至句式的排列）行文的译文。反之，中文里的所谓“意译”不拘泥于原文语言形式，甚至有删减添加的，则是“不忠实”的译文。当然，退一步说，“忠实”不一定不美，“不忠实”也不一定就美，乔治·穆南说，“翻译要完美就要同时兼有美丽与忠实”。

而西方翻译理论系统发展以来，其实已经不是简单地要美丽还是要忠实这样一个已经略显古老的问题，随着哲学的发展，翻译理论家们已开始着力于找寻“忠实”于什么的答案。在《翻译的忠实概念》的第一章里，阿尔比以法国为代表，对过去以及现代的西方翻译理论做了一个大致的回顾，有助于我们澄清不同历史时期以及不同视角之下的“忠实”的概念。

和中国一样，早期的西方翻译理论也并不系统，都是翻译家或者“翻译家-作家”的经验之谈：矛盾于是也由并非实质性的“美丽”与“忠实”之间的选择始。字字直译由于不可能而遭到当然的反对，早可见于西塞罗、贺拉斯及至圣哲罗姆的只言片语中。据爱德蒙·加里所论，1540年，译家艾蒂安·多莱就提出过好翻译的“五要”：（1）译者要掌握好所译作家表达的意义及表达的方式；（2）译者要精通所译之语言；（3）在翻译时译者不能仅仅局限于语言而字字直译；（4）要谨慎使用与拉丁词汇过近的词；（5）要照顾到表达的和谐。[1]阿尔比注意到了多莱的“现代意义”，因为他显然将“意义”置于“语言”之前，这在某种程度上正与阿尔比立足的“意义理论”不谋而合。

加里所列举的另一个“不忠的美人”的代表人物是与多莱同时代的雅克·阿米欧（Jacques Amyot），阿米欧显然走得更远，因为他是以译作的读者为衡量标准的，在他的译作中，有他本人大量的解释与评论，他甚至转换原文的风俗习惯和礼貌用语，美化原文的行文风格。然而加里并不认为这是“不忠实”的表现（可见实质问题已经在这里产生），阿米欧是忠实于与译作同时代的读者的，他的目的极为明确。

1　转引自 Amparo Hurtado Albir: *La notion de fidélité en traduction*, Paris, Didier Érudition, 1990, p.15。

17世纪，法国的直译意译之争达到了最高潮。乔治·穆南的《不忠的美人》对此有着详尽的记载。在这本书中，作者力图给17世纪"不忠"的译作一个合理的社会历史性的解释。并且，作者指出，这种"美文"的风尚一直延续到19世纪末，而自19世纪开始，圣哲罗姆等作家的译者则坚持"忠实"完全在于"字字对等"。这本《不忠的美人》提供给阿尔比的价值，却在于乔治·穆南提请注意的另一类"忠实"。这一类"忠实"原创于李斯勒（Leconte de Lisle），他宣告"不忠译作的时代已经一去不返"，必须在译作中保留原作"思考、感受、说话、行动、生活……"的所有方式。李斯勒的"忠实"显然已经超出了语言形式的范畴而添进了历史的考虑，因为他提出的，是忠实于原作那个时代的社会因素、风俗、审美趣味等。据此，乔治·穆南将译作重新划分为两类（而不再耽于"忠实"或"再创造"）：偏重于原文（原文的语言、原文的时代及原文的文化因素）或偏重于译文（译文的语言、译文的时代及译文的文化因素）。[1]

二战以后，翻译理论在西方得到了系统的发展。然而也正是随着它的系统发展，翻译理论很快分裂成语言学派与文艺学派，或者按照阿尔比的划分，分为"语言分析途径"与"文本分析途径"。前一派别里包容进了乔治·穆南、卡特福德、维纳与达尔贝勒纳等人，后一派别里包括贝尔尼埃、马尔戈（J. C. Margot）、拉德米拉尔、梅肖尼克以及乔治·斯坦纳等人，这一分裂表面上看起来又可归结于"忠实"与"美"的分裂，但是事情绝非如此简单。

不论在《翻译的理论问题》中，乔治·穆南是否要用"普通语言学"涵盖翻译理论；也不论在《法英比较修辞》中，维纳与达尔贝勒纳所列举的翻译"七法"如何局限于语言学的范围之内；更不论卡特福德在《翻译的语言学理论》中怎样坚持把翻译理论纳入"比较语言学"的一章，他们都超越了单纯的"忠实"与"美"的分裂，而找寻着翻译理论得以存在的基点，只是他们都试图借助纯语言学的手段。

在大致可归为文本分析途径的一派里，事情也是同样的。贝尔尼埃试图从社会语言学角度分析翻译，基点自然也就从语言转向了所谓的信息。而马尔戈则以《圣经》翻译为实践的出发点，认为对"原文的忠实意味着

1　具体可参见 Georges Mounin: *Les belles infidèles*, Paris, Cahiers du Sud, 1955。

正确的理解是通过解释获得的，必须考虑到原文语言的、文化的以及神学上的诸多障碍”，而“忠实于译语语言则意味着对译语语言及文化的较好了解”，正是在这个基础上他提出了“动态对等”的概念。拉德米拉尔从哲学的角度，探讨了与“忠实”有着极大关系的“同一”（le même）与“另一个”（l'autre）的问题：“严格说来，译文绝不是原文的同一，但也不完全是另一个”，所以归到忠实问题上来，也是一样的——“忠实于原文的概念本身就说明了这种模糊性，因为可以忠实于文字，也可以忠实于精神”。所以他试着用“相似”以及“熵”的概念来界定翻译，在承认有得必有失的前提下提倡在译文中最大限度地保留原文各项值……[1]

阿尔比做这个历史回顾的目的并不在于重写一部翻译理论史，恰恰相反，通过对这些不同理论派别与理论角度的评述，《翻译的忠实概念》一书的作者只是要昭示一个道理，即翻译基点落实在翻译主体之上，并且他想以此来回答“忠实应该忠实于什么”这样一个千古难题。

第二节　意义：忠实的归宿

将意义（sens）规定为翻译不变的内核，阿尔比并非第一人。然而意义在某种程度上与忠实一样，是语言哲学一直难有定论的一个概念。阿尔比提出“忠实于意义”并不是没有危险的。

但是正如其在序言中所指出的那样，阿尔比一开始就表明了其意义的根本出处，即巴黎高等翻译学校的释意理论，这使得阿尔比所说的意义在一定范围内暂时摆脱了语言哲学的纠缠。

我们亦有必要在此说明，巴黎高等翻译学校以塞莱丝柯维奇与勒代雷为代表的释意理论是建立在她们长期以来对大会同声传译所做研究的基础之上的。但是她们认为，“同声传译是所有翻译类型中最纯粹最透明的。所有构成交流现场的因素在同声传译中都有所出现：说话人、受话人、当场讨论、地点……”而“在各类主要的翻译形式中，翻译的程序始终相同，因为翻译总是用一种语言的手段去重新表达另一种语言中业已成形的东西”。在这个认识基础之上，她们剖析了同声传译中的各个阶段与过程，

1　具体可参见 Jean-René Ladmiral: *Traduire: théorèmes pour la traduction*, Paris, Gallimard, 1994。

以及同声传译失败与成功的原因所在，总结出了自己的理论。她们指出："如果要在说话人与其听众之间建立真正的交际关系，我们所要翻译的不是那些单个的词汇，不是单单纯纯的语言"，而是"要用明晰的语言形式重造出原话中所包含的信息"。[1]

也就是说，在她们看来，翻译必然要分作两个层次和三个（在笔译中为四个）阶段。

首先是理解层次。仅仅在这个层次，翻译已经不能局限于语言的范围之内。因为理解总是对译者的认识系统提出要求："对一个词或一个句子的理解就必须求助于一系列的因素：对于上下文环境的了解，对于语言环境的了解，以及在整个认知与社会历史知识方面的掌握。"[2]

对于这一点哪怕是语言学派也有不同程度的共识，即翻译绝不是单纯的语言转换，它必然牵连到一系列的超语言的因素。但是在释意理论里，塞莱丝柯维奇与勒代雷提出了另一个极为敏感的命题——脱离语言形式的思维的存在。阿尔比的论证极为简单，他认为我们日常交际中就可以检验这个现象："我们很快就能够忘记发话者所用的词，但是我们能够借助各种语言或非语言知识将我们所理解的内容保存在记忆之中。这个保留下来的'结果'很难确定，因为它不是以语言的形式出现的。"[3]

这个"结果"在某种程度上就是阿尔比采纳的关于意义的界定，它有它的心理学及病理学的出处。阿尔比在其书中也提到了皮亚杰与巴尔比泽（J. Barbizet）的理论，虽然只是略略带过："神经病理学的发展告诉我们，口头理解仅仅是在左半脑颞皮层的一个相对有限的区域里进行的，以印迹的形式出现，每一个特殊神经存储体都保存有一个获取到的意义。"[4] 这样，意义就摆脱了语言的局限（当然事情远远不会这样简单），因为它是体现在神经元里而不体现在语言里！

因此，阿尔比得出了理解过程中的结论：

第一，理解的解释性。他认为在翻译的理解过程中，受话者不是一个被动的因素，他必须调动自己所有的语言、心理、文化及理念的能力参与

1　参见 D. Seleskovitch, M. Lederer: *Interpréter pour traduire*, Paris, Didier Érudition, 1984。

2　参见 Amparo Hurtado Albir: *La notion de fidélité en traduction*, Paris, Didier Érudition, 1990, p.49。

3　同上，p.53。

4　同上，p.55。

到理解中去，对语言中所包含的内容进行“注释”。

第二，理解的提喻效果。与传统语言学将语言视作对思维的描述不同的是，释意理论将话语的语言形式看作一种“指征”。正如勒代雷教授指出的那样，“话语中所暗含的概念比其语言外表丰富得多”，也就是说作为一种符号，语言永远只是起着暗示作用，它掩盖着发话者与受话者“共享认知”的事实。

第三，所有理解过程就是“抓住意义”的过程。如果没有受话者，就不会有意义。而意义正是应当被视作在理解过程中所有起作用的因素的产物。尽管语言形式有其相对稳定的特性，意义却是不确定的，是“动态”的。[1]

如果我们接受这样的解释，翻译的过程自然会明了许多。具体在翻译的理解层次上，也就是说我们借助语言及超语言的各种知识来识别、体会、综合发出语言外壳包裹下的信息，然后经过“去除语言外壳”这一道工序，得出一个非语言形式的“意义”，保存在我们的记忆之中。

于是，第二层次——重新表达层次也就更加一目了然了。在此基础上，翻译的后半进程与前半进程实际上是同样的，不过方向相反而已：译者无非是要借助目的语的语言知识，同时也适当调动自己的认知系统，来再次赋予那个“非语言形式的意义”以新的语言外壳！

区别只是在口译与笔译之间，而且是非本质的，这使得巴黎高等翻译学校的口译理论得以适用于所有的翻译类型。阿尔比认为，如果说口译过程可以分三个阶段，即“理解（compréhension）—去除语言外形（déverbalisation）—重新表述（réexpression）”，那么笔译只是因其时空差距的特殊之处而再添一道“核对”（vérification）的程序而已，也就是说笔译（包括文学翻译）可以表述为“理解—去除语言外形—重新表述—核对”这样一个四阶段的过程。

由翻译过程确定下翻译中的不变因素——意义，但有待进一步阐述的，是“意义”这个概念本身。阿尔比显然也很难给出一个确切的关于意义的定义，并且即使能够，也不过是给五千多条关于意义的诠释再多添一条而已。

因此，阿尔比首先做的是澄清七个与翻译有着密切关系的概念，以及

---

1 参见 Amparo Hurtado Albir: *La notion de fidélité en traduction*, Paris, Didier Érudition, 1990, p.59。

这七个概念与意义之间的异同：

1. 含义（signification）、现实化含义（signification actualisée）与意义

在语言学上，含义指的是语音与语义之间的关系，而所谓“现实化含义”即指在上下文语境中得到具体化了的含义。脱离语境，每个词都对照着一个或一系列的概念，这就是它的含义或者说潜在的含义。此时它具有开放性。但一旦它进入具体的语境，含义则立即“现实化”，并且这个现实化了的含义被使用者用来构筑意义。意义，在此基础上，是以含义的现实化为出发点的，而现实化的含义也确实是意义的一部分。然而意义，在阿尔比的分析中，除去含义之外，还包含有其他非语言的因素，所以我们无法将之等同起来。

2. 信息（information）与意义

现代信息论常常有无所不包的倾向，因而也有很多人将信息与意义混同。其实信息与意义的区别放在文学作品的情况下往往看得最为清楚：不同的文学体裁如诗和散文可以用来表达相同的信息，但是它们所牵连的意义绝不相同。

3. 效果（effect）与意义

阿尔比并不反对成功的译作要在译作读者之中激起原作在原作读者中所激起的相同的效果，但是效果依然不能够等同于意义。被理解的意义是效果的引发因素，而效果已经成为某种结果。并且效果很难确定，因为在不同的接受者的身上，话语或文本所激起的效果往往是不同的。译者作为接受者，恰恰是要注意在重新表述的过程中避免带有极端个人化的，与原作者意图不符的“效果”。

4. 意图（intention）与意义

一般说来，当我们谈及忠实时，总是认为我们必须忠实于原作，忠实于原作者的意图。阿尔比当然承认原作者的意图是衡量意义的重要尺度，但是指出两者也不尽相同，因为意图是翻译的出发点，而意义则已经是意图经过理解之后的产物。

5. 风格（style）与意义

与前四对关系不同的是，风格与意义通常不会被混同，却会被作为形式 / 内容这一对矛盾的另一种代名词。阿尔比也是反对二元对立的，他

指出“在内容与形式之间有着一种不可侵害的联系”，话语或文本的接受者从来不会是先接受内容再接受形式，反之亦然。在重新表达阶段，译者当然也不会先表达内容，再表达形式。内容与形式总是作为一个整体，被接受，被理解，被表达。阿尔比在此特意指出的是，这并不与他所采纳的“去除语言形式”的观点矛盾，因为在翻译“去除语言形式”这个阶段，形式（风格）与内容一道作为整体，也被去除了语言的外壳。

6. 内涵（connotation）与意义

在专门阐述翻译理论的著述中，乔治·穆南与拉德米拉尔都有专章论述内涵，并且将之视作翻译理论无法跳过的一个概念。阿尔比在此采纳的是鲍提埃（Bernard Pottier）关于内涵的定义，指出内涵不稳定的特性恰与外延作为语言符号的稳定性及社会化那一面的性质相对立。尽管如此，在阿尔比看来，翻译仍然不是要翻译“内涵”。和前四组概念一样，内涵也是意义的重要组成部分之一。举例为证，在一首具体的法语诗中，temple 一词可能含有神圣、聚集地等内涵，而我们在翻译中仍然只是将诗中 temple 译作“寺庙”，而不会译成“神圣宗教聚集地”等。

7. 不言之意（implicite）与意义

作为语言的一个特性，语言中往往有言明之意与不言之意。而作为译者，在翻译中往往更要注意到所谓的不言之意，因为这关系到理解的准确性以及将在译文读者中产生的效果。译者更要注意用新的语言外壳去包含这层不言之意。

通过这七组概念的澄明，我们也就能大致感觉到阿尔比所认为的意义是什么了。在他看来，意义就是一种综合：“意义单元是诸如风格、内涵、信息等因素共同作用之下的一种综合”。而根据“所译文本类型的不同，某些因素所起的作用亦有可能不同，比如说在诗歌中风格与内涵的因素会占上风，而在科技文章中则是信息因素起重要作用”。[1]

在这样一种综合之上，翻译过程中完成的“等值”也分作两步：在理想的交际状况中，译者首先要完成理解的意义与原作者的欲言（le vouloir dire）之间的对等；接着，译者还要借助他的重新表达手段，达

1　参见 Amparo Hurtado Albir: *La notion de fidélité en traduction*, Paris, Didier Érudition, 1990, pp.71–85。

到原作读者所理解的意义与译文读者所理解的意义之间的对等。正是这两步对等规定了翻译的忠实所在，也就是说，译者一面作为原作的接受者，要忠实于原作者；另一面，译者作为新文本的创造者，他要忠实于他的读者。

忠实于意义在阿尔比的阐述之中已经一步步地明了起来了，剩下的关键问题是：怎样实现这样一种双向的忠实？诚如一些翻译理论家所分析的，翻译永远不可能是原作的“同一”。由于语言、时代的因素，以及原作者与译作者、原作读者与译作读者的差异，阿尔比也承认，译作之于原作，会发生不同程度的偏移。只是在什么样的偏移程度中算是忠实的呢？

阿尔比为此提出了意义忠实的三大参照要素：原作者的“欲言”、目的语以及译文的读者。

第一要素涉及理解层面，所谓的忠实于原作不是忠实于原作的词，也不是忠实于我们通常意义上所说的“内容”，或者像李斯勒那样忠实于原作的“时代”，而是要忠实于原作者的“欲言”，原作者诉诸出发语手段所欲表达的意义。

第二、第三要素则涉及重新表达层面，亦是作者所阐述的第二步“等值”之所在。在重新表达中，译者借助的是目的语特有的表达手段，在阿尔比看来，任何与目的语固有的表达手段相违背，不能为译作读者理解的都是不忠实的表现。译作已经开启了又一个交际空间：目的语读者有着与原作读者完全不同的社会文化背景、认知结构以及语言构成。

这三大参照要素是一个不可分割的整体，它们构成了一个三维关系，如果我们只忠实于其中的一点而不及其余，意义的忠实并没有得到实现。因此，“译词”还是“译意”的争执也就此消失：“翻译中不变的因素是意义，它与原作之间建立了一种非语言的关系，并体现为上述的这种三维结构。因此，要译意义即要背叛词。如若译者要真正翻译他所理解的意义（等同于原作者的‘欲言’），他就必须忠实于意义而非用来表达意义的词；在用目的语重新表达的过程中，译者当然会使用远离出发语形式的表达手段，因为他是为着不同的读者，用一种完全不同的语言去重新表达的。”[1]

1　参见 Amparo Hurtado Albir: *La notion de fidélité en traduction*, Paris, Didier Érudition, 1990, p.118。

第三节　一个宽容而能动的“忠实”概念

为了避免使“忠实”概念失之模糊，阿尔比的确是经过了一番努力，从翻译过程的分析中分离出“忠实”的三大参照要素。但是正如阿尔比自己所说的，他无意于制定翻译批评的某类固定不变的标准，以此来衡量和评价译文质量的好坏，事实上他也做不到。他再三强调的是“忠实”的动态（dynamique）性质，并且指出，三维结构是靠其相互的张力作用的，根据“不同的译者，不同的时代，不同类型的文本，不同的目的，不同的目的语”，这个三维结构本身也会起相应的变化。

与三大参照因素相对应，他接下来便提出了衡量“忠实”时不可不考虑到的三大方面：译者的主体性（subjectivité）、历史性（historicité）及译文的功能性（fonctionnalité）。

一、译者的主体性

过去一直为翻译理论所忽视的译者的主体性问题近来似乎引起了较大的争议。译者作为原文本的“诠释者”，他或多或少地会在译文中掺杂进自己个人的因素，或者说，他的个人因素会不自觉地影响到他的译文：他的认知结构、他的情感因素、他的语言能力——无论是被动或者主动——都在翻译过程中起着不可小觑的作用。

翻译主体的存在，这一点已经毋庸置疑。关键是，怎样对待译者的主体性？这一点也构筑了翻译理论上两派的分水岭。语言学派对于译者采取了视若不见的态度，而文艺学派则要把译者提高到完全的“创作”者的地位。因此翻译主体性所遭遇到的第一大问题就是：翻译上究竟有没有“定本”存在？两派的极端化观念虽然大相径庭，答案却都趋向于肯定，前者以语言的暂时稳定性为由意欲确立一个固定的“忠实”标准；后者则举庞德、波德莱尔等作家型翻译家为例，证明只有作为“创作”的翻译才是永恒的，并且是唯一的。

阿尔比却对此做出了否定的回答。他分析了卢梭《社会契约》的九个西班牙语译本，首先指出，同一文本的重译存在本身就证明了“唯一的译本”只是一种“幻想”，因为译者无论作为阅读主体还是作为重新表达的主体，他都会做出不同的阅读解释，也会借助不同的表达手段来表达他的理解。

九个译本的不同之处仍然首先体现在西班牙语的不同表达手段上：不同的译者往往会使用大量的近义乃至同义词，相近或不同的句式。其次便是法语语言能力与认知结构的不尽相同所引起的理解的差异——作者在这里再次强调："认为翻译主体的介入只是造成了在不同的表达上的差异，或者说只是因为译者的外语及母语能力有所差异而导致了不同翻译的存在，这是一个极大的错误，因为这无疑又是把翻译归结为一个单纯的语言现象。"

最后，不同译本的存在也是由不同翻译方法的存在所引起的：从作者所提倡的"忠实"的角度去看问题，"字字直译"与"自由翻译"并不是两类根本对立的翻译或我们一直相等同的关于"忠实"与"创造"的对立实质，而是两类与"释意"方法并列存在的翻译方法。阿尔比指出："有些译者解释了句与句之间的关系，明确表达了其中所隐含的信息，甚至改变了句法；而另一些译者却局限于原作的字面含义和句式结构；在这些不同的结果后面掩盖着不同的翻译方法与不同的'忠实'。后者只关注原文的词汇和结构，忠实于语言，采用的是字字直译的方法；而前者关注的则是对整个文本的理解，忠实于意义，采用的是释意的方法，而自由的译法则远离了对意义的重新表达。"并且，阿尔比注意到，这些方法有时并不是在同一篇译文中贯穿到底的，特别是在某些时候，"字字直译会引起非常明显的错误，译者便不得不利用自己的创造性，采用释意方法，而这也往往是不同译者间差别最大的时候"。至于所谓"自由"的译法，阿尔比做出了这样的解释："在重新表达中的确存在着一定的自由度，但是要想忠实于意义，译者也必须服从重新表达这一层面所必须服从的某些限制，因为他只能使用那些可以清楚正确地为目的语读者表达相同意义的手段。"[1] 这些限制有的来自目的语本身，有的来自原文本的文体要求，还有的来自目的语读者——其实归根到底，便是作者在上文中所提及的三大参照因素，因此阿尔比称他的"忠实"为"主体性中的忠实"。

1 参见 Amparo Hurtado Albir: *La notion de fidélité en traduction*, Paris, Didier Érudition, 1990, p.137。

二、历史性

将“历史性”的概念引进翻译理论，应当说是翻译理论近年来的重大进步之一。因为这个概念可以使我们放弃许多绝对化的观念而对翻译史上的各种现象做出一个合理的解释。这也是阿尔比为什么接下来就提出了“历史的忠实”的概念。

译者主动地实现了翻译，然而译者作为一个主体，他首先是历史的。我们说不同的译者因为认知能力、语言能力的不同而不同程度地主宰了翻译过程。这些不同除却某种纯个人的因素（即便我们指的所谓纯个人的因素，在某种程度上也是历史造成的）外，显然是不同的历史时代规定的。

历史性依然首先反映在语言上：语言是以公共有效性为前提的，也就是说，语言相比较个人的言语，具有暂时稳定的特性。但是尽管如此，语言还是以一种缓慢的、不易为人所察觉的速度演进着的。语言所跨越的时间越长，这种演进所造成的差异也就越大，并且差异显示在书写、词汇以及文体等各个方面；严格地来说，这种历史性并不单单是译者面对的，它不从属于翻译的特性，而是作为用文字固定下来的文本，它或多或少地都要经过时间的距离才能得到阅读与理解。翻译只是加长了这种时间的距离而已，因为从译者的阅读、理解到译本的产生与译本的被理解又经历了相当长一段时间！

除此之外，时空造成的非语言的差异也造就了不同的译本。正如阿尔比所指出的：“译者不仅要受到他所属的那个时代的语言的限制，更是为一系列的非语言理念、政治观点、审美趣味等因素所制约，从而趋向于采用这样或那样的翻译方法。”[1] 在 19 世纪末 20 世纪初的中国，或者在被称为“不忠的美人”的“黄金时期”的 17 世纪的法国，大量原文本遭到过这样或那样的改写，都是合乎历史解释的。因为在目的语的国度里，时代不允许原文本所隐含的道德观念、表达方式或审美趣味乃至政治观点存在。

这样，历史性自然就影响到了“忠实”的两个层面：一是理解，二是表达。

---

1 参见 Amparo Hurtado Albir: *La notion de fidélité en traduction*, Paris, Didier Érudition, 1990, p.155。

理解相对于原文而言。由于时代的差异，原文本中的语言或非语言的因素与译者的认知结构和语言能力之间形成了一定的距离，这就造成了理解的困难。当然这些困难可以经过译者的努力而减少，但是永远都不可能完全消失。

在表达层面上，译者同样面临着语言与非语言因素的制约。因此，无论什么样的译本，它都有一个语言与观念上的“现时化”问题，它与大多数创作一样，为了迎合时代的需要以及读者的口味，必然要产生这样与那样的变形。

当然，用“历史的忠实”的三个参照因素来看，这一类的变形并不意味着不忠实。因为译者在重新表达原作的意义时，也必须忠实于他的时代，具体而言就是他所处时代的语言与读者；但是这种变形又必须在一定的范围之内，因为在“忠实”的三维结构中，“忠实”于原作者的“欲言”也对其他两点忠实因素起着牵制的作用。因此，所谓“历史的忠实”就是忠实于译者所处的时代的目的语与译者所处的时代的译文读者，在此基础上无限接近原作者的“欲言”。

“历史的忠实”至少可以用来回答翻译上的两大现象：复译与不可译。通过阿尔比对多个不同时期的《拉封丹寓言》的法语文本及西班牙语文本的比照，我们发现，复译是不可避免的。因为“原文本本身也经历着语言或者非语言的变化”。为了帮助现代的读者进行理解，法语《拉封丹寓言》的各个版本都增加了注释，因此译文作为保存名著、为更多读者所了解的手段，其“现时化”不仅是合理的，而且是必要的。加之时间的距离加深了理解的难度，作者的“欲言”在某种程度上只能是被无限接近，只要是恪守阿尔比所提出的三维的忠实标准，那么不同的译者就可以从不同的途径去接近原作者。

复译是历史的，那么不可译更是历史的。在《翻译诗学》中，亨利·梅肖尼克已经指出过，不可译是历史主体的尚未相遇或已经错过造成的。具体用阿尔比的“历史的忠实”来解释，我们可以说，因为在一定的历史时期，目的语国度的语言结构、道德观念、风俗习惯、政治体系以及审美趣味等一系列的因素暂时不允许某出发语文本的可译性存在。这一系列因素就可能成为该文本的不可译因素，应当看到，经过时间的推移以及翻译主体的努力，这些因素是可以被减弱乃至化解的。

三、译文的功能性

规定“忠实”标准的第三大方面就是译文的功能性。如果说译者的主体性着重的是翻译的基点，历史性着重的是翻译的过程，那么功能性着重的则是翻译的起点与归宿。

功能性有两个层面，翻译所完成的不同功能首先是决定于原文本的类型。阿尔比认为，根据不同的原文本的类型，翻译过程中忠实的三维结构亦会发生相当的变化。在这里，阿尔比举了歌词、漫画等特殊类型的翻译为例，仍然强调译“意”的重要性，强调在译“意”之外，一些特殊的文本体裁，如电影等，还会提出不同的、有别于其他类型文本的要求。但是作者仍然着重谈了诗歌翻译与科技翻译这两种一直被理论界视作完全对立的翻译类型。

诗歌在某种程度上被认为是不可译的，因为“诗歌的作者与其他类型文本的作者不同，他关注的是其文本本身：他不是用那种直接、透明的方式来呈明信息，而是用长期以来历史上所形成的一系列特殊手段（韵、音节、暗喻等）来表现，有时他也会再创造出一些新手段……”。因此诗歌在“语义与文体上极端丰富”，这种丰富性有时甚至会造成“模糊难解的效果”，从而引起读者各种不同的理解和诠释。[1]

阿尔比借助艾菲姆·埃特肯德的诗歌翻译理论，指出在诗歌的诸多矛盾（如句法与音节、音节与韵律、音与意、诗歌传统与诗人独创之间的矛盾等）中，根据所抓主要矛盾的不同，诗歌翻译大致可分为六种：信息性翻译、解释性翻译、暗示性翻译、近似性翻译、模仿性翻译及再创造性翻译。信息性翻译重新表达了诗歌的主要内容，但是已经丧失了所有的艺术特性；解释性翻译将翻译与解释分析结合起来，成为历史及审美研究的附属产物；暗示性翻译提供了一些诗歌中原有的审美因素，但是对诗歌整体的审美主旨则毫无表现，译者只着力于激起译诗读者的想象力并期待读者自己去抓住诗歌的总体精髓；近似性翻译只是表现出了原诗的一些方面，却忽略了另一些，如保留了韵律，却忽略了音节；而模仿性翻译的情况往

1 参见 Amparo Hurtado Albir: *La notion de fidélité en traduction*, Paris, Didier Érudition, 1990, pp.188–189。

往出现在译者自身便是诗人的时候，他所做的不是再度创作原诗，而是借原诗来表现自己。在埃特肯德看来，这些都不是真正的诗歌翻译，真正的诗歌翻译是“再创造性翻译”，它重建“原诗整体，并且保留下了原诗结构”。当然，这种再创造性翻译“不会是毫无牺牲，不经过一点变形与增删的；但是译者的所有艺术就在于将这种牺牲控制在必要的范围之内，变形必须在不改变原诗艺术体系的严格范围之内，增删也不能超过诗人完美世界的界限”。在埃特肯德的译诗理论之上，作者还同时指出诗歌翻译中的其他一些特性，如译者必须具有“再创造的天赋”，对原诗作者特有的审美趣味及表达手法具有“先在的了解与掌握”，乃至译者本身在某种程度上“就应当是一个诗人”[1]等。

而对于科技翻译，作者着重指出两点：一是译者对于所译文章必须有相当的资料准备；二是相应的术语上必须有着相当的准确性。科技翻译与诗歌翻译的区别，并不在于前者需要着重于风格，而后者却可以忽略风格的存在。因为正如阿尔比所说的那样，科技文章并非没有风格层面，而且科技文章的风格同样也被包容在必须译出的意义之内。

通过对诗歌翻译与科技翻译的分析我们可以看出，阿尔比阐述的观念仍然不离其“忠实”的视角。无论是在诗歌翻译还是在科技翻译中，翻译的程序也都是相同的，即所谓的“理解—去除语言外形—重新表达—核对”这样四个步骤，不同的只是翻译方法。正像埃特肯德划分的六类诗歌的翻译方法，之所以只有再创造性翻译才能称得上是真正的诗歌翻译，原因就在于不同文本类型规定下的“忠实”的三维标准起了相应的变化，而其他五种在诗歌翻译中或许被视为“不忠”的翻译方法，却可能适用于其他文本的翻译，并且实现“忠实”。

但是事情的另一面就在于，诗歌翻译与科技翻译，也包括其他类型文本的翻译，既然有着不同的特性，它们要求译者的，也必然是不同的认知结构与语言能力。和单纯的创造者一样，译者未必是（并且大多不是）全能的。不同类型的文本要求译者也有所选择，根据自己的特点与能力选择相应的文本类型，避免增添翻译的困难，因为“翻译的困难不仅仅是不同

1　参见 Amparo Hurtado Albir: *La notion de fidélité en traduction*, Paris, Didier Érudition, 1990, pp.194–196。

类型的文本引起的，还取决于译者的能力”。

功能的第二层面涉及翻译的归宿：翻译的目的与译文的读者。不同的翻译目的无疑会推动译者采用不同的翻译手段，同一个文学文本的翻译，译者有可能抱着对该文本进行研究的目的，亦有可能是为了引进新的文学形式与表达手段，目的不尽相同，所起到的效果自然也就不尽相同。在不同目的的指引之下，译者所瞄准的对象也就不尽相同。不同阶层的读者会要求不同层次的语言、不同层次的文风，而译者为实现其目的，原作自然要遭到不同程度的变形。同一本《西游记》可以改编成连环画或电影脚本，这在翻译上也是一样的。

综上所述，阿尔比总结出了不同功能规定之下的不同的“忠实”，大致可以归结到以下三点：

(1) 译文所面对的读者。

(2) 译者所侧重的同一文本的不同方面。

(3) 译文的用途。

阿尔比同时指出的是，在功能性的规定之下，出现了改编或者改写的现象，这当然已经不属于我们通常所谈的真正意义的翻译，它们已经超出了“意义”的范围。但是功能是我们在翻译中执行忠实原则时必须考虑的一大方面，因为它在翻译中是始终存在的。

第四节 “意义忠实”的实质与局限

在上文中，我们基本沿着作者的思路，对其理论做了一个大概的梳理。我们可以看到，作者在翻译理论上的贡献着重在下述这几个方面：

首先，作者做了这样一种理论上的尝试，即试图用一个概念去包容翻译理论的一些基本问题。更确切地说，阿尔比的“忠实”不完全是我们通常意义上所指的概念，而是一个角度，一个试图消除翻译理论上由来已久的二元对立的角度。正是通过他的“忠实”，我们接触到了翻译的基点问题（即什么才是翻译中所应坚持的、不变的因素？），接触到了翻译的过程、翻译的方法、翻译的历史、翻译的历史功能、翻译的主体性、译者的度乃至复译及不可译等一系列基本问题。作者对这些问题进行了颇为辩证的探讨，虽然在某些时候受角度限制，难免流于宽泛，却不失为一种理论的方法。并且他的探讨促使我们思考这样一个问题：悖论的存在是否真的就是翻译理论不可消除的特性？翻译理论上两派的争端究竟源起何处？没有非此即彼，那么不同的观点只是事情各个不同的面，这对于我们的理论不啻一种进步。

其次，和作者选择的理论出发点——巴黎高等翻译学校塞莱丝柯维奇与勒代雷的释意理论——相一致的是，他提醒我们应该考虑从翻译过程本身去考察翻译，进而构筑翻译理论。翻译理论上的一个大问题便是实践与理论的分裂，由于各种历史的原因，无论是语言学派还是文艺学派，所考虑的都是怎样借助别的学科理论或理论的进步来建设翻译理论！显而易见，释意理论最大的贡献则是从翻译的过程入手，将翻译的过程从理论上明确分解为理解与表达两个阶段，如此人类的翻译行为就被放置于人类最基本的理解与表达行为这个大背景中进行分析（至今这个过程是不是适用于所有类型的翻译理论，我们将在后文有所分析）。作者是在“理解—去除语言外形—重新表达—核对”这样一个四阶段的过程中离析出翻译的不变因素——“意义”，提出“忠实”并非忠实于原作的语言，而是“忠实”于“作者的‘欲言’、译文的读者以及目的语的语言表达手段”三大参照因素。这样，阿尔比所提出的“意义忠实”，的确脱离了语言的圈囿，而容纳进翻译过程的各个因素。

再者，作者提醒我们要有一种理论的宽容。很显然，作者在一开始进行了一段理论回顾并非没有用心。长期以来，“忠实”与“再创造”一直被翻译理论上的两派各执一面而成为理论争端的幌子。作者却发现争端的立足点不尽相同。所以作者在此无意于制造一种衡量译文好坏的标准，他所提出的“意义忠实”是一种能动的、历史的忠实。“作者的‘欲言’—译文的读者—目的语的表达手段”这样一个三维的关系，根据“译者的主体性—历史性—译文的功能性”这三个层面的不同而有所改变。如果说到标准，便是这个随时会有所改变的三维结构的张力。作者对不同的西班牙语版本进行分析的时候，也并不是要为它们一定高下，而是一一指出它们合理与不合理的方面，以及合理与不合理的原因。正是在这个基础上，作者消弭了“字字直译”与“自由翻译”的对立，指出它们是与“释意翻译”同时存在的两种翻译方法；作者还消弭了用“不真实”对翻译所进行的指责，指出“同一”与“真实再现”在翻译这样一种实质为单语交际的行为里是不可能存在的。甚至作者意欲借助他的“意义忠实”，用并列的参照因素来消弭翻译中一直无法解决的主客观的矛盾，即原文本的客观所在与译者的主体因素之间的矛盾。正如作者在结语中所指出的，“我认为忠实于意义是忠实的根本原则，并将释意方法当作能够达到意义忠实的唯一途径。但这并不代表所有的高质量的翻译都必须忠实于意义”。“译文质量的好坏还取决于翻译的目的”，也就是说译文的质量最终取决于翻译的目的是否得到实现。在此意义上，原文本的客观所在终于被剥去了它神圣不可侵犯的一面。

当然，所有的理论都是一种分析事物客观存在的方法，或曰角度，“意义忠实”也是如此。只要能够自圆其说，贯彻始终，都不失为一种成功的尝试。从这个意义上来说，《翻译的忠实概念》应当说是成功的。我们接下来并不是要否定作者对翻译理论的贡献，而是要换一个角度，对作者提出两点疑问。

第一，我们不难看出，“意义忠实”为了摆脱语言学的束缚，有其心理学倾向。作者采纳的释意理论中的意义是以去除语言外形为前提的，并用较小的篇幅谈及意义存在于神经元而非语言单位这样的心理病理学基础。因此，“去除语言外形”成为理解进而翻译的一个根本阶段。那么依作者所见，单纯的创作是表达我们自己所欲表达的，而翻译是表达别人所欲表达的，这就是单纯的创作与翻译之间的差别。意义，或者说对意义的理解由此成为人的一种内部精神状态、过程与机制。但是我们都知道，在当今流派纷呈的语言哲学领域，遭到一致质疑的就是有关“意义”的心理学倾向。一方面，心理病理学本身的发展尚未能证明——尽管这方面的研究一直在进行着——被完全去除了“语言外形”的思维的存在：如果说作者也不得不否认语言不是思维的简单描述，那么他在论证的过程中却还是以此为基本的前提的，这就构成了作者理论基础的根本矛盾所在。另一方面，这样一来，理解意义又会因此成为了解原作者的心理体验；尽管作者为“意义忠实”增添了两个并列于所谓“忠实于作者‘欲言’”的因素，但是企图仅仅凭借单纯的并列来消解对立的做法毕竟有其限制，说到底在作者的第一“意义忠实”参照因素里，作者并没有解释清楚原作者的意向与意义的实质差别在哪里。这与作者把语言理解为思维载体，把语言学理解为对语言现象的描述有关。

第二，和对“意义”的解释一样，在作者论述其根本翻译观，构建其根本翻译框架的过程中，他都呈现了这样一种简单化的趋势。释意理论在巴黎高等翻译学校取得成功是因为它根本就是建立在对同声传译所做的分析之上。所以我们当然承认释意理论在同声传译中的指导作用。而在这本书中作者的尝试包含着将释意理论推广至所有翻译类型的努力，所以他再三强调，不同类型的翻译只是在方法上不同，论到翻译过程则完全是一样的，亦即“理解—去除语言外形—重新表达—核对”这样一个四阶段的过程。我们在这里首先要问的是：有没有这样一种“普通翻译理论”存在？具体地来说，例如我们可以问，释意理论是否同样适用于文学翻译？文学在某种程度上可以被视作一种语言的游戏，它遵守规律却又随时准备打破规律，因而在文学翻译中，我们又如何“去除”语言的外形？也许正是出于这个原因，作者才试图以所谓的三维结构，用意义忠实的三大层面来缓解这样一种矛盾。

我们可以理解，作者在坚持释意理论的同时，无论对翻译的语言学理论还是对翻译的文艺学理论都是持反对态度的，尤其是对前者。虽然作者以立论为主，对其余理论未多加评判，矛盾却还是存在的。在此我们也无必要一一详述。

作为近年来的翻译理论的成果之一，《翻译的忠实概念》所提供给我们最重要的收获，便是作者以一个概念涵盖翻译基本问题的尝试。它所致力的，尽管不是翻译理论整体框架的构建，却还是翻译理论的根本所在：这也正是翻译理论在未来相当长的一段时间里发展的方向。

第四章

翻译诗学理论

米兰·昆德拉在耶路撒冷演讲时援引过一句精彩的犹太格言：人一思考，上帝就笑。他进而解释道："因为人一旦思考，真实就起身离他而去。因为人们越是思考，彼此的想法就越是背道而驰。"[1] 如此说来，面对通天塔的灾难，面对若干年来（我们说"若干年"，是因为我们无法确定这奋斗的历程究竟已持续了多少年，还要持续多少年）塔下孜孜不倦以求构建起一座所谓真正科学意义上的理论大厦的人们，上帝的笑声一定是不绝于耳的了。

或许正如乔治·穆南在《翻译的理论问题》一书中所指出的那样：翻译，被视作一种特殊现象的范畴，一种有着"特异"客体的研究领域，它仍停留在未经开垦，甚至鲜为人知的境遇。它的遭际与人类智识相当数量的领域颇为相同：处于几门学科的交会处——尤其是语言学和逻辑学，也许还涉及心理学和教育学——但它并不是其中任何一门学科专有的研究客体。[2] 我们好似可以想象几个彼此相交的圆，而翻译理论正是它们重叠的阴影部分。这就是所谓"几门学科的交会处"的含义。或者更确切地说，可以想象几个彼此相切的圆，而它们彼此相切后留下的居中的空白，便是

1　参见米兰·昆德拉：《小说的艺术》，唐晓渡译，作家出版社，1993 年，第 159 页。
2　Georges Mounin: *Les problèmes théoriques de la traduction*, Paris, Gallimard, 1963, p.10.

搭建翻译理论大厦的领地。

自 20 世纪之初，以数理学科为主要研究客体的欧洲大陆认识体系被轰开缺口，尤其是日后结构主义兴起以来，似乎人类智识的所有讨论又一次倾向于围绕"语言"问题展开，乃至于结构主义语言学业已成为各门具体的人文学科研究领域一种"统一的、普遍的"哲学指导思想和方法论基础。以语言间相互转换为基础的翻译自然"难逃此劫"。从我们陆续译介的一些西方翻译理论来看，语言学终于牢牢控制了翻译理论，现代语言学的研究成果也渐渐被视作解决翻译问题的行之有效的科学手段。然而不可思议的是，经过几十年的努力，这种"统一的、普遍的认识论和方法论基础"究竟还是留下了太多的缺憾，似乎译界的许多实质问题仍然没有得到解决，而在被喋喋不休地争论着。

入了狭窄的坑道回起头来是件不容易的事。虽有过文艺派加里等人对费道罗夫的反戈一击，坚持"翻译是艺术"，但在看上去十分严谨的科学面前，竟也还是表现出畏缩不前的态度。

当然，质疑总还是要被提出的。近观翻译理论的研究势态，我们不难发现，语言学早已不再能够实现其最初的野心：包容翻译理论，使之成为语言学的一章！符号学、社会学、心理学以及文艺理论等领域的研究成果也为翻译研究提供了重要的理论依据。我们这里要讨论的，便是法国巴黎第八大学教授，著名文论家亨利·梅肖尼克的《诗学——创作认识论与翻译诗学》[1]。

第一节　翻译诗学的基本观点

在《诗学》一书中，关于"翻译诗学"的篇幅并不长，不过 60 来页，看似是梅肖尼克整个诗学理论中独立成篇的一章。大致分作两大部分：第一部分里作者提出了关于翻译诗学的 36 条主张，并随附了一些实例、注解、说明等。第二部分题为"从语言学到诗学"，则着重批判了奈达的翻译理论并借此基础引申出自己的诗学理论。我们不妨把它看作对前一部分

1　Henri Meschonnic: *Pour la poétique, Épistémologie de l'écriture, Poétique de la traduction*, Paris, Gallimard, 1973.

36 条主张的拓展。

作者在文章伊始先提醒道：这 36 条主张并非“专断的公论”，而是翻译理论实践过程中不可缺少的“系统性原则”。这一系列“系统性原则”被作者以随想的方式组织在这 36 条主张里，既有翻译诗学所牵涉的一些根本问题以及它的着眼点、它的特征，也有它对前人翻译理论的责难。

首先，构建翻译理论是十分必要的，作者指出，这并非作为一种“投机活动”，而是一种“理论实践”。在作者看来，翻译理论就被包含于诗学之中，而何谓诗学呢？诗学是“关于作品价值与意蕴的理论”。梅肖尼克无疑将诗学视作一个比语言学更深刻、更全面的理论系统。于是翻译诗学，由于是建立在将作品理解为一个整体的理论基础之上的，它不是一种“实用语言学”，而是一种“实验性诗学”。“一种语言的理论包含着一种文学的理论，而一种文学的理论亦包含着一种语言的理论在里面。但一种语言的理论包含有文学理论，并非将其视作极限和特例，而是相较于语言其他社会应用的一种特殊的实践”[1]。——这里很显然就是梅肖尼克对于语言学与诗学的关系的理解。文学翻译的特殊性，使之不能用语言学手段得到诠释，于是必须纳入诗学的轨道，并以其为唯一出路。翻译诗学在认识论上的意义就在于它使得翻译这项“尚待理论化的社会实践活动”得到了一个理论的指导。

接着，作者进一步指出，翻译一部作品，乃是一项“超越语言之上”的活动，是一项“阅读创作”活动，是某个主题“历史性的奇遇”。在这里，作者着力批评了“翻译应当是透明的”，“不能给人留下翻译的印象”的传统观点，并指出这恰恰是所谓“不可译性”的真正原因——将创作与翻译截然对立，认为翻译是“附着”于创作之上的，如此使原文与翻译对立则必然导致不可译性。梅肖尼克十分明确地提出，翻译应当是历史主题特殊形式的“重新表述”，是“两种诗学的相互作用”，是“中心偏移”(le décentrement)。

作者还着重阐述了关于翻译的“历史性”的观点。每种文化领域，每种语言文化都有其“历史性”，而不可能具有与其他语言文化完全相应的

1 Henri Meschonnic: *Pour la poétique, Épistémologie de l'écriture, Poétique de la traduction*, Paris, Gallimard, 1973, p.306.

"同时代性"。而正是这种"介于两种文化语言间的历史性的关系"，才能提供给译语一份"语义学与句法学上的材料"，成为语言发展的重要因子之一。翻译诗学就是要使原语与译语之间、时代与时代之间、文化与文化之间的种种矛盾得到一个历史客观性的解释。

最后，作者开始重点批判关于"形式与内涵"的二元论（我们还将看到，这也是他驳斥奈达翻译理论的突破口）。作者认为，形式与内涵的划分是毫无效用的。之所以迄今为止翻译中有许多矛盾得不到解决而被各执一词争论不休，其根源就在于这不科学的二元论。而诗学是关于作品整体价值的科学，因而它能够缩小这种种矛盾。"诗歌"并不比"散文"更难译，诗歌并不是对"语言规则的反叛"，而是语言的一种特别运用，在它的身上，形式与内涵是统一的。不仅仅是诗歌，推广至所有的文学作品都是如此。在此，作者重申了他的"中心偏移"的观点。

36 条主张后，梅肖尼克随附了三段注释，以使他的主张更为具体、实证。

在第一段里，梅肖尼克通过《卡拉马佐夫兄弟》的法译本序来批判传统翻译理论里的"唯心主义"。译者马克·查比罗在序言中指出陀思妥耶夫斯基原文的那种滞重风格及俄语极富暗示性的特征给翻译带来了极大的困难。由于陀思妥耶夫斯基自身的精神状态问题，原文中好些句子显得"冗长混乱"，译者不得不将其简化以保持译文通畅，但仍然竭力"避免过分简化"。而俄语极富暗示性使译者又不得不采用补充的办法——保证其"内容的完整性"，不过译者还是"十分谨慎"的，尽可能"忠实于原文"。这里我们又见到了传统译论里一直在说的"忠实"问题。但是究竟何谓"忠实"？梅肖尼克则指出，译者这种看似谦虚的态度实际上源于一种对创作的"理想主义观念"，是翻译"附着论"造成的，是一种"偏见"、一种"无知"，更是一种愚忠。

在第二段"诗学中的翻译"里，梅肖尼克首先承认"语言学理论有利于翻译走出经验主义手工业的状况"，但纯粹的语言学理论也只给了翻译一种"行为社会学"的指导。所以，在翻译之前，首先应当分析一下什么是创作，确立下诗学在翻译中的地位。很显然，诗学是一种关于文学创作的理论。作为创作的翻译是一种"中心偏移"，是它造就了读者，而不是反过来应读者口味需求而产生了翻译。作为创作的翻译只能是原文的"隐喻”或“生成转换”。翻译的功能也正在于此：“诗学的、文化的生成转换。”认为这种生成转换将不“忠实”于原文，问题就在于没有看到“作品价值与意蕴”的“超越语言之上”的重要性，而一味追究与形式“对立”的所谓“内涵”。只有这种生成转换说才能改变“作家”与“译者”之间“经验的、玄机的对立”。

在第三段“历史中的翻译”中，作者则着重指出作为原先意义上的那种“引进性的翻译”或是“非创作性的翻译”是要受到一个时代可能性的局限的。时代的可能性则是指这个时代所集萃的观念的总和，具体表现在译文读者的理解力上。梅肖尼克谈到这正是复译存在的原因。因为“非创作性的翻译”是要老化的，它是一个时代理念的产物，同样将随着这个时代的逝去而逝去。但是作为创作的翻译，它的价值将与一部著作相等。其次，在译语文学中，翻译向来所占的分量之轻重也将作用于翻译的可能性。所以可译性是由“文化—语言—时间”三维决定的。回顾一下欧洲的翻译史，它经历了一个“从字词到句群再到文章整体”的过程，经历了一个“理论上的逐字翻译到文化改写再到博学意义上的精确”的过程。这种境况则说明了翻译技巧要远比语言知识的掌握来得重要。比波德莱尔英文强的人很多，却无人能企及他所翻的爱伦·坡的作品。在此，作者不失时机地告诉我们，“对于诗语的语义研究”才能真正改变翻译的社会地位和理论地位。

“从语言学到诗学”——这一部分是作者对第一部分那 36 条随想较为具体、详细的延展。作者首先较为系统地批评了奈达的翻译理论。

奈达的翻译理论无疑是近些年来译坛上较为重要的收获之一。它集结了《圣经》译者在近百种语言上的实践经验，运用语言学的生成转换理论以及结构主义语言学的手段，构建了“翻译的科学”。但是梅肖尼克却尖锐地指出：这所谓的翻译的科学并非建立在真正的科学的意义上，因为它在实质上“排除了一切文学翻译”，只论述了“作为媒介的流通语言”。梅肖尼克要批判奈达，并不是要像加里等人批判费道罗夫那样，仅强调文学翻译是一门艺术，而是要指出奈达的理论将形式与内涵对立起来，将科学与艺术对立起来的无效性。梅肖尼克再次强调他的观点：“不该是实用语言学”，它应该是“文学理论与实践的新领域”。“奈达的现代意义只在于他换了个问法，不再是老问题‘这是正确的翻译吗？’，而是‘为谁’而译……”这现代意义，在梅肖尼克看来，是建立在行为主义学派关于“内涵”的解释之上。我们知道布龙菲尔德给了“内涵”这样的概念：发语者传送某一陈述在听众中激起行为反应的情境。借此，奈达将形式与所谓的“行为反应”对立，从而在翻译中引进了“读者”的概念。这样，他自然而然地从中得出了结论：内容才是第一位的，“除非在特殊情况下，比如说诗歌”，因为在诗歌中，形式成为“主要信息”。梅肖尼克再三重申，诗歌并非语言的“极限”“特例”，任何一种“创作较之于其语法构成总是诗”。虽然奈达在其论著里也指出过，译诗当为重新创作的过程，但这与他本身的翻译理论是矛盾的。奈达提出的颇具影响的所谓“动态对等”，实际上是使“诗语沦为单纯的叙述，使多义沦为单义”。乔姆斯基的转换生成理论在奈达的译论中被歪曲了。语言“内核”被奈达理解成“语言的共性”——“我们可以通过不同的方式来表达同样的东西”。于是在翻译中也是同样的道理。梅肖尼克将奈达的翻译理论定为机械运用乔姆斯基学说的五步：(1) 鉴别相关因素；(2) 阐述相关因素；(3) 将之减约为内核；(4) 确定内核间的关系；(5) 重新组织以接近内核。同样，结构主义语义学也被奈达赋予了“特别”的运用含义。奈达认为“一部优秀的《圣经》翻译不该是文化的翻译,而更是一种‘语言的翻译’”[1]。梅肖尼克则一针见血地指出奈达翻译理论的根本源于他将语言当作一种媒介（其翻译实践均建立在《圣经》之上），这就排除了一切文学翻译，因为文学作品的语言是区别于实用语的“诗语”。翻译，在我们的作者看来，不仅是将原语文字转化为译语文字的过程，而更该反映一种“原语与译语之间的关系，原文创作与译文创作之间的关系”。

“语言—文学，或语言—文化，或形式—内涵：并没有两样可分的、异质的东西。当作品存在之时，即有一个整体存在，是作为整体可译的。”在“翻译诗学”的一开头，作者就这么写道。批评了奈达的翻译理论之后，作者开始致力于阐述自己的诗学观念，单单靠“生成转换法”与“结构主义语义学”都无法评介翻译的得失。只有一种将创作与翻译结合起来的概念才能回答一个实质性问题，那就是为什么翻译会过时，而创作本身

1 Henri Meschonnic: *Pour la poétique, Épistémologie de l'écriture, Poétique de la traduction*, Paris, Gallimard, 1973, pp.328–335.

不存在过时的问题，因此不单纯是“翻译”，而是已演进为一种“创作”（如圣哲罗姆的通俗本拉丁文《圣经》的译本也不存在过时的问题）。正如雅各布森（Roman Jacobson）所说的，“诗歌从根本而言是不可译的，唯一可能的是创造性的‘搬移’”。这创造性的搬移，便是翻译诗学要旨所在，亦即作者在其36条主张中一再提出的“中心偏移”说。不仅仅是诗歌翻译，整个文学翻译的要旨都在于此。诗歌不可译的提法，实际上是混淆了“诗句”与“诗歌”的概念。每个文化领域都有其历史性，语言亦是如此，总是带有很深的时代的印记。因此，仅仅在语言的范围内，翻译就没有可能成为复制品，而只能是再创造。“每件作品都有其独特的音调、色彩、生动性及氛围。每一段文字除却其字面及具体的含义外，如同每一段音乐一般，还有其不能言表的蕴意，这也正是诗人意欲给我们审美感受之唯一所在。而也正是这层蕴意，才是译者当致力反映的……为了道出文学作品的这种文学蕴意，首先要抓住它；光抓住它也还不够，还要重建它。”为什么翻译会产生老化问题？因为“通常的翻译是与阅读、与一种唯名论的运用和教育相对应的实践”。而“最好的译家都是些作家，他们将翻译融入创造之中”。翻译不是信息的传递，而是价值的传递，因此，就翻译的功能而言，翻译作品其实应当成为译语里广义上的“借词”。“每种语言都有其特有的形式，现时的和可能的，诗人已经发现并运用的和尚待发现的”，而“翻译，我们知道，正具有揭示这种潜藏的可能性的能力”。

梅肖尼克还从翻译的历史性观点阐述了这种翻译诗学。每个时代、每个社会、每个阶级都会产生自己的译家，时代表征在翻译中与创作中表现得同样明显。“不可译性”并非诗歌的本性造成的，而是历史的局限，这种历史的局限在原文创作中也同样存在。译者和作家一样，需要创作新的表达方式，译作是一种具有意义的著作：一种语言上的、文学上的内在与外在。作者提醒道：“那种认为作家是从现实到书，而译家是从书到书的观点其实是不对的。因为现实经验与书之间业已有别的书存在着”，于是实际上，“我们都是在翻译”。

在最后一部分，作者写道：“翻译诗学实现了源于俄国形式主义和结构主义的诗学理论与现代写作实践的结合。翻译诗学不将理论与实践截然分离。它正是建立在它们的相互作用上。它将翻译与创作置于同一水平。一部作品的翻译被规定为一个言语系统。”而“一个言语系统有其内在的节奏与协调，并非一种诗化、造作的语言”。它是“思想与言语、所指与能指的统一”。[1]

第二节　翻译诗学探源

诗学是一个颇为古老的概念了。但谈及诗学，似乎也无法给出一个明确的界定。我们大致可将之视为一种文艺价值理论。而这种文艺价值理论，曾以对诗歌的分析为其基础。

早可以追溯到古希腊的亚里士多德。亚里士多德根据自己的哲学原则，写成了一部代表他美学思想的主要著作，这部著作便题名为《诗学》。“诗学”这个名称就大致这样延续下来。

在文艺理论上，亚里士多德的“模仿论”影响了日后整个欧洲的文学乃至文艺界。在亚里士多德看来，艺术是对客观自然和生活的“模仿”。当然，这种“模仿”绝非自然和生活的“翻版”，而是“通过人的创造，对事物规律性的一种掌握”。诗是“一种创作美的技术”。亚里士多德还认为，创作科学要和实践紧密相连。创作也是一种实践活动。“具有创作的特长、善于创作是一种‘理性的德行’”。而“创作的实践和伦理的实践不同，伦理的实践目的只在于实践本身，创作实践的目的和价值在于产品。诗创作的目的和价值在诗篇中”。

我们当然可以看到亚里士多德的“诗学”在梅肖尼克翻译诗学里的影射。在把翻译和创作划归同一水平线上时，我们的作者显然沿袭了这种“通过人的创造，对事物规律性的掌握”的观点，并且也给了翻译同样的解释。翻译绝非一种“复制”，它是一种创作，是一种和实践密切相连的创作，它“不是一种实用语言学”。

但是，翻译本身毕竟附着许多固有的矛盾（原文与译文、出发语与目的语……），也不同于寻常意义上的创作，它有它特殊的“规律性”。那么，它这种特殊的规律性又该到哪里去找寻呢？很显然，仅仅亚里士多德的诗学理论已经无法满足这种找寻了。梅肖尼克在他的 36 条主张里非常

1　Henri Meschonnic: *Pour la poétique, Épistémologie de l'écriture, Poétique de la traduction*, Paris, Gallimard, 1973, pp.349–366.

明确、非常肯定地指出，“翻译理论当被包含在诗学之中”，我们亦不会忽视作者在文章结束时写道：“翻译诗学实现了源于俄国形式主义和结构主义的诗学理论与现代写作实践的结合。”

诗学的再度兴起，恰恰是在俄国形式主义文学理论的发展之中。

俄国形式主义的文学理论形成于20世纪20年代，也正是日后结构主义的重要来源。俄国形式主义代表人物之一鲍里斯·托马舍夫斯基（Boris Tomashevsky）对诗学有如下定义：“诗学的任务（换言之即语文或文学理论的任务）是研究文学作品的结构方式。有艺术价值的文学是诗学的研究对象。研究的方法就是对现象进行描述、分类和解释。”[1]如果我们接受这一定义，就不难明白梅肖尼克在阐述其翻译诗学之初对诗学做的一个简单的解释——“诗学是关于作品价值与意蕴的理论”，也不难理解为什么作者认为翻译不应当从属于语言学的领域，而应当是文学领域中的一块新地。

文艺理论的基点不外是四个：作品、作者、外界、读者。其实历史上的各种派别也不外是这四个点之间抑或基于同一点各因素间的争执。基点着眼于作者的表现论，主张作者本人是作品产生之源（中国诗学就是如此，我们将在后文专门论述）。基点着眼于读者的，则更偏向于实用论的观点，奈达的翻译理论就是将这种实用论引进到了翻译里，“《圣经》翻译可被视作福音传播书”，因而被梅肖尼克指责为“排除了一切文学翻译”，很显然这种实用论是不会在意文学作品本身的价值的。而基点着眼于作品本身的客观论者则细致考察作品“内在艺术的完整性”，语言、结构的分析是此类文艺理论的要点。而俄国的形式主义诗学理论是此类文艺理论的典型代表，它与盘踞欧洲两千年的亚里士多德的“模仿论”已经彻底决裂了。

俄国形式主义诗学理论首先明确区分了诗语与实用语。这两类语言的功能不同，因而用词与组词不同，产生的效果自然也不同。由此，我们可以回忆起梅肖尼克在他的36条主张之初曾写道：“一种语言的理论包含有文学的理论，并非将其视作极限和特例，而是相较于语言其他社会应用的一种特殊的实践。”而他批判奈达所构建的翻译理论是在“媒介语”的范围内，其理论根由皆源出于此。

---

1 什克洛夫斯基等著：《俄国形式主义文论选》，方姗等译，生活·读书·新知三联书店，1989年，第76页。

接着，俄国形式主义对传统的艺术的形式与内容的二元论进行了批评。维克多·日尔蒙斯基（Viktor Zhirmunsky）在《诗学的任务》一文中写道："如果抛开那种把文学作品的内容当作情节的肤浅观点，那么对内容和形式对立的最流行的理解便是：形式与内容的区别可归结为对统一的审美对象进行实质分析的不同方式。一方面提的问题是：这部作品表达了什么？（= 内容）另一方面是：这种东西是怎么表达的，它用了什么手段作用于我们，使我们对其发生感知？（= 形式）其实，艺术中这种'什么'与'怎么'的划分只是一个约定的抽象。爱情、郁闷、痛苦的心灵搏斗、哲学思想等，在诗中不是自然而有，形式与内容的约定对立，在科学研究中总是融合于审美对象。在艺术中任何一种新内容都不可避免地表现为形式，因为，在艺术中不存在没有得到形式体现即没有给自己找到表达方式的内容。同理，任何形式上的变化都是新内容的发掘，因为，既然根据定义来理解，形式是一定内容的表达程度，那么空洞的形式就是不可思议的。所以，这种划分的约定性使之变得苍白无力，而无法弄清纯形式因素在艺术作品的艺术结构中的特性。"[1]

我们之所以在这里引述这一大段日尔蒙斯基的文字，是因为我们要弄明白梅肖尼克的一切理论基础。在这里，日尔蒙斯基已经对形式与内容的划分做了明晰透彻的批评。梅肖尼克批判奈达的翻译理论的突破口在这里不甚了了，而奈达的翻译理论恰巧是建立在这种传统的划分上："将甲语言的信息传递到乙语言中去，内容才是应当不惜一切代价保留的；形式——除却在特定情境之中——决然是次要的，因为在每种语言里，内容与形式联结起来的规则极为复杂、随意和多变。这有点类似于将衣服置于不同的行李箱内；衣服总还是相同的那些，但箱子的形状可以各不相同，而由此放置衣服的方式也各不相同。当然，如果碰巧能在译语里用接近原作的形式将原内容保存下来，最好不过；我们尽可能保留形式，但通常为了保留内容要变更形式，致力于保留形式必然导致信息内容的极大变损乃至丢失。"梅肖尼克指出诗歌不是极限、特例，奈达却将其定义为："词语罕见的组合和明显不常用的主题——从某种意义而言乃诗歌之本质。"不常见的主题？难道爱情与死亡是不常见的主题？就如同波德莱尔所说的，

1 什克洛夫斯基等著：《俄国形式主义文论选》，方珊等译，生活·读书·新知三联书店，1989 年，第 211 页。

诗歌凝成于“陈词滥调”之中，是用“平俗的措辞阐述思想无边的深邃”。“于陈词滥调中的创造，才是天分”。诗语之不同于实用语、“媒介语”，并不在于它阐述罕见的主题，而是在于它的形式与内容统一于一种审美目的之上，它的形式是“一定内容的表达程序”。引申到我们的翻译理论中来，我们就无法认同奈达所谓不惜一切代价舍弃形式以保全内容之说，所谓“动态对等”，所谓“一种内容可以有不同的表达方式”的观点。那么，译坛多年来关于“直译”与“意译”的争论亦有落空的危险，因为两个对立面间本是矛盾统一的关系。

俄国形式主义强调：诗的材料是词。因此，狭义的诗学学说分别对应语言学各个具体分支可分为五部分：诗学语音学（韵律学）、诗学词法学、诗学句法学、诗学语义学、诗学语用学。当然，这还不是诗学的全部，就如日尔蒙斯基指出的那样，诗学分析的对象是“主题或结构上的艺术整体”，它所具有的特殊性只随整体而存在，无法单单归结到这五个部分。因此冠以“狭义”二字。作为一部文学作品，当然首先会有选题，然后有一定顺序组合排列它们，形成了作品主题、结构和体裁。因为“每种体裁都是一个特殊结构”。形式主义诗学理论由此还引进了风格概念，如同一个词同时包含了语音、形态、意义和句法方面的属性一样，“进入风格系统的所有程序也具有内在制约性。根据这种内在相互制约性，如同根据圆柱的构成形式或山墙的痕迹，艺术风格的研究者可以使有机的整体建筑物大致复原，‘预言’出它的假设形式。我们认为，这种‘预言’（当然，它是非常概括的）在诗歌风格领域原则上也是可能的”[1]。

回到我们作者的“翻译诗学”上来。

梅肖尼克之所以再三强调原作的“整体性”“系统性”，原因即在于此。（“翻译远‘甚’于一门科学”——这个“甚”字，将翻译视作艺术的概念里所具有的这个“甚”字——乃是传统的修辞学。[2]）很显然，梅肖尼克并不说翻译是一门艺术。用传统修辞学来解释翻译也是远远不够的。形式，或者风格，并不是附加的、额外的东西，不是附着于内容之上的，它是作品之所以成为作品的一个关键因素。而正由于诗学的材料、手法、风

1 什克洛夫斯基等著：《俄国形式主义文论选》，方珊等译，生活·读书·新知三联书店，1989 年，第 234 页。
2 参见 Henri Meschonnic: *Pour la poétique, Épistémologie de l'écriture, Poétique de la traduction*, Paris, Gallimard, 1973, p.332。

格等内部因素间存在着这种内在相互制约性，所以有重建它的可能。这也是翻译的可能性之所在。梅肖尼克认为，只要历史条件允许，这个整体就可能在另一种语言里得到“重建”。

待诗学到了雅各布森手里，已完全踏入了语言学的领域。不同于其他俄国形式主义人物强调“文学性”的原则，在他的《语言学和诗学》里，雅各布森强调用纯粹的语言学术语来界定一系列诗学问题。他认为“诗歌特有的对称和聚合把人们引向信息”。他开创了以交际的理论来处理文学理论问题的先例。他有张十分著名的图表解释了交际过程的六因素及由此产生的语言的六种功能之说。倘若语言专注于信息本身，即以语言符号本身为其着眼点，这种功能则为“诗意功能”(la fonction poétique)。诗意功能强调符号自身的协调与艺术化，依照它本身的组合规则衍生以突出其内在特征。

雅各布森的这种语言学诗学从一开始就遭到了梅肖尼克的否定：“翻译一部作品是一项‘超越语言之外’的活动，是一部作品的创作活动，因此不能用雅各布森的形式主义诗学使其理论化。”很显然，梅肖尼克是宁可将诗学视作文学理论的，他不会同意把文学作品简略到“信息”，因为同时雅各布森还指出：语言的最主要的功能还是在其“指事”功能（la fonction référentielle)。他倒是可以给奈达的“动态对等”提供一个颇为有力的理论佐证。

诗学的发展和其他人文学科的发展一样，也经历了一个漫长的过程，并且没有一个明确的规定性。到结构主义时期，诗学已继而被叙事学所取代。梅肖尼克所借鉴的诗学理论，很明显是奠基在俄国形式主义的文学性诗学理论之上的。因此，我们有必要在这里做这个关于诗学的小小梳理和总结，或许这对我们弄明白翻译诗学的实质会有所帮助。

第三节　翻译诗学与语言学

翻译诗学，进一步而言，应当说，是诗学中的翻译理论。

我们在评介这篇《翻译诗学》之初就提到过，梅肖尼克非常明确地要同“实用语言学”决裂。他为翻译理论重新找寻了一个容器，这就是诗学，作为文学理论的诗学，糅合了美学、语言学的诗学。

任何一种新理论的提出都是建立在对旧理论的批判体系之上。梅肖尼克便是借助对奈达的批判而提出自己的新观点的。我们知道，梅肖尼克批判奈达，并非是如当初加里等人批判费道罗夫，坚持“翻译是艺术”；在梅肖尼克看来，艺术本身也是科学的。他批判奈达是“借用现代语言学的分析手段重复古旧的观念”，不具有真正的科学性，歪曲使用了乔姆斯基的生成转换理论和结构主义语义学。而作者认为他将翻译纳入诗学的轨道则是给了翻译一个真正科学的理论。

但是也许我们不禁要问，真正的科学，又是缘何而言呢？

尽管梅肖尼克意欲摆脱语言学的枷锁，但是倘若我们关注一下 20 世纪语言学的发展动向，倒是有可能更好地理解梅肖尼克的精神状态。

就西方传统认识论而言，自柏拉图始就奠定了“理性”的基础，包括亚里士多德及自他之后的西方文学批评理论都认为一切都有一个有迹可循的逻辑结构。逻辑思维方式一直被西方当作当然的最基本最原始的思维方式。各个文化领域的理论构建都不免受到这种观点的控制和影响。翻译在摆脱了没有理论指导的盲目的“手工业状态”之后投入这种逻辑建设的怀抱里去，似乎是个无可置辩的定势。诚然，在回答“翻译是可行的”之时，我们越来越趋向于承认人类思维的共性是翻译可行的客观基础。但我们也许可以再问深一层，这种思维的共性指的是逻辑思维方式的共性呢，或是别的什么？

然而这种逻辑思维的方式还是遭到了质疑，最强有力的质疑就产生在语言学的领域。从卡西尔、狄尔泰（Wihelm Dilthey）到海德格尔（Martin Heidegger），在出现的所谓“语言的转向”的浪潮中，现代西方人开始苦苦追寻一种“先于逻辑的”、更为本质的东西。与罗素（Betrand Russell）等英美理想主义语言学派要不断巩固加强逻辑在语言学中的地位相反，卡西尔、狄尔泰等人则要把这逻辑背后更为本质、更为深刻的东西从语言的规定性中释放出来。他们于是求助于“语词的多义性、表达的隐喻性、意义的可增生性”[1]。据此海德格尔构建了语言本体论的诗学，他认为，“语言就是诗”，因为“人诗意地居住着，我们的存在本质是诗意的，语言的本质一定得透过诗的本质来加以捕捉”，“语言必须从语法中解放出

1　参见卡西尔：《语言与神话》，于晓等译，生活·读书·新知三联书店，1988 年，第 234 页。

来，使之进入一个原初的本质构造”，那就是诗。

在语言学殚精竭虑地寻求这种解脱之时，产生了一系列诸如“现象学”“解释学”等与之相对应的美学或文学理论。而翻译理论，作为与这几门学科保持着敏感关系的一个领域，又怎么会不受到触动呢？

我们可以看一看这种“先于逻辑”的东西究竟是什么。

卡西尔认为，这种“先于逻辑”的东西正是所谓的“隐喻思维”。这种隐喻思维也正是梅肖尼克谈及“作为创作的翻译只能用原文的隐喻或生成转换来理论化”的认识论基础所在。

当然，这里的隐喻不是作为修辞辞格里的一种来解释的。正如卡西尔在《语言与神话》中所写道：隐喻可取其狭义。所谓狭义，即指这一概念只包括有意识地以彼思想内容的名称指代此思想内容，只要彼思想内容在某个方面相似于此思想内容，或多少与之类似。在这种情况下，隐喻即是真的“移译”或“翻译”（我们不妨说是“狭义的翻译”）。它介于其间的那两个概念是固定的互不依赖的意义。在作为给定的始端和终端这两个意义之间发生了概念过程，导致从这一端向另一端的转化，从而使这一端在语义上替代另一端。但是卡西尔接着做了更为深刻的解释：原始的语言发生也要求有一个从某一认识的抑或情感的经验转化为声音的变形过程，亦即转化为一种与该经验不同的甚至全然相对的媒介的过程。恰如最简单的神话形式也唯有凭借使得某一印象脱离日常的、普通的、世俗的领域，并把它高抬至“神性”层次即神话，宗教“意蕴”范围的变形过程方能产生一样。这里所牵涉的就不只是位移了，而是一种真正的“进入另一个起源之中”。实际上，这并非只是向另一个范畴的转化，而是这个范畴本身的创造。[1]

理解了卡西尔的这段话，我们就不难理解梅肖尼克所做的努力。翻译理论与任何一门别的人文学科一样，它的建立与发展也需要一个否定之否定的辩证过程。它的建立与发展也不可能不受同时代的认识因素的制约（亦即梅肖尼克再三强调的历史性）。梅肖尼克却借助于诗学。很显然，梅肖尼克也急于找寻一种“先于逻辑”的、“更为本质”的东西。于是他如海德格尔一般转向了“诗”。诗不是特例，它是人类语言中最为本质的东西。诗语是可沟通的，因为人类思维的共性不是存于逻辑结构之中，而是

1　参见卡西尔：《语言与神话》，于晓等译，生活·读书·新知三联书店，1988 年，第 234 页。

存于更为本质的“隐喻思维”里。在梅肖尼克看来，翻译所牵涉的也绝不仅仅是一种“位移”，一种信息移植到另一种语言里，绝不是奈达的“动态对等”，而是一个“言语体系”真正地“进入另一起源之中”，是这个言语体系本身历史性的再创造。

其实，梅肖尼克所借鉴的诗学手段，始终没有摆脱，也不可能摆脱语言学的影响。不仅他在翻译理论上的“转向”由此而起，他借助的具体的诗学方法也与语言学脱不了干系。他在第 29 条主张中写道：“我们可以在原文与译文的语音结构间建立一种韵律联系。”很显然，这是源于俄国形式主义诗学理论的诗学语音学，而日尔蒙斯基提出的狭义诗学的五部分——诗学语音学、诗学词法学、诗学句法学、诗学语义学、诗学语法学——也是与语言学基本组成部分一一对应的。不同的只是：如同诗学中的韵律之说（prosodie）已经突破了语言学的单纯的语音学或音位学的局限，而更有一种整体的、复合的概念在里面，诗学所着重的也就是在特殊作品里各因素之间所表现出来的关系，这种关系在某种程度上打破了传统的机械的规定性，而使之能从“语法规范”中解脱出来。

纵观诗学的发展过程，从亚里士多德到海德格尔，到俄国形式主义，最后到雅各布森，我们不难看出西方诗学的发展历程正是一个与语言学不断融合的历程。到了雅各布森那里，他已经干脆把诗学算作语言学的一个分支。尽管这个极端做法在梅肖尼克处遭到了否定，尽管他一而再，再而三地申明“翻译是一项超越于语言之上的活动”，尽管他选择的俄国形式主义诗学理论的确带有更多的“文学性”（其实在那个时代的俄国，一个以音位学为轴心、语言学为纵轴、诗学为横轴的认识论体系业已建立，诗学、语言学的联合相通正越来越多地出现在相关领域内，而梅肖尼克也是不经意地坠入了这个认识体系之中的），尽管他从头至尾都在竭力表现出与语言学翻译理论的不相融性，但梅肖尼克的《翻译诗学》就其实质而言，也并未挣脱语言学的梦魇的笼罩。

第四节　翻译诗学的比较与启示

在日益趋向用语言学手段来解决翻译问题的翻译理论界，尽管还保留着和语言学千丝万缕的牵连，亨利·梅肖尼克的翻译诗学仍大有“语不惊人死不休”的势态。这在近些年我们陆续译介的一些西方翻译理论，也不啻一个新鲜的话题。至少它可以给我们一个启发、一个新的思路。（当然，这思路是否就是蓦然回首处的东西，仍然有待商讨。）我们或许可以尝试着思考一下，在有着悠久诗学渊源的中国，有没有，或者是有没有可能出现中国的“翻译诗学”？这正是我们觉得有必要对这篇《翻译诗学》做个简单的介绍的另一个原因所在。

如果我们也学梅肖尼克，为这部分文字加上一个小小的实例注解，就如他引用了《卡拉马佐夫兄弟》法译本序一样，我们也要在这里引用一下许渊冲先生在《红与黑》[1]中译本里的序言，作为本节讨论的中国的“翻译诗学”的出发点。

许渊冲先生的这篇译文序言，比梅肖尼克的《翻译诗学》更为激进。他首先写道：“文学翻译是两种语言文化的竞争，是一种艺术；而竞争中取胜的方法是发挥译文优势，或者说再创作。……如果《红与黑》的作者司汤达不是法国人，而是今天的中国人，他用中文的写法就是‘再创作’。”“译作与原作都可以比作绘画，所以译作不是只临摹原作，还要临摹原作所临摹的模特”——这与梅肖尼克所言“在书与现实之间总有别的书存在着”倒似有异曲同工之妙。但是两者的理论出发点绝不是一个——许渊冲先生在序言里进一步写道：“我却认为文学翻译理论并不是科学，而是艺术，和创作理论、音乐原理一样是艺术……因为文学翻译不单是译词，还要译意；不但译意，还要译味。只译词而没有译意，那只是‘形似’……如果译了意，那可以说‘意似’……如果不但译出了言内之意，还译出了言外之味，那就是‘神似’。”——傅雷的“神似”说在这里得到了非常明确的阐述，看来与俄国形式主义在诗学中所强调的材料（词）、主题、风格亦有几分雷同。最后，许先生总结道：“总而言之，我认为文学翻译是艺术，是两种语言文化之间的竞争，这是我对文学翻译的‘认识论’。在竞争中要发挥优势，改变劣势，争取均势；发挥优势可以用‘深化法’，改变劣势可以用‘浅化法’，争取均势可以用‘等化法’，这‘三化’是我再创作的‘方法论’。‘浅化’的目的是使人‘知之’，‘等化’的目的是使人‘好之’，‘深化’的目的是使人‘乐之’，这‘三之’是我翻

1　司汤达：《红与黑》，许渊冲译，湖南文艺出版社，1993 年。

译哲学中的‘目的论’。一言以蔽之，我提出的翻译哲学就是‘化之艺术’四个字。如果译诗，还要加上意美、音美、形美中的‘美’字，所以我的翻译诗学是‘美化之艺术’。”——这里是钱锺书“化境”说的延展，是其“翻译诗学”的具体操作方法。

我们不难看出，这篇序言与梅肖尼克的“翻译诗学”很有几分相通之处。不过说得更为简单直接罢了。许渊冲先生显然不会到俄国形式主义诗学里去找他的理论根源，他依据的，恐怕还是中国传统的文学理论乃至翻译理论，无论是傅雷的“神似”说，还是钱锺书的“化境”说。

追溯“神似”说或“化境”说的出处，我们不妨复习一段庄子《庖丁解牛》的寓言。庖丁在解释自己的杀牛技巧时说道：“臣之所好者道也，进乎技矣。始臣之解牛之时，所见无非牛者。三年之后，未尝见全牛也。方今之时，臣以神遇而不以目视，官知止而神欲行……”诚然，庄子并没有为我们构建一个文学理论，但我们不会忘记，后世的中国文人和他们的理论，其哲学基础主要有两个：儒或道。这段寓言反映到日后的文艺理论上去，便是所谓“神化”之说：艺术到极处便是忘却外界及自身有形的一切，如此才能达到神化的妙境。傅雷与钱锺书各取一字，底子里不能说完全与庄子无干的。

这是道家思想的发挥，而中国另一大家儒家思想控制下的文学理论，便是很正统、很著名的“文以载道”或“诗言志”。

从先秦以来，我国传统诗论就有很明确的一条：“诗言志”。纵观历来中国文艺批评体系，“言志”说这个古老概念亦如亚里士多德的“模仿”说一般，雄踞中国两千余年，到现在也未呈衰竭之势。“诗言志”的说法最早见于《尚书》中的《舜典》：“诗言志，歌永言，声依永，律和声。”在《诗大序》里也有这么一段：“诗者，志之所之也。在心为志，发言为诗。情动于中而形于言；言之不足，故嗟叹之；嗟叹之不足，故永歌之；永歌之不足，不知手之舞之，足之蹈之也……”这在“言志”说旁，又添加了抒情的一条。待到后世陆机的《文赋》、刘勰的《文心雕龙》、钟嵘的《诗品》或司空图的《二十四诗品》等文学理论框架的建立，也大致逃不出这个前提。所以许渊冲先生会想：如果司汤达是今天的中国人，他用中文的写法就是“再创作”。基点是建立在作者之上的，一切以作者为转移。

但是不论是“诗言志”也罢，“神化”说也罢（其实这两种理论只不过侧重的面不同，基点却并不相悖)，着眼处都在于作者本人。这种表现论 (la théorie expressive) 不论与亚里士多德的“模仿”说，还是与后来俄国形式主义从作品本身结构入手的方法，都有着根本的不同，但为什么看起来竟似接轨了呢？原因就在于梅肖尼克翻译诗学的思维实质趋向与中国传统诗学思维实质的接轨。

当西方人辛辛苦苦琢磨出一条冲破“逻辑”“理论”的束缚的路时，中国人恰恰是经历了太长时间没有逻辑、没有语法的文化。中国文言无冠词、无动词时与格的变化，少连接词甚至可以不用连接词。这就使得中国传统的文学理论很早就进入一种“诠释学”，中国古典诗论里很早就解释了这种诠释活动。中国的诗学向来提倡一种自由的关系，让读者与文字之间可以保持一种“若即若离”的释读活动，它反对明确的指义，它诉诸的恰恰是“语词的多义性、表达的隐喻性、意义的可增生性”。它要求保持一种类似“指义前”物象自现的状态。而如果将诠释学反映到翻译理论上来，则翻译者首先应当感悟原作的“机心”(“志”或“神”)，然后创造性地再现原作者接触物象、事象时未成概念前的物象、现象与现在的实际状况，而不是将原作机械地加以剖析、分解再将之串联。译者的任务就是利用诗歌的活动的意象使境界再现。这就要求译者首先是够资格的读者，其次是掌握语言潜能的创作者。手段——再创作；目的——如同艾略特所说的：要写诗，要写一种本质是诗而不徒具诗貌的诗……诗要透彻到我们看不见诗，而见着诗欲呈现的东西；诗要透彻到我们在阅读时，心不在诗，而在诗之“指向”。“跃出诗外”——正如贝多芬晚年的作品“跃出音乐之外”一样。[1]

细细考究一下中国诗学已用于或可用于翻译理论上的地方，这个发现倒是颇令人惊异的：中国这一千多年来译论的发展，恰恰是深受诗学影响的！我们不可能不留意到罗新璋先生在《翻译论集》序言里的一句话：“我国的译论，原作为古典文论和传统美学的一股支流，慢慢由合而分，逐渐游离独立，正在形成一门新兴的学科。”而诗学，倘若我们要给它下一个定义，不妨说它是融合了美学的文学价值理论体系——如是而言，中国的翻译诗学一直是存在着的！只不过现在受到现代语言学科学分析手段

1　参见叶维廉：《中国诗学》，生活·读书·新知三联书店，1992 年。

的冲击，正在“逐渐游离”！以前的翻译理论，其状态亦与中国文学理论状态不无相通之处，在相当长的一段时间内，是“不涉理路”的，而当梅肖尼克绞尽脑汁要使翻译理论从逻辑规范的语言学中跳出来时，我国的翻译理论正准备着往一个逻辑规范的框框里跳下去。无怪乎许渊冲先生要叫屈了。

这种东西方的阴阳相错，是不是出于一种平衡？这是个有趣的思考，这里无法用寥寥几言说得清楚，以后择机会再细加探讨。

米兰·昆德拉在同一篇演讲中说道，他喜欢想象某一天弗朗索瓦·拉伯雷听到了上帝的笑声，遂生念要写一部小说。

不知梅肖尼克的翻译诗学是否亦作为上帝的一声轻笑的回响临世？这一想法倒也令人忍俊不禁。

这篇《翻译诗学》也许不同于乔治·穆南的《翻译的理论问题》，也不同于梅肖尼克所致力批判的奈达的《翻译科学探索》，因为这里有一个最为关键的问题，也许在于梅肖尼克也是致命的，那就是他并没有建成一个关于翻译理论的体系。他采取的是适于东方人思维的零星的点、悟、评。他不提供一种实践操作的指导。

这种不成体系性当是源于诗学本身。我们说过，任何一项新理论的提出，都是基于对旧理论的否定之否定过程。要找到旧理论的缺口是容易的，但完善一项新理论却需要太大的工程。诗学是否如梅肖尼克所言，能够包含翻译理论？我们知道，诗学实际上是一种关于文学价值的理论，涉及语言学、美学等，它本身也正是和翻译理论的境况相似，介于几门学科之间；从它历史的发展来看，也无明确的界定和规范。

但我们在这里介绍《翻译诗学》，有几个目的是很明确的。

首先，在语言学已然钳制了翻译理论的今天，翻译诗学无疑为我们提供了一个全新的视野，让我们可以脱离窠臼，另辟蹊径，免得将翻译理论送入万劫不复的死胡同。这对语言学翻译理论而言亦非坏事。如果说诗学还没有足够的证据可以包容翻译理论的话，至少它可以提供一种方法，为我们解决某些语言学理论无法解释的翻译问题。

在翻译中，怎样看待原作？《翻译诗学》的一大贡献或许就在于此：它教我们要有一种整体的观念。历来的翻译理论，在形式与内容的划分上都是毫不犹豫的，于是有了种种“直译、意译”之争，于是奈达为了保全原文的信息，“舍生取义”，弃形式于不顾。醒悟到形式与内容的统一性应该说是有一定好处的，虽然它在实践操作过程中尚待完善。

在翻译中，又当怎样看待译作？翻译诗学提出“中心偏移”说：译作的价值在于它能够延展作品的艺术生命，而要延展艺术生命，绝非“翻版”、“复制”、“位移”、屈从于原文的“附着”这一类的翻译可以做到的，只有创作能够使目的语以及目的语的文化接纳进新鲜的空气，从而使原作的艺术生命在新的氛围里重新得到锻造。《翻译诗学》里说了再说的东西，就在于翻译与创作是同等的甚至是等同的。诗学是一种关于创作的学说。它的可贵之处，具体就在于它可以融合艺术领域中非语言的成分和语言学成分。正如一个伟大的诗人，他的创造性不仅体现在艺术领域，也体现在语言领域一般。卡西尔曾为我们指出过，意大利语、英语、德语在但丁、莎士比亚和歌德死后与其在世时是不同的。这些语言由于但丁、莎翁、歌德及其作品而经历了本质性的变化。这些语言不仅为新词汇所丰富，也为新的形式所丰富。但诗人不能完全杜撰一种全新的语言（正如译者无法杜撰一部全新的作品一般），他应该尊重自己的语言的基本法则，应该采用其语法的语形和句法的规则，但他在服从这些结构规则的同时，不是简单地屈从，而是应能够统治它们，能将之转向一个新的目标。[1] 一个新的目标，这才是译作的价值。

还有一个关于翻译中“可译”或“不可译”的问题。《翻译诗学》为我们提供了一种历史的态度来回答这个“不可译”。雪莱在《为诗辩护》里有一段很著名的话：翻诗是徒劳无益的，寻求把诗人的创造从一种语言注入另一种语言，其聪明不亚于把一束紫罗兰投进熔炉，以期发现它的颜色和香味的公式原理。该植物必须从种子再生长出来，否则它绝不能开花——这是一个通天塔般的灾难性负担。而《翻译诗学》正要告诉我们，可译性原理正在于植物从种子里再生长出来、开一束花的道理。这就是它的所谓“历史性的奇遇”(aventure historique)。不可译并不存在，给了适当的气候、土壤，种子总会发芽开花的，哪怕开出来的不是同一种紫罗兰。

其次，它有助于我们对国内的翻译理论——传统的或现代的——做一

1　参见卡西尔：《语言与神话》，于晓等译，生活·读书·新知三联书店，1988 年，第 234 页。

个内省的思考。中西文化的不同走向是令人关注的，在总体走向中的一股股逆流更是令人惊异甚至振奋的，这表明无论是东方人还是西方人都不会局限在历来的思维方式里。我国的传统译论，其实正是包含在传统诗学里的一种译论。它走了这么多年，也还很不完善，很不系统。做一个比较，再来回顾一下，或者不意倒有推陈出新的效果。

最后，倘或说一时间梅肖尼克还无法完成翻译诗学的构建，它则给后来者留下许多可以探究的地方。翻译理论抑或根本是一个立体结构，就横向结构而言，它有许多不同的面，面面相交（语言学、符号学、社会学、心理学、诗学……）；就其自身纵向结构而言，我们应当看到它的各个层次（思维层次、语义层次、审美层次），纵横交错，经纬相连，才构架起这个立体，相互间本无矛盾可言。[1]

1　参见许钧：《文学翻译批评研究》，译林出版社，1992 年。

第五章
诗歌翻译的理论建构

在上一章中，我们介绍了梅肖尼克及其翻译诗学，指出翻译诗学对于思考文学翻译的特质具有重要的启示意义，有助于我们摆脱语言学的束缚，从文学作品特殊性角度去思考翻译活动。文学作品的一种特殊形式是诗歌。在诗歌之中，形式与意义达到了最大程度的融合，或者说，在诗歌中，形式往往也被赋予特殊含义，参与到作品意义的建构中。正因这一点，诗歌的可译性很容易遭到质疑，例如美国诗人弗罗斯特（Robert Frost）曾有言："诗就是翻译中丢失的东西。"[1] 这一论断因其警句形式，在提出后广为流传，某种程度上又助推了诗不可译这一"信念"的扩散，对诗歌翻译实践与理论思考产生了不小的影响。在国内，也有江枫、飞白等翻译家以这一论断为契机，讨论过诗或诗意会不会在翻译中失去的问题。尽管江枫和飞白两位先生都指出在某些情况下，诗意不一定会在翻译中丢失，但由于他们提出的保存诗意的条件几乎难以达到，因此可以说他们与弗罗斯特得出了一致的结论。深入分析后，我们发现诗不可译的论断往往受某种诗学观支撑，例如弗罗斯特将诗歌与民族语言的声调挂钩，江枫和飞白将诗歌本质等同于能指特征的总合，这两种诗学观都容易导出

1　弗罗斯特是否说过这句话，实际上现在也没有定论。曹明伦曾撰写《翻译中失去的到底是什么？》（《解放军外国语学院学报》，2009 年，第 5 期）一文指出，经考证，他未在弗罗斯特任何作品中看到后世流传的"Poetry is what gets lost in translation."这句原话，怀疑是以讹传讹。

诗不可译的结论，因为不同民族语言的声调各不相同，因为翻译首先是能指的转换。然而，认识与理解诗歌的角度是多元的，也有一些诗论认为诗歌呈现的是别样的本质，在这些诗论观照下，诗歌翻译不仅是可能的，而且是必要的。法国诗人翻译家伊夫·博纳富瓦（Yves Bonnefoy）就是这种观点的持有者。以下我们将结合博纳富瓦的诗学观，就他独特的诗歌翻译思想展开具体讨论，为思考与实践诗歌翻译提供一种独特的视角。

第一节　博纳富瓦及其“在场”诗学

博纳富瓦是法国当代著名诗人、翻译家兼文艺批评家。他于1923年出生于法国西部城市图尔，先后在图尔市笛卡尔中学、普瓦捷大学和巴黎索邦大学学习数学和哲学，数学的精确与哲学的深刻给他的创作生涯留下了深深的烙印。中学时期阅读法国诗人乔治·修奈特（Georges Hugnet）的《超现实主义小诗选》（*Petite Antologie du surréalisme*），又在他心中埋下了诗的种子，促使他决定于1943年定居巴黎并投身于诗歌创作。1945年至1947年，博纳富瓦趋向于超现实主义，结识了保尔·艾吕雅等超现实主义诗人。1947年，他谴责超现实主义以超现实取代现实的做法，最终与超现实主义疏远。1949年至1953年间，他在意大利、荷兰、英国等地游学，在存在主义哲学家让·华尔（Jean Wahl）的指导下研究波德莱尔与克尔凯郭尔。1953年，博纳富瓦出版第一部诗集《杜弗的动与静》，在法国诗坛崭露头角。此后出版的多部诗集逐渐形成了他独树一帜的诗歌创作风格，如《昨日荒漠遍野》（1958）、《刻字的石头》（1965）、《在门槛的圈套中》（1975）、《弯曲的船板》（2001）等，曾获法兰西学院诗歌大奖（1981）、龚古尔诗歌奖（1987）、卡夫卡文学奖（2007）等奖项。“从诗、译诗、诗学影响等多个角度来看，博纳富瓦都堪称活着的法国诗人中最重要的一位”[1]，甚至是“有史以来法国最伟大的诗人之一”[2]。目前他的诗歌已被译为英语、德语、中文等三十余种语言，

1　博纳富瓦：《博纳富瓦诗选》，郭宏安、树才译，北岳文艺出版社，2002年，第166—167页。

2　B. Dermoncourt: «La moisson Bonnefoy», *L'Express*, 26 juin 2008.

受到世界各地读者的喜爱。

博纳富瓦也是位译者，翻译出版了彼特拉克、叶芝、济慈、邓恩、莱奥帕尔迪（Giacomo Leopardi）等诗人的诗歌，其中最重要的是他对莎士比亚戏剧及诗歌的翻译。1956 年，他翻译并出版了莎士比亚戏剧《裘力斯·凯撒》，一年后又翻译出版了莎翁经典悲剧《哈姆雷特》，从此开启了他漫长的翻译生涯，一生翻译莎士比亚的《罗密欧与朱丽叶》《哈姆雷特》《奥赛罗》《李尔王》等十一部戏剧及三部诗集。光是《哈姆雷特》这部戏剧，博纳富瓦在 1957 年至 1988 年这三十年间便前后发表了五个译本。这一系列翻译活动使他成为莎士比亚作品在法国的主要译介者。在翻译实践过程中，博纳富瓦也以前言、后记、访谈、演讲稿、教案等形式撰写了不少有关翻译的思考，主要收录于文集《关于诗歌的谈话》（纳沙泰尔，La Baconnière，1981）、《戏剧与诗歌：莎士比亚与叶芝》（巴黎，Gallimard，1998）、《译者共同体》（斯特拉斯堡，Presses Universitaires de Strasbourg，2000）、《声音中的另一种语言》（巴黎，Seuil，2013；南宁，广西人民出版社，2020）。在这几部文集中，博纳富瓦提出了一些重要观点，对诗歌翻译实践和翻译批评都颇具启发意义。由于他的翻译观与诗学观具有很强的内在一致性，以下我们将先来简要考察一下他的诗学观。

博纳富瓦的诗学因对“在场”或者说“生命”的关注，而常被称为“在场诗学”或者“生命诗学”，这一颇有现象学意味的诗学观是博纳富瓦对“波德莱尔、克尔凯郭尔、黑格尔、普罗提诺”[1] 等人的继承，也是其对法国诗歌和诗学的贡献。那么，“在场”到底是什么？对于这个术语，博纳富瓦并没有加以明确界定，可能因为他对“定义”行为始终持怀疑态度，也可能因为“在场”这个词本身内涵复杂难以界定，正如有学者指出，“这个词背负了来自神学与哲学的沉重历史债务，它立即就以某种方式引导、带领读者朝向深刻而普遍的事物，后者同时扎根于世界存在的无时间性与诗性存在方式的瞬间闪现中”[2]。从“无时间性”与“瞬

1 Y. Bonnefoy: *Entretiens sur la poésie*, Neuchâtel, La Baconnière, 1981, p.118.

2 Layla Roesler: «La «reconstruction» de la présence: Yves Bonnefoy et l'outil linguistique», dans *Fabula-LhT*, n° 24, «Toucher au «vrai»: la poésie à l'épreuve des sciences et des savoirs», dir. Annick Ettlin et Jan Baetens, novembre 2020, URL: http://www.fabula.org/lht/24/roesler.html, page consultée le 18 novembre 2021.

间闪现”这些矛盾对立的词语中，我们看到了“在场”含义的复杂性与矛盾性。不过，尽管没有对“在场”加以清晰界定，博纳富瓦还是在不同场合指出“在场”是幻觉、形象、表征、梦境、幻想、彼岸……的反义词，它是生存（vivre），是存在（exister），是有限性（finitude），是即时性（immédiateté），是此在（ici）。不那么抽象地看，“最基本的在场，被我们认为真实的在场，是水果，是树木，是几个生物，是某些生存的方式”[1]。例如在《语言，动词，parlar cantando》一文中，博纳富瓦以一棵橡树为例来解释“在场”概念：科学在研究一棵橡树时会从这棵树上提炼出研究所需要的简单形象，而这棵树本身所具有的丰富特征被剥夺了意义，事物（这棵树）内在的无限性被无视，字典中的词语概念所指称的也正是这种放弃了事物无限性的表象。但从诗的角度去看这棵橡树时，我们会立刻感觉到这棵树无限丰富的诸多特征，正是这无限性，偶然地构成了这棵橡树本质上的独特性和绝对性。如果我们直接说出“树”，并且不让这个字与我们的生活产生关联，此时，“树”这个字产生的是字典向我们呈现的具有普遍性的概念化形象；而当我们指着眼前某棵特定的树说出“树”这个字时，虽然使用的是同一个字眼，但我们通过这个字直接联想到的是更为具体、繁复、独特的一棵树，于是，“树”这个字在我们心中只代表这一种“在场”，并在此后保留它直接指示这一“在场”的能力，即便我们不再看到这棵树甚至忘却了大部分关于它的感知，我们仍然保留了关于这棵树与众不同的“在场”的记忆。[2]“树”只是一个例子，“在场”不止与“水果”，与“树木”，与“几个生物”，与自然界相关。“在场”也关系到或者说尤其关系到人类的存在，某些人身上突然出现的“在场”，“就是他们的存在的密度，以及他们的出现所具备的强度，这密度与强度带有一种绝对的、无可辩驳的明见性”[3]，“在场”就是“存在的内核”[4]。由此，我们不难想象博纳富瓦将揭示“在场”规定为诗歌的任务：“当致力于达成概念性理解的语言倾向于简单化再现存在与存在物时，诗歌的任务是回忆起这些存在与存在物的全部现实。”[5]

---

1 Y. Bonnefoy: *Entretiens sur la poésie*, Neuchâtel, La Baconnière, 1981, p.28.
2 博纳富瓦：《声音中的另一种语言》，许翡玎、曹丹红译，广西人民出版社，2020 年，第 129—144 页。
3 同上，第 33 页。
4 同上，第 150 页。
5 同上，第 12 页。

但是，揭示“在场”并不是一件易事。博纳富瓦本人也说，“在场既是诗所寻找的一个宝藏，也是一种我们有可能想要逃避的考验”[1]。因为“在场”会被遮蔽，而遮蔽它的不是别的东西，恰恰是我们赖以生存的概念、形象以及语言。“概念就是泛泛而谈的东西，没有能力与存在甚至与事物建立亲密的联系。”[2]如上文提到的那样，概念是抽象的，呈现的是关于世界的理性稳定的知识，它一方面遮蔽了具体世界瞬息万变的原貌，另一方面因与文化的紧密联系而难以顺畅向异文化的读者传达。形象同样如此，一旦被画笔、语言或其他途径固定，便会将气象万千的世界固化为几个具有代表性的图像。过分执着于这些形象会将形象变成假象，把图像再现当成真实事物，从而抹杀世界的真实面貌与存在的无限性。至于语言，博纳富瓦承认语言带给我们一个世界，帮助我们认识世界中的事物，向我们揭示了事物的很多方面，但他也认为“语言偷走我们的‘真正生活’”[3]。这里的语言当然不是指诗的语言，而是指“普通言语，即我们用来进行思考、做出反应，也用来做梦的言语，尽管它被直觉或无意识的、未被掌控的表象侵占，它仍被概念和具有概念性定义的形象所组织构造”[4]，也就是说，语言对“在场”的遮蔽同样也来自语言与概念的关系。这是一个令人沮丧的结论，因为人有表达和交流的需求，这些与生存息息相关的活动大部分时候都需要借助语言甚至借助概念进行。

诗的重要性正是在此时被提出来。博纳富瓦在提到“语言偷走我们的‘真正生活’”时，随即指出“理解这一点的，是诗歌，因为诗歌关注词语的音响”[5]。为什么这么说？博纳富瓦这句话包含了两个重要的思想。首先，诗歌关注词语。在语言各元素中，博纳富瓦最看重词语，因为词语与事物保持着直接的联系。在《兰波评传》中，博纳富瓦写道：“在黑暗之中，词语有着独特的照耀之力。词语所命名的事物，即便与日常视域妥协，也只保留着纯粹。被命名者，是与其原初状态相联结之物。被言说者，只要

1 Y. Bonnefoy: «La poésie transitive», *Cahier de l'Herne: Yves Bonnefoy*, Paris, Éditions de L'Herne, 2010, p.100.
2 同上，p.99。
3 同上。
4 博纳富瓦：《声音中的另一种语言》，许翡玎、曹丹红译，广西人民出版社，2020 年，第 6 页。
5 Y. Bonnefoy: «L'acte du traducteur», *Cahier de l'Herne: Yves Bonnefoy*, Paris, Éditions de L'Herne, 2010, p.235.

我们郑重地念出词语，且不考虑其实用性，词语便预备好在另一个世界迎接我们。”[1] 我们在这样的表述中看到了博纳富瓦对古希腊俄耳甫斯神话或基督教创世神话的影射。这种词与物的关系在日常语言中早已无迹可寻，要重新体验它，或许只有求助于诗歌。诗歌的词与词之间存在一些联系，无法被注重逻辑与科学的抽象概念性思想所把握，但诗歌正是在这个深度与现实确立了直接的联系，也保证了我们与世界的关联。诗性话语的这个部分虽然晦暗，却切实存在；在每个词语中，它都在试图令自己浮现，我们要触及它，就需要在表面的东西——比如说概念，比如说形象——占据上风前，努力“去倾听一个词，确实，一个词而非一个句子……这样，一条道路会逐渐敞开”[2]。

其次，倾听，也就是倾听词语的音响，对于后者，博纳富瓦有过非常诗意的阐述：“词的音响和天上的云或者路上的石堆一样，是精神无法理解的东西，因此它一下子就提供了言语存在之前那不曾分解的整个现实，以及语言从我们身上剥夺的与自身的亲密关系。音响让我们重返世界，重返统一性，重返无限性。关注音响本身，让它通过我们的身体所能摆动的节奏存在于我们身上，这便需要我们向诗的愿望打开大门，甚至开始诗歌写作：因为在依赖节奏的文本中，通过头韵，通过谐音，纯粹概念性的研究不再是人们的追求，也不再重要，它的权威性被削弱。”[3] 对博纳富瓦来说，一首诗中最重要的，不是它所言说的内容，不是诗人主体性的表达——在这一点上，博纳富瓦深受兰波提出的“客观诗”思想的影响，“客观诗”意味着诗人创作诗歌不是为了自我表达，而是为了抵达某种普遍真理——甚至也不是言说的方式，而是诗歌的声音或者说音乐。“这一音乐寻找的……是与概念的串联展开竞争，是打乱概念组织，是减弱概念施加于我们的意识的权威性，总而言之是将面纱撕裂。透过这撕裂的面纱将隐约显现的，是日常话语令我们错失的宝贵财富，即瞬间与场所的现实。失去这个宝贵财富，是导致生活与社会中出现如此

---

1 博纳富瓦：《兰波评传：履风的通灵人与盗火者》，杜卿译，上海社会科学院出版社，2021 年，第 29 页。

2 Y. Bonnefoy: «La poésie transitive», *Cahier de l'Herne: Yves Bonnefoy*, Paris, Éditions de L'Herne, 2010, p.99.

3 博纳富瓦：《声音中的另一种语言》，许翡玎、曹丹红译，广西人民出版社，2020 年，第 265—266 页。

多失衡与困难的原因。”[1] 也就是说，诗歌运用音响，与其说是为了像歌曲那般实现乐音之间的和谐，不如说是为了在暗中破坏词语的所指，僭越词语的概念性含义，削弱含义的力量，令词语中那个晦暗然而始终存在的部分显露，从而呈现一个充满真实在场的世界。因此，“当写作成为声音，世界就不再被视作事物的总和，而是在场的集合。这些在场于是必然成为根本的现实，它们回应生活之基本需求，并由此超越地方语言的特殊性，来到所有存在者共同的领地，在这片土地上，没有人觉得自己是个异乡人”[2]。

总而言之，对博纳富瓦来说，诗歌不应该通过制造假象——空间上的“桃花源”，时间上的无限性——来逃避现实，而应该直面“粗粝的现实”（兰波语，被博纳富瓦频繁引用）；诗歌的“存在的理由超越了再现、分析与表达，也就是超越了一切知识话语，而走向被概念盗走的感性存在的即时性”[3]。更何况，除了回忆曾在事物或人身上闪现的“在场”，诗人还会“参与到其他事物的‘在场’中，而后通过最初的经验，渐渐把握世界的意义，甚至感受到某种神圣的气息”[4]，并完全地存在于自己置身的世界。正如博纳富瓦所说，“在场就是诗歌回想起的，或者有时甚至是由诗歌产生的东西”[5]。揭示、实践和生产“在场”是博纳富瓦赋予诗歌的任务，因此，如果仅仅满足于自身的体验与表达，那么诗人还没有完成他的使命。因为“在场”诗学从某种意义上说是一种人道主义诗学，它要求诗歌揭示的种种存在经验能被他者领会，帮助人们更好地认识生命的有限性，从而更好地体验生命的丰富性，最终更好地存在于这个世界。博纳富瓦认为“在场”的普遍维度是超验的，对它的体验与讲述都不能且无须借助复杂的概念网络，只需召唤我们的感官和直觉。从博纳富瓦的“在场”诗学中，我们已经可以预见他对翻译尤其诗歌翻译的看法。

1　Y. Bonnefoy: «L'acte du traducteur», *Cahier de l'Herne: Yves Bonnefoy*, Paris, Éditions de L'Herne, 2010, p.235.

2　博纳富瓦：《声音中的另一种语言》，许翡玎、曹丹红译，广西人民出版社，2020 年，第 23 页。

3　同上，第 345 页。

4　Y. Bonnefoy: «La présence et l'image, leçon inaugurale de la chaire d'études comparées de la fonction poétique au Collège de France», *Le Débat*, 1982, n°3, p.3.

5　同注 2，第 111 页。

第二节　博纳富瓦诗歌翻译思想

了解博纳富瓦的诗学观后，我们不难理解他会将传达“在场”经验确定为诗歌翻译的任务：“诗……要求被读者听到，要求读者参与，要求读者在一种超越承载它的词语的经验中重新感受它。同样的必要性对那个毛遂自荐想翻译诗歌的人也适用，因为对诗的翻译也应是诗，译文的诗意不应比原诗本身少一分。”[1] 对于如何翻译作为诗之精髓的“在场”，博纳富瓦虽没有进行过系统的论述，但他从最初翻译莎士比亚作品开始，就坚持在译文的“边缘”——前言、后记、演讲、讲座等——分享有关诗歌翻译的思考[2]，今日我们主要可以从《关于诗的谈话》《译者共同体》《声音中的另一种语言》三部文集中读到。这三部文集的出版日期彼此相隔十余年，但通过阅读，我们看到博纳富瓦对翻译的见解始终保持着一贯性，因此我们从这三部文集及其他重要文章出发，按照自己的理解，将博纳富瓦的翻译思想归纳为以下几点：

首先，“译者不应陷入多元含义也就是诗歌文本特征的圈套”[3]。上文我们已看到博纳富瓦对诗歌本质与使命的认识，此处我们不妨重申一下。博纳富瓦极力主张诗歌的言说是简单的、明晰的，认为“含义根本不是一首诗的构成要素”[4]。这一论断无疑会令深受20世纪西方文论影响的文学和翻译研究者震惊，因为自英美新批评以来，多义性已跃居诗歌本质的地位，如今大众即便不同意将“多义性”等同于诗歌的唯一本质，至少不会否认它构成了诗歌语言的一个本质特征。例如，飞白极力反对用“信息型翻译的老办法”[5] 来译诗，是因为这种方法“把‘血肉’即语言的艺术形式、多义性、活性和一切微妙之处剔除净尽”[6]。江枫力主“形似而后神似”，也是因为“现当代诗，直抒胸臆者少，隐晦含蓄者多，人们总是不得不从诗人

1　博纳富瓦：《声音中的另一种语言》，许翡玎、曹丹红译，广西人民出版社，2020年，第57页。
2　博纳富瓦坚持译者应该“把他们的犹豫和决定写入日记”，同时遗憾“诗歌译者对自己的翻译活动思考太少”（参见同注1，第48—49页）。
3　同注1，第351页。
4　同上，第343页。
5　飞白、熊辉：《诗海一生——飞白先生访谈录》，《红岩》，2012年，第S1期，第8页。
6　同上。

说话的腔调和姿态去揣摩、猜测、捕捉或领悟他说了些什么。意义，通常不是单一而明确的意义，就蕴含在原诗所采取的结构、词汇（和词序、词的组合）、诗行（或不分行）、韵律（或无韵律）……乃至词的拼写和字母的大写小写等等之中”[1]。

博纳富瓦并不否认含义之于诗歌、之于翻译的重要性，因为他指出概念性的含义网络是一般的文学创作尤其是小说创作的基础，此时文学翻译的任务的确在于传达文本的含义。但他也认为，不应将诗歌翻译等同于一般的文学翻译，将多义性等同于诗歌的本质，“诗歌只有超越含义的界限才能存在，才能获得真正的价值”[2]。之所以得出这样的结论，与他对“含义”的看法密不可分。需要指出的是，在博纳富瓦的语汇中，含义（signification）不同于意义（sens），他对这两者有着截然不同的态度，只有含义受到他的强烈批评，因为它与概念（notion 或 concept）或概念化密切相关。一方面，含义产生自人们所熟知的“日常”言语：“‘日常’言语依赖的是概念性思考。我们要讨论我们周遭的事物，以及影响我们活动的事件。为此，我们需要注意到存在于这些事物的某些特征，我们能够将其中一些特征与另一些相对照，从中推论出一些预测，甚至总结出一些规律。在经验中对这些特征进行筛选，认识便开始于此。这些特征应该有个名称，它们被称作‘概念’，借助概念，我们能创造被我们称为‘含义’的一切。”[3]但诗歌语言的任务不同于日常语言，因此其与“含义”的关系也有所不同。

另一方面，博纳富瓦将诗歌分为两个层次。第一个层次是概念意识层，包括思想、对价值的肯定、对欲望的表达，甚至包括被很多研究者视作“形式”的东西，例如形象化、换喻、隐喻等表达与修辞手段。概念意识层构成了诗歌最表面的层次，受到“自我”（moi）的控制，而诗歌的“自我”层次“拥有它自己的知识、概念、欲望、梦想，是整个有意识或无意识的、错综复杂的、意义多元的话语网络”[4]。但是，诗歌中还有一个更为重要的层次，由直觉构成，“在诗人身上试图摆脱总体上属于幻想言

1　江枫：《形似而后神似》，《中国翻译》，1990 年，第 2 期，第 17 页。
2　博纳富瓦：《声音中的另一种语言》，许翡玎、曹丹红译，广西人民出版社，2020 年，第 347 页。
3　同上，第 130 页。
4　同上，第 347 页。

语的‘自我’的追问，以便深化并展示自己的知识。后者是对显著事实及其绝对性的觉察，但也是对由此而来的有关生活的思考的觉察”[1]。对于这一有关生活的思考，博纳富瓦认为它“将十分简单，意义尽可能单一，我们甚至倾向于说它天真”[2],这是他与多义性的拥护者的观点明显不同之处。

从博纳富瓦对诗歌“自我”层次的定义，及他将诗歌分为“自我”与“本我”（Je）层的做法，我们不难看出精神分析学对他的影响，因而我们可以这样理解他所说的概念与含义网络：“自我”在“超我”影响下，在教育、阅读、人际交往等行为中获取对现实的认识，认识由语言编织，在使用中因语言的抽象作用而越来越脱离真实世界，成为语言现实，也就是博纳富瓦所说的概念网络。这也是博纳富瓦执着于词语特别是专有名词的原因，他认为普通名词因其抽象性而属于概念网络，而专有名词因指向特定事物，能够更好地保持主客体之间的直接联系而往往能逃脱概念网络，因此博纳富瓦断言“中世纪对词语的运用比我们辩证清醒多了”[3]。总之，在概念网络控制下，语言向意识提供有关现实的现成图像，写作与阅读都成为概念的自动复制；在这个过程中，语言中介隔断了诗人或读者与现实世界的直接接触，剥夺了他们即时性的存在体验，令他们“沉沦在语言设置的游戏陷阱”[4]中。在这样的网络中，无论怎么寻求词句的多义性，都只是观念指导下对文本做出的片面切割，是从一个语言能指通往另一个语言能指的过程，在含义无限延宕的过程中，现实世界离我们越来越远。

其次，诗歌翻译无须受形式的束缚。这一观点显然又与很多诗歌翻译实践者和研究者的观点相悖。例如江枫认为译诗应将原诗“借以包含或表达内容的一切媒介”[5]都如实地再现，以确保原诗的含义与意境。博纳富瓦并非不了解这一普遍做法，他自己曾提到“很多译者试图保留他们所译诗歌的韵律结构，例如规则形式，同时，为了在形式中注入他们有义务保留的含义，不得不做出痛苦的高难度动作”[6]。当然，这里同样需要指出，博纳富瓦对“形式”并非持一概否定的态度，他曾道：“形式确实是

1 博纳富瓦：《声音中的另一种语言》，许翡玎、曹丹红译，广西人民出版社，2020 年，第 347 页。
2 同上。
3 Y. Bonnefoy: *Entretiens sur la poésie*, Neuchâtel, La Baconnière, 1981, p.30.
4 袁筱一：《最难的事》，上海书店出版社，2009 年，第 28 页。
5 江枫：《形似而后神似》，《中国翻译》，1990 年，第 2 期，第 18 页。
6 同注 1，第 85 页。

诗歌写作的创造性原则。它是一种内心冲动，在这种冲动作用下，词语的用途摆脱了日常话语这一拒绝让我们看到存在完整面庞的纱巾。在与这种放弃观看也就是放弃真正理解的意图合谋的笔触下，形式成为一种排列词语的简单程序，词语在这种桎梏下窒息。”[1] 对于重视后一种形式的做法或想法，他认为这实际上揭示出这些译者“对诗没有概念，或者说他们正在失去诗的概念”[2]，因为对博纳富瓦来说，“诗是一种行动，而不是一种客体——例如一首诗歌、一种封闭的形式”[3]，“诗（poésie）无法被简化为诗歌（poème），在某种思想、某种生活中，诗贯穿一首首诗歌，要求被听到，要求读者参与，要求读者在一种超越承载它的词语的经验中重新感受它”[4]。也就是说，一首诗只是诗人全部作品的一个片段，是被词语固定的某个瞬间，它不是封闭的，而是保持着与之前的诗歌和未来之诗的关系，同时要求被读者阅读和体验。如此一来，将某位诗人的某首诗歌孤立出来并寻求译文与原作意义的对应，这在博纳富瓦看来便成为一种“短视”行为，因为翻译更重要的是“尽可能重新经历作家作品中那个具有普适性的维度……随后译者求助于自己的词语，尝试说出几乎一样的东西，但这些词语全部与原文有一定差距”[5]。

我们可以通过博纳富瓦自己的翻译实践进一步来理解他的这一翻译观。博纳富瓦曾在一文中谈论翻译叶芝诗歌《驶向拜占庭》（“Sailing to Byzantium”）的经验。他指出诗歌题目非常难译，一方面因为题目蕴含着神话色彩，另一方面因为英语语境下 sailing 一词深具内涵，富有动感，能唤起与其他文学艺术文本的无限联系。法语或许能提供意义“对等”的词语，却无法再现这个看似简单的标题所蕴含的全部经验。最后博纳富瓦译成了《拜占庭——彼岸》（*Byzance — l'autre rive*），“某种张力可能得到了保留”[6]。

再如，法兰西学院院士爱德华兹曾分析过博纳富瓦译莎士比亚十四行

1 博纳富瓦：《声音中的另一种语言》，许翡玎、曹丹红译，广西人民出版社，2020 年，第 85 页。
2 同上。
3 P. Née: «Présentation», *Littérature*, 2008, n°2, p.6.
4 同注 1，第 57 页。
5 Y. Bonnefoy: *La Communauté des traducteurs*, Strasbourg, Presses Universitaires de Strasbourg, 2000, p.48.
6 Y. Bonnefoy: *Entretiens sur la poésie*, Neuchâtel, La Baconnière, 1981, p.95.

诗时运用的方法和取得的效果。以第 24 首前四句为例：

Mine eye hath played the painter, and hath stell'd
Thy beauty's form in table of my heart;
My body is the frame wherein'tis held,
And perspective it is best painter's art.

博纳富瓦将这几句诗译为：

Mes yeux, les voici peintres, qui ont fixé
Tes formes, ta beauté, sur mon cœur, cette toile,
Et mon corps est le cadre, et l'art du peintre
Ici, fut de te mettre en perspective.[1]

译文中出现了原文所没有的地点指示词（ici）、指示形容词（cette）、拉近距离的介词（voici），这几类词表明的是与对话者的面对面关系。译文这样的处理令诗歌的接受者由假想转变成了现实，令独白变成了对白，充分体现了令他者“在场”的思想。与此同时，我们看到在这两个译例中，译者都没有严格遵循原诗句结构，更没有顾及原诗格律和音韵，确实如他本人所强调的那样，没有受到原诗形式的束缚。

再次，真正的翻译是一种“广义的翻译”。既不以意义为归旨，也不以形式为归依，博纳富瓦的诗歌翻译思想可以说同时否定了两种通行的诗歌翻译理论与方法。那么，他理想中的诗歌翻译或者说文学翻译应该是什么样的？出于对诗歌与诗歌翻译的重视，博纳富瓦也格外关注其他诗人翻译家的活动，多次提到兰波、奈瓦尔、波德莱尔、马拉美、茹弗等人，撰写多篇文章甚至著作谈论他们的诗歌创作与翻译，其中一篇重要文章是《广义的翻译》。此文是博纳富瓦向波德莱尔与马拉美翻译活动的致敬，他认为他们对爱伦·坡作品的翻译代表了一种真正的翻译。波德莱尔翻译了爱伦·坡的短篇小说，他的翻译助推了爱伦·坡在法国的成功；马拉美翻

1 M. Edwards: «Yves Bonnefoy et les sonnets de Shakespeare», *Littérature*, 2008, n°2, pp.26–27.

译了爱伦·坡的诗歌。实际上，如果采取一般的翻译评价标准，首先可能会注意到这两位诗人的译作的某种“不忠实”，例如他们在翻译爱伦·坡的诗歌《乌鸦》（*Corbeau*）时，放弃了诗歌的形式而采用了散文的形式，而格律、谐音、押韵等因素无论对爱伦·坡还是对两位法国诗人来说都事关根本。此外，博纳富瓦也承认，就波德莱尔的译文来看，“不仅《乌鸦》这首诗，还包括支撑它、令它产生回响、令它效果增强的英语，在法语中都不得不承受无法被迁移的命运”[1]，而从马拉美的译文中，“我们确实看到了一些‘音响效果’，但并不明显”[2]。

那么，博纳富瓦为何还将两位诗人的翻译视作一种典范？原因还在于他对诗以及诗歌翻译的认识：“在发现一首诗和决定翻译它之间，以及在接下来的工作（这工作似乎只能生产出几页纸的文字，大多数情况下被等同于翻译）中，会发生很多我们想象不到的事。尽管这些事可能被忽略，但它们极其重要，因此必须尝试对它们予以廓清和说明。它们是真正的翻译，是深入、包围、超越表面的翻译的东西，为了结束这种表面的翻译，译者常常多少有些不情愿地署上自己的大名。这真正的翻译，我称其为广义的翻译，它是狭义的翻译的对立面，而我们的翻译研究通常只涉及狭义的翻译。”[3]也就是说，“翻译不仅仅是译者为结束任务，最后不得不同意拿出的文本，也不仅仅是译者妥协的产物。它是思考和决定的总和”[4]。从博纳富瓦的这些言论来看，“真正的翻译”或“广义的翻译”超越了狭义的翻译，其范围不仅不止于语言的转换过程，甚至不止于乔治·斯坦纳“理解即翻译”的阐释过程，因为上述“思考和决定”涉及的不仅仅是翻译或者说理解的过程，它们还会“从不同的意识层面影响译者的生活，更影响译者自己的作品”[5]。换言之，“广义的翻译”还包括译作之外的、译者以诗人身份创作的其他作品，毕竟这些创作或多或少都会受到诗人先前的翻译活动的影响。同时，诗人译者在进行翻译活动时，做出的很多选择会受到自身创作经历的影响，其结果可能会由于在形式上不同于原作而饱受诟病，但这样的“背叛”也被博纳富瓦纳入“广义的翻译”之中。简言之，

1　博纳富瓦：《声音中的另一种语言》，许翡玎、曹丹红译，广西人民出版社，2020年，第78页。
2　同上，第79页。
3　同上，第58页。
4　同上，第61页。
5　同上。

博纳富瓦将诗歌翻译与诗歌创作视为一体，因此认为在阅读或批评诗歌翻译时，应将个别的译作放到译者整体的作品——不仅包括翻译，还包括创作——中去考察，分析其与译者其他作品之间的关系。这也是为什么博纳富瓦视波德莱尔和马拉美对爱伦·坡作品的翻译为“完美的翻译”，尽管它们常常被认为是不那么忠实的“改写”。

在博纳富瓦这里，“广义的翻译”与我们通常所理解的不太相同，它体现出诗歌翻译之于诗人译者的重要性。一方面，诗歌翻译会影响诗人译者的创作甚至生活，而发生了转变的诗人译者又会在翻译中有新的发现：翻译的益处更多地体现为“一种质疑的决心和坚持”[1]，由于位于两种语言的间隙，翻译更能帮助译者看清文本中真正具有诗性的东西，从而对概念化言说提出质疑。译者有时能通过翻译与作者对话，在作者的生活或其他作品中寻找其词语关于“在场”的记忆，这也将是译者与自身思想的对话，通过反思，“更好地察觉概念化再现与在场经验之间的过渡”[2]。另一方面，尽管博纳富瓦承认某些时候诗不可译，但由于翻译工作中呈现的语言差异使译者更好地意识到，应当对概念化言说投去批判的目光，译者反而会被诗歌翻译计划以及诗中的不可译因素激起成为诗人的使命感，或者增强作为诗人的使命感，从而更有意识、更有效地成为诗人。肩负诗人使命的译者开始用全新的目光去更好地观察诗歌的类型，理解创作的道路，对诗歌、诗学进行进一步的思考，在变得更为“诗人”的同时，也能够成为批评家，成为诗歌的思想者。归根到底，博纳富瓦对“广义的翻译”的理解以及他评价翻译的标准也适用于他本人的翻译。上文我们已经看到，博纳富瓦的译文并非与原文逐字对应，然而他的译文的读者却指出，他的“译文让人听到了原语的震颤，以一种独特的方式，那没有用文字表达出来的或在文字中神秘存在的印记在字里行间得到了保留”[3]。

最后，诗歌翻译，翻译“在场”。其实无论是反对阐释，拒绝受原作形式束缚，还是提出“广义的翻译”这一概念，背后都体现着博纳富瓦连贯的主张和坚定的信念：诗歌唯一需要忠实的是“在场”。上文已指出，

1 博纳富瓦：《声音中的另一种语言》，许翡玎、曹丹红译，广西人民出版社，2020 年，第 60 页。
2 同上，第 61 页。
3 H. Michaud: «L'accent de Shakespeare», *Cahier de l'Herne: Yves Bonnefoy*, Éditions de L'Herne, Paris, 2010, p.223.

“在场”具有普遍性，这种普遍性需要译者去感受、去传达、去分享。对博纳富瓦来说，重新经历“在场”的普遍维度首先是去感受语言的物质性。我们已在上文提到词语之于博纳富瓦创作与诗学的重要性，他反复重申：“我们喜欢一首诗时，第一时间并不知道它究竟说了什么。在考察诗歌文本中交织的换喻和隐喻之前，我们已经因为它的词语而喜欢它，仅仅是词语本身，既明显又神秘的词语；我们喜欢它，因为这些伫立于思想中的宏大词汇仿佛在宣告，它们指示事物的方式比过去更为直接、更为强烈，事实上，那是另一种方式。”[1] 诗歌被视为词与物形成的不可割裂的统一体，见词即见物。这种多少带点神秘主义的语言观在诗人笔下并不少见，例如瑞典诗人特朗斯特罗姆（Tomas Tranströmer）的《自 1979 年 3 月》即用诗歌表明了这种语言观：

厌倦了所有带来词的人，词并不是语言，
我走到那白雪覆盖的岛屿。
荒野没有词。
空白之页向四面八方展开！
我发现鹿的偶蹄在白雪上的印迹。
是语言而不是词。

词语的物质性使其无法隐身，诗行中的每一个词都是一个物，挡住读者和译者的视线。因而“比起任何一种批评，译者逐字逐句的翻译更能倾听思想”[2]。正如上文已提到的那样，倾听词语，就是倾听词语的音响，更何况“在诗歌中，词语的音乐改变了词语的效果。在诗歌中，受音色、韵律与节奏支撑的词语也许是一种工具，用来从观念层面解释世界的方方面面，或者为欲望建立一个舞台，但是，它们更是摆脱话语链条后的一种直接呼唤，我甚至要说是一种沉默的呼唤，在呼唤之中，词语复原了事物在伊甸园中的色彩”[3]。因此译者如要将诗歌当作诗歌来翻译，“那么他就得承认，他首先应该关注的，不是文本材料的复杂性，而是诗歌音乐的节奏、音响

1 博纳富瓦：《声音中的另一种语言》，许翡玎、曹丹红译，广西人民出版社，2020 年，第 344 页。
2 同上，第 60 页。
3 同上，第 344—345 页。

材料的热情；诗人正是借助后者，在自己的诗句中超越了某个层面，在这个层面，词语首先作为概念出现”[1]。

从这些论述来看，“音乐性”的产生可以说非常复杂，它由所有词语的音调和诗句的节奏共同合成，不能被机械地分解成某几个分属于格律、音韵或体式层面的因素。这也是为什么我们看到博纳富瓦一面斩钉截铁地说“如果译文缺乏节奏，谁愿意读它呢？”[2]，一面又说：“没有理由以诗句译诗句……因为这样做最终会打碎连接一节诗并赋予其气息的东西。”[3]对文本格律进行理性分析意义不大，将分析出来的格律要素“复制”到不同时空和语言中同样没有多少意义，“因为我们这个世纪拒绝赋予过去的固定形式以意义，这些形式是某种共识的隐喻，现代社会已经既不认识也不再接受这种共识”[4]。在放弃格律的理性分析与再现之后，译者唯一能做的就是倾听，令自己天真地被诗歌的音乐俘获，令其与自己的节奏产生共鸣，这样做了以后，“音乐会在他身上重新出现，从此以后将是他自己的音乐，来自他自己的语言，夺取他正酝酿的词语；一条道路将在这音乐中打开，通向一种有关生活的知识，只有词语的音乐能令这知识成为可能”[5]。

但是翻译当然不能这么消极被动。捕捉到“在场”后，译者需要努力在自身的情感之中，借助自己的经验与表达手段，以重现这些“在场”：“重新创造这些处境与情感，重复为它们着色，重新令它们具备激动人心的力量，将它们可能不再具有的强度还给它们”[6]。也就是说，当译者透过词语的音乐领略到原诗那具有普遍性的“在场”时，他的理解主要依靠的是自己的经验。“理解”（comprendre）一词的词源已经告诉我们：理解就是从自我内部获得。举例来说，假如无法体会叶芝本人对他老朋友的迷恋，译者就无法很好地再现《一尊青铜头像》的情感。反过来，“解决方案是显而易见的……需要做到的，只是体会迷恋，体会同样强度的依恋

1 博纳富瓦：《声音中的另一种语言》，许翡玎、曹丹红译，广西人民出版社，2020 年，第 350—351 页。
2 Y. Bonnefoy: *La Communauté des traducteurs*, Presses Universitaires de Strasbourg, Strasbourg, 2000, p.51.
3 同上。
4 同上。
5 同注 1，第 344—345 页。
6 同上，第 350 页。

感。……译者的情感会悄悄地出现在他对每首诗歌、每个词语的翻译之中，将必要的能量传递给他”[1]。此外，理解之后的再表达手段同样是“从自我内部获得”的。译者从原作那里体验到的经验很可能是碎片化的，他需要通过语言这一属于“自我”层次的方式，将碎片化的情景重新拼接起来，使它们成为连贯的经验，令它们重新具备触动人心的活力。因此对博纳富瓦来说，翻译永远是一种对话，是自我与他者经验之间的共鸣。不仅如此，译者所使用的词语也来自自身经验的熔炉，它们的意义是译者在自己的生命中赋予这些词语的意义。

使用自己擅长的词，带着自身经验投入翻译之中，译者才有可能做好翻译。一如波德莱尔、马拉美对爱伦·坡诗歌《乌鸦》的翻译。如上文所言，两位诗人的翻译如果按照一般翻译批评标准去评价，恐怕会遭不少诟病；博纳富瓦却认为两位诗人如此翻译《乌鸦》，是“回归到与自身之关系的最深处，在此，他们生活中的事件、记忆甚至梦境，或者说特别是梦境，都比他们直接的译文更为接近爱伦·坡诗歌的思想与情感。这里有一种向自我的回归，回到自我的最深处，后者内在于一切诗歌欣赏活动。”[2]。“回到自我的最深处”，或者如博纳富瓦在别处指出的那样，译者在翻译中面对的与其说是文本的形式，不如说是文本的“源头，充盈着种种可能性的源头，……而我们在这源头获得了成为自身的权利”[3]。说到底，博纳富瓦的“在场”思想也许并不神秘，因为我们也曾指出，原作与译作之间是“同源而不同一”[4]的关系，即它们均指向我们生活的世界。“回到自我的最深处”，体现了译者主体与原文表达的经验融合，如能做到这一点，那么“之后，新的节奏是否在韵律、音色、节奏感上有别于原作，这已经无关紧要，因为最根本的问题，是在成为诗人的译者身上确立一种与音响材料的真正关系，因而那些竭尽全力试图在法语中模仿济慈或叶芝诗歌格律的做法……徒劳无益”[5]。

1　Y. Bonnefoy: *La Communauté des traducteurs*, Presses Universitaires de Strasbourg, Strasbourg, 2000, pp.52–53.

2　博纳富瓦：《声音中的另一种语言》，许翡玎、曹丹红译，广西人民出版社，2020 年，第 81 页。

3　Y. Bonnefoy: *Entretiens sur la poésie*, Neuchâtel, La Baconnière, 1981, p.98.

4　许钧：《试论译作与原作的关系》，《外语教学与研究》，2002 年，第 1 期，第 17 页。

5　同注 2，第 351 页。

以上我们简要勾勒了法国诗人兼翻译家博纳富瓦的诗歌翻译思想。基于“在场”诗学的翻译思考是博纳富瓦对诗歌翻译理论的贡献。应该说，无论我们是否赞同博纳富瓦的观点，都不能否认，他在诗歌翻译方面确实提出了不少独特见解，对于我们思考诗歌翻译以及更广义的文学翻译都颇具启示意义。在博纳富瓦看来，无论诗歌翻译还是其他翻译，都不可能只是机械的语言转换，而是译者从自身经验出发进行的再创作；如果译者主体没有与原文表达的经验融合，那么要么翻译不可能进行，要么“就只能产生肤浅的阅读，充满误解和凋零的形象”[1]。从这个角度看，“It rains.”能够迅速转换成“下雨了。”与其说是受形式启发，不如说是世界各国人民都有对“下雨”的体验。语法分析或词典解释在某些词句上或许能与来自译者自身经验的解释重合，但从整体看，形式的连贯最终还是要依靠经验的连贯来支撑。形式固然重要，但经验的融合应该先于形式的对等。

第三节　博纳富瓦诗歌翻译思想的启迪

博纳富瓦要求诗歌翻译揭示、再现“在场”，但“在场”本身往往转瞬即逝、难以捕捉，而博纳富瓦除了提出“倾听词语”“倾听音乐”等建议，也没有给出如何捕捉诗歌“在场”的方法，因此他的诗歌翻译思想似乎很难运用到翻译实践与翻译批评中。再者，摆脱了形式与含义对等要求的束缚后，过大的自由反而会令翻译陷入不知所措的境地。因此，我们不能仅从方法的角度来看博纳富瓦对诗歌翻译的谈论，而是应该看到，博纳富瓦提出的翻译与含义、与形式、与存在的关系，为我们从新的角度审视诗歌翻译的可能性与必要性问题开启了空间。

首先是诗歌翻译的可能性问题。正如我们在本章开头提出的那样，相比其他文类的翻译，诗歌翻译似乎更容易触发对翻译可能性的讨论，博纳富瓦本人也一直关注诗歌翻译的可能性问题，在各种场合多有提及，例如他于 2010 年 3 月在里昂大学召开的“俳句在法国，诗与音乐”研讨会上所做的发言《俳句可译吗？》。斯坦纳曾在《巴别塔之后》中对“翻译是

1　Y. Bonnefoy: *La Communauté des traducteurs*, Strasbourg, Presses Universitaires de Strasbourg, 2000, p.79.

否可能”这一问题引发的讨论进行简要的历史梳理[1]，他的梳理表明，如果说历史上存在大量认为翻译不可能的言论，那么我们也掌握了同样多的主张翻译可行的证据，来自理论与实践两个方面：从理论上说，不同语言之间存在语言共相（universaux）——斯坦纳认为可以去音位、语法与语义三个层面寻找——以及实质共相；从实践上说，翻译在历史上从未间断。这些证据促使斯坦纳最后下结论道：“简言之，翻译是必要的也是可能的。”[2]如果深入考察，会发现斯坦纳在探讨翻译可能性时，除共相理论之外，基本上依据的都是来自实践层面的例子，因翻译在宗教、哲学、语言、文学等领域创造的价值而肯定其可能性。再看共相理论，尽管斯坦纳肯定“大多数人都会同意，语言这个冰山的大体和组织原则，都存在于表面之下的普适范畴中”[3]，但他也指出“对如今大多数专业语言学者而言，问题并非‘语言的形式普遍成分（formal universal）和实质普遍成分（substantive universal）[4]’是否存在，而是它们是什么，哲学或神经生理学的探索能在何种程度上接触到它们所在的深度”[5]。应该说，斯坦纳本人站在“如今大多数专业语言学者”一边，一方面，他试图解答“它们是什么”的问题，寻找语言乃至实质共相；另一方面，他也承认这一研究的复杂与困难。在这种前提下，斯坦纳建议：“为了更了解语言和翻译，我们必须把注意力从转换语法的‘深层结构’上移开，转向诗歌那更为深邃的结构。”[6]不过对于这一洞见，他本人并没有展开详细论证。

在这一点上，博纳富瓦的诗歌翻译思想或许可以被视作对斯坦纳上述思想的延续。实际上，博纳富瓦很熟悉斯坦纳的翻译观，也赞同斯坦纳有关“共相”的看法，例如他同样认为，“在诗歌方面，不同语言的分歧只体现在写作的第一阶段，在它们各自的地平线，所有已经启程的人将拥有越来越多共同的事实，无论这些人说的是英语、德语、法语还是其他语言”[7]。不过对于“共相”，博纳富瓦也有自己的理解，他并不如斯坦纳那

1　参见斯坦纳：《巴别塔之后》，孟醒译，浙江大学出版社，2020 年，第 241—272 页。
2　同上，第 257 页。
3　同上，第 110 页。
4　孟醒将“universal”译为“普遍成分”或“普遍性”。为便于与博纳富瓦的思想进行比较，我们将其译为“共相”。
5　同注 1，第 110 页。
6　同上，第 114 页。
7　博纳富瓦：《声音中的另一种语言》，许翡玎、曹丹红译，广西人民出版社，2020 年，第 106 页。

样，在“共相”研究中赋予语义或者说含义以中心地位，在他看来，不同语言之间拥有共同的事实，是“因为我们永恒不变的大地为我们的语言提供了参考物，即使符号的含义会有所变化，这些参照物在任何地方都以同样的方式被体验着。当目光从概念上移开时，树木、山峦、泉水、男人、女人，甚至幽谷中纤弱的勿忘我，对目光而言都成了在场”[1]。语言不同，含义会变，但永恒不变的大地上仍然存在一些人、事、物，在不同民族人民的心中引发类似的体验，正如诗人飞白所言，“尽管诗是人们公认为最不可译的语言，但由于其中有共同的宇宙的韵律、生命的韵律，她又是人间最能沟通的语言”[2]。正是由于人类目光对同一些“在场”的相同体验，诗歌翻译具有了可行性。

对翻译可能性的这种认识也为我们看待与评价诗歌翻译提供了一种新的视角。以受博纳富瓦推崇的兰波的著名诗歌《元音》及其译文为例。《元音》第一句“A noir, E blanc, I rouge, U vert, O bleu: Voyelles”一般被译成“A 黑，E 白，I 红，U 绿，O 蓝：五个元音”。诗的前两节以及它的其中一种中译文如下：

A noir, E blanc, I rouge, U vert, O bleu: voyelles,
Je dirai quelque jour vos naissances latentes.
A, noir corset velu des mouches éclatantes
Qui bombillent autour des puanteurs cruelles,

Golfe d'ombre; E, candeur des vapeurs et des tentes,
Lance des glaciers fiers, rois blancs, frissons d'ombelles;
I, pourpres, sang craché, rire des lèvres belles
Dans la colère ou les ivresses pénitentes;

A 黑，E 白，I 红，U 绿，O 蓝：五个元音，
我迟早会把你们的隐秘揭晓：

1 博纳富瓦：《声音中的另一种语言》，许翡玎、曹丹红译，广西人民出版社，2020 年，第 106—107 页。
2 飞白、熊辉：《诗海一生——飞白先生访谈录》，《红岩》，2012 年，第 S1 期，第 8 页。

苍蝇围着暗海湾色似的臭水嗡嗡叫，
A 是金亮的苍蝇身上黑色的衣襟，

长满了绒毛；E 是帐篷，是白雾在飘，
是白花哆嗦，冰川高傲，又白而又纯，
I 是大红，是咯血，又是美丽的嘴唇
勃然大怒或苦行发狂时候的大笑。

可以看到，诗歌词语的意义都被翻译出来了，诗歌的形式也基本得到了遵守，但译诗却很难在读者心中引发共鸣，译文读者只能从理性角度，尤其根据诗歌第一句，假设兰波在此赋予了无意义的字母符号以颜色，体现了他对象征主义通感手法的借鉴，或者他本人的神秘主义语言观与“文字炼金术”实践。但如果从博纳富瓦诗歌翻译思想出发去理解，我们可以认为，或许是因为译文仅停留于含义与观念层面，没有寻求经验的融合以令“在场”显现，因而译文显得难以触动读者[1]。

反过来，有的翻译尽管从字面看并没有做到与原文字比句次的对应，却仍不乏触动读者的维度。一个耳熟能详的例子是《情人》的中译文[2]。《情人》有多个中译本，其中备受推崇的是王道乾的译文，王小波曾在《我的师承》一文中这样评价：“杜拉斯的文章好，但王先生译笔也好，无限沧桑尽在其中。”并说译文“带有一种永难忘记的韵律”[3]。然而，对照原文后会发现那个令王小波记忆犹新的开头从一般意义上说并不算“忠实”，除了断句方式与原文不同，译者还添加了一些东西，而且很难说添加仅仅

1　相比之下，我们更倾向赞同另一些学者的观点，即兰波这首诗的第一句关注的其实是“音色之间音的谐和问题”（金丝燕：《文学接受与文化过滤——中国对法国象征主义诗歌的接受》，中国人民大学出版社，1994 年，第 301 页）。博纳富瓦也曾提到这首诗，认为“《元音》一诗将从最粗糙的感官经验——从尽可能少的概念——汲取的感知与 A、I、O 的音响，或者更多地与它们呈现在页面上的特征联系了起来。借助身体基本的需求与直觉，兰波颠覆了字母的一贯形象，这一形象因此被指为一种束缚、一种异化，是它导致了致命的二元思想，兰波本人曾于同一时间，在被称为‘通灵者的’书信中辱骂过二元思想”（博纳富瓦：《声音中的另一种语言》，许翡玎、曹丹红译，广西人民出版社，2020 年，第 24 页）。

2　博纳富瓦实践和谈论的的确是“诗歌”翻译，但他对诗的界定比较宽泛，“诗歌”对于他来说似乎是“文学”的代名词（P. Née: «De la critique poétique selon Yves Bonnefoy», *Littérature*, 2008, n°2, p.91）。博纳富瓦自己也曾指出，“那些可以被认为具有诗意、真正诗意的书，它们不一定非得是那些宣称自己是诗的作品，但它们也比我们想象的更为多样化……塞万提斯、卡夫卡或普鲁斯特的作品当然可以从诗的角度去思考，也应该引起诗歌译者的兴趣”（《声音中的另一种语言》，第 116 页）。

3　王小波：《王小波文集》（第 2 卷），中国青年出版社，1999 年，第 2 页。

是为了保持译文的连贯。但王小波敏锐地指出，《情人》开头描写的场景“也是王先生一生的写照”[1]，是王道乾从自身经验出发对杜拉斯的诠释。我们可以想象，假设博纳富瓦能看懂中文，或许也会像肯定波德莱尔与马拉美的译文那样，对王道乾的译文予以肯定。

总之，博纳富瓦的诗歌翻译思想为我们重新审视诗是否可译的问题提供了一种不同于以往的视角。实际上，在博纳富瓦看来，“在场”的普遍维度促使诗歌不但可以被异乡人理解和翻译，它的可译程度甚至超过哲学文本。因为如果说诗歌言说普遍性，哲学则是概念的结合，需要追溯至概念产生的根源和表达概念的手段，具有相对性，容易在翻译中失真。出于同样的原因，博纳富瓦也认为“诗歌比散文更适合翻译”，甚至指出“伟大的诗歌适合翻译的程度比平庸的诗歌大无限倍，伟大的诗歌是最容易翻译的东西，因为它是生存与生存之地形成的、为每个人所共有的关系结构中扎根最深的东西”[2]。而“从事真正的翻译或批评活动恰恰就是与他者一起并借助他者，重新沉入为大众所共识的普遍性那隐蔽的、奠基性的源流中”[3]。

其次是诗歌翻译的必要性问题。我们为什么需要翻译诗歌？在当今时代，还有必要写诗、译诗吗？对于博纳富瓦来说，诗歌翻译从几个层面来说显得不仅必要，而且迫切。首先是诗歌翻译之于诗人翻译家的意义。我们已在探讨“广义的翻译”时看到诗歌翻译为诗人开启的空间。一方面，“诗的整体……不会因翻译而缩小，因为原作中无法被译者保留的部分将在译者自己的作品中，在同一个诗歌意识层次上得到重新表达，在新的时代令译者自己的语言获益。这就是我们今日对翻译感兴趣的原因”[4]；另一方面，诗人“如果去翻译，他会变得更为诗人”，因为正如上文反复提到的那样，在翻译中，诗人有机会借助他人的作品与自己的译文，将原语与译语进行对照，“观察到两种习语的碰撞，这对译者来说只会促进其对诗歌的思考，并在这思考中促进对诗学的思考”[5]。

1　王小波：《王小波文集》（第 2 卷），中国青年出版社，1999 年，第 2 页。

2　Y. Bonnefoy: *La Communauté des traducteurs*, Strasbourg, Presses Universitaires de Strasbourg, 2000, pp.72–73.

3　P. Née: «Présentation», *Littérature*, 2008, n°2, p.6.

4　博纳富瓦：《声音中的另一种语言》，许翡玎、曹丹红译，广西人民出版社，2020 年，第 90 页。

5　同上，第 92 页。

其次，对博纳富瓦来说，诗歌翻译的使命并不局限于拓展译者的语言。我们在上文不断提到博纳富瓦对观念与概念的批评，他因此常常被认为是“反概念的先知”[1]。但博纳富瓦并非没有意识到彻底摆脱概念与观念只是一种空想，因为哲学和语言学理论在不断指出，概念是语言的精神部分，只要存在语言就会存在概念，诗人既然无法避开对语言的使用，也就无法避开概念网络，因而即便在伟大的诗歌中，“在场”也可能处于被概念网络遮蔽的状态。因此到后期，博纳富瓦已不再将诗与概念截然对立，而是认为“诗是关于概念的思想”[2]；也就是说，如果说诗歌无法避免运用概念，那么至少诗——不同于散文——对概念的使用及其局限性要深有意识，同时要在自己内部对概念展开批评，正是这种反思维度赋予诗歌以批判力。而诗歌翻译的批判力可能因处于两种语言、两种文化的交锋处而得到增强：译者同样受概念网络束缚，但他还要面对他者语言形成的概念网络，由于他对后者的熟悉度相对较低，反而能摆脱自身语言习惯的约束，去思考原作语言与诗学的“独特性”——加引号是因为这种“独特性”对以该外语为母语的人来说或许常常被视而不见——由此“概念化言说在他思想中便失去了绝对地位。他投向概念化过程的目光更具批判性……同时一个更为大胆的计划得以确立”[3]。我们可以猜想：这个大胆的计划一方面是译者借助自身携带的“异”质因素，部分地去破除原作的概念网络，由此达到去除遮蔽、揭示“在场”的效果；另一方面，翻译的过程也是译者借助他者来破坏自己母语概念网络的过程。黄运特在谈到庞德的翻译时曾说：“庞德认为‘东’（東）字是一个太阳卡在了树梢上，因此指东方。”[4]这是一个借助异语摆脱概念，深入语言本质和存在经验的典型例子。在这样的翻译中，译者拒绝了写作与翻译中的陈词滥调，否定了不假思索运用自己所熟悉的概念与形式进行翻译的模式，借助他者开启的新视野重新审视了自身经验，并丰富了表达这些经验的手段，因为翻译的这一功能，黄运特指出翻译是“诗歌的最高境界”[5]。

最后，诗歌翻译的必要性与迫切性尤其通过诗歌与“在场”的深刻

1　J.-P. Richard: *Onze études sur la poésie moderne*, Paris, Seuil, 1964, pp.259–260.
2　参见 P. Née: «De la critique poétique selon Yves Bonnefoy», *Littérature*, 2008, n°2, p.92.
3　博纳富瓦：《声音中的另一种语言》，许翡玎、曹丹红译，广西人民出版社，2020 年，第 60 页。
4　张洁：《翻译是诗歌的最高境界——黄运特访谈录》，《外国文学研究》，2014 年，第 5 期，第 3 页。
5　同上。

关系体现出来。如果说诗歌是对“在场”的揭示与实践，那么诗歌翻译便肩负着在更为广阔的范围内揭示、分享、实践“在场”的任务，因此它不仅是可能的，而且还是必要的。博纳富瓦在《译者共同体》一文的最后断言：“诗的翻译只要能正确进行，便能……突显普遍价值，重新打开理性的场域。从这个角度来看，诗的翻译在今日社会中无疑具有一种有益的功能。”[1] 这是因为，一方面，在新的历史时期，使用与时代契合的话语对伟大的诗歌作品进行复译，有益于重新经历原诗实现的对在场的揭示与体验；同时，诗歌翻译能通过不断的复译指明哪些是真正伟大的诗人，哪些是具有批判性的伟大诗歌，帮助我们学会以批判的目光审视过去与现在，更以批判的目光探索未来。另一方面，真正的诗歌翻译为读者提供自我反思、自我批评以及批评他者的机会，实现对异化与惰性的超越，以理性的态度面对差异，面对“异的考验”。

这里我们便触及了博纳富瓦对诗歌翻译与差异的独特认识。翻译是一种跨文化交际活动，因语言文化差异而生，差异是翻译存在的前提，没有差异就无须翻译。因此差异是翻译实践与理论思考中一个绕不过去的问题。在翻译中如何对待差异？面对差异，应采取“归化”还是“异化”的策略？应采取“直译”还是“意译”的方法？对于这些问题，古今中外的翻译家与研究者们从未取得过完全一致的意见。20 世纪以来，借助越来越频繁的翻译活动，我们对世界其他国家、民族的文化的认识日渐加深，而这种认识伴随着一种越来越受肯定的思想：对于不同文明之间的差异，对于我们之外的“异”，我们应尽力去理解、去研究、去充分尊重。

博纳富瓦当然不可能否定这种思想本身，但他也认为，诗人译者仅止步于认识、说明文明之间的差异是不够的，诗人不能放弃普遍性思考，对他者不加批判地予以接受。他同时也对很多人在差异面前机械地表现出的“政治正确”态度提出了质疑。他认为很多时候，人们对差异性的所谓“包容敞开”其实并非一种精神进步，反而是一种“严重的放弃”，因为它实际上是放任他者“自我封闭于历史演变进程中的某种状态”，于自我的

1 博纳富瓦：《声音中的另一种语言》，许翡玎、曹丹红译，广西人民出版社，2020 年，第 357 页。需要指出的是，博纳富瓦对“理性”也有自己的认识，理性不同于被他批评的概念或抽象化思维，而是等同于“最根本的生活要素及这些要素中最基本、最普遍的东西”，因而也是诗所追求的东西，而“诗既得益于理性，又服务于理性”（《声音中的另一种语言》，第 355 页）。

发展不利。博纳富瓦将这种所谓“自由”地“尊重”差异的态度与做法视为一种冷漠的利己主义、一种“种族主义精致的现代形式”，批评其把开放性放错了位置。比如美洲与欧洲在这种利己主义的影响下，美其名曰不干预自由，任由更为贫穷弱小的他者与不幸抗争，却不提供任何帮助，这种冷眼旁观在他看来无异于一种冷暴力。在博纳富瓦看来，如此“尊重”差异其实等于放弃检验和质疑的意愿，与翻译的任务背道而驰。因为翻译这一无止境的活动，其目的在于通过与原作合作，萃取一种完整的、具有普适性的理性，而理性“有义务检验、质疑一切人类行动”。这“一切人类行动”既包括他者的行动，也包括面对他者的自我的行动；既检验、质疑他者进而接受他者，也以批判的目光审视自我，以更好地存在，更好地思考。“真正的开放性是同情也是批判”。[1] 换言之，博纳富瓦强调理性的普遍性，认为以理性目光审视、批判一切文明，令他者与自我真正“在场”，而非以尊重差异之名将他者视为猎奇或漠视的对象，这才是真正开放地对待他者的途径。

博纳富瓦在自己的诗歌翻译实践中也始终坚持以批判的态度审视他者，审视自我。面对翻译中遇到的语言文化差异，他选择结合自己的“在场”经验，对差异进行一定的干预，进而令他者、令自我更充分地“在场”。比如他在翻译叶芝的诗歌《驶向拜占庭》时，并没有直接按照字面含义翻译诗歌题目，而是将其译成《拜占庭——彼岸》。对于为何做这样的处理，我们在上文已谈到博纳富瓦本人的解释。但我们还可以尝试进行深入分析：首先我们看到，这一译文同样体现出博纳富瓦将自身经验融入翻译的思想与实践，因为我们从译诗的题目中看到了博纳富瓦本人对拜占庭的想象与向往——后者属于地中海文化，在博纳富瓦眼中代表了文化的发源地。其次，我们也知道博纳富瓦对“海岸”本身的眷恋[2]，“海岸”与无边无际的大海相反，恰恰是受他肯定的“有限性”的体现。译文或许正是在这一维度体现出对原文的批评，因为拜占庭对叶芝来说代表了艺术的无限与永恒，而对博纳富瓦来说，追求无限与永恒，就是对在场经验的回避以及对现世责任的逃避。

1　本段引文参见博纳富瓦：《声音中的另一种语言》，许翡玎、曹丹红译，广西人民出版社，2020 年，第 355—357 页。

2　《声音中的另一种语言》中的文章《不是大海，而是海岸》即体现了这种眷恋之情。

以上我们看到，博纳富瓦以诗人和诗歌翻译家——这两者在他眼里其实是一回事——的身份提出了独特的诗歌翻译思想，为我们思考诗歌创作与翻译带来了新的视角。这一翻译思想对广义的翻译、概念、含义、理性、差异等问题，都提出了与众不同但深具启发性的见解。在博纳富瓦看来，诗是我们在声音中触及的另一种语言，我们借助诗僭越概念性日常话语，以书写生命的真实“在场”。诗的语言不同于世上其他一切语言，它斟酌词语，倾听节奏，“一首诗歌（poème）的诗（poésie）以一种声音（voix）的方式走向读者”[1]。因此对诗的翻译也不同于其他任何翻译，只能以独特的方式进行：“诗歌唯一需要忠实的是‘在场’”[2]，译者要保留诗意，便要倾听词语的音乐，重新经历诗人用声音勾起的关于“在场”的记忆，用自己的语言和存在经验去重构、分享原诗的“在场”。因此诗歌翻译如同诗歌写作，对两者来说最重要的都是对经验的言说。由于在场经验的普遍性，相比随语言系统变换的形式和含义，诗意——也就是“在场”——反而是翻译中最不容易失去的东西，正如博纳富瓦本人所说，“我们得知道，具有形式的诗歌不算什么，翻译是可能的（但并不意味着简单），翻译只是重新开始的诗”[3]。

1 博纳富瓦：《声音中的另一种语言》，许翡玎、曹丹红译，广西人民出版社，2020 年，第 19 页。
2 同上，第 95 页。
3 Y. Bonnefoy: *Entretiens sur la poésie*, Neuchâtel, La Baconnière, 1981, p.98.

第六章

翻译的释意理论

翻译理论研究，一般可区分为基础理论研究与实用理论研究两种。前者主要研究翻译的一些根本问题，属纯理论探索的范围；后者则针对翻译实践，运用理论研究的成果，解决翻译的实践问题。有学者指出，自20世纪80年代起，我国的翻译理论研究在某种程度上有一种重基础理论、轻实用理论研究的倾向。

不少学者认为，翻译理论研究脱离翻译实践，是其自身价值难以确立的根本原因之一。甚至还有人指出，翻译理论研究进入了死胡同，应该调整思路，修正研究方向。这种情况，在法国译论研究界也或多或少地存在。但从我们对当代法国译论的研究中可以看到，翻译理论与实践相脱节的倾向渐渐地有所改正，特别是法国的释意翻译理论的发展与确立，为我们在理论与实践的结合上开辟了一条新路。

释意翻译理论创始人为达尼卡·塞莱丝柯维奇，她于1921年生于法国，1931年至1939年在德国读中学，后回到巴黎学习，先后获得德语和英语教学学士学位及巴黎高等商业学校会议翻译文凭。1950年起开始做翻译工作，曾为法国驻美国大使馆、华盛顿国际原材料大会、欧洲煤炭钢铁委员会及百余个不同领域、遍布五大洲的国际组织服务。1973年在巴黎第四大学通过博士论文，两年后取得教授头衔，后又晋升为一级教授。1982 年，她当选为巴黎高等翻译学校[1]校长，1990 年退休。

大量的翻译实践使达尼卡·塞莱丝柯维奇对言语科学研究产生极大兴趣，1968 年她发表了《国际会议译员——言语与交际问题》[2]，为释意理论的发展奠定了基础。巴黎高等翻译学校随后成为该派理论研究中心。研究人员借鉴心理学、认知心理学和语言学等学科的研究成果，又通过长期的口笔译实践和教学总结提炼出一套独具特点、日益完整的翻译理论，他们称其为释意学。为能区别于其他相关学科，他们还创立了一套术语（见本章后所附术语）。

自 20 世纪 80 年代以来，释意理论取得了一系列研究成果，十几本重要的翻译学论著相继问世，研究范围也从最初的口译逐步扩展到笔译、文学翻译、科技翻译、翻译教学、一般翻译理论等诸多方面的问题。达尼卡·塞莱丝柯维奇和玛丽亚娜·勒代雷 1984 年合著的《释意翻译》[3]用语言学、逻辑学、心理学的成就来阐述翻译的理解和表达过程，对比口笔译的异同，揭示即席翻译及同声传译的基本规律。该书也是一本教材，内含口译教学大纲。1989 年她们合作出版的《口译推理教学法》[4]对培养即席翻译和同声传译人才的原则和方法做了更详尽的论述，书中最后一章还专门就口译对言语科学的贡献做了分析，说明语言、话语同篇章的区别，强调职业翻译对象是交际意义，而不是语言。达尼卡·塞莱丝柯维奇的《言语、语言和记忆——即席翻译中的笔记研究》[5]分析记笔记对理解和表达的作用、记笔记的方法、笔记同理解及记忆的关系。玛丽亚娜·勒代雷的《同声传译》[6]以大量口译录音为材料分析研究同声传译的特点。她 1994 年出版的《现代翻译——释意法》[7]“是对众多翻译论著的补充，目的在于说

1　该校始建立于 1957 年 10 月 3 日。1968 年后迁至多菲纳（DAUPHINE）大学中心。根据 1984 年 1 月 26 日通过的法案，该校成为巴黎新索邦第三大学下属高校。学校下设三个系：口译系、笔译系和研究生系。口译系学制两年，笔译系学制三年。通过毕业考试者获得“高等专科文凭”（DESS，与“深入学习文凭”DEA 等同）；研究生系培养“翻译学”硕士生（文凭为 DEA）和博士生。从 1976 年第一位博士生毕业到 2003 年底，已有近六十篇博士论文通过答辩，从不同角度探讨翻译学或翻译教学问题。

2　D. Seleskovitch: *L'interprète dans les conférences internationales, problèmes de langage et de communication*, Paris, Lettres modernes Minard, 1986.

3　D. Seleskovitch, M. Lederer: *Interpréter pour traduire*, Paris, Didier Érudition, 1984.

4　D. Seleskovitch, M. Lederer: *Pédagogie raisonnée de l'interprétation*, Paris, Didier Érudition, 1989.

5　D. Seleskovitch: *Langage, langues et mémoire, étude de prise de notes en interprétation consécutive*, Paris, Lettres modernes Minard, 1975.

6　M. Lederer: *La traduction simultanée*, Paris, Lettres modernes Minard, 1981.

7　M. Lederer: *La traduction aujourd'hui, le modèle interprétatif*, Paris, Hachette, 1994.

明无论是哪种语言，无论是哪篇文章，优秀译者采用的翻译程序是相同的。所有翻译的共同点是：辨析意义和重新表达”[1]。让·德利尔是巴黎高等翻译学校的第一名博士生，他于 1984 年撰写的《篇章分析翻译方法》[2]可以说是该派理论第一本研究笔译的专著，对实用文章翻译及教学提出了原则和方法。克里斯迪娜·杜里厄的《科技翻译教学法基础》[3]专门研究科技翻译教学法，指出材料、主题知识准备的方法和重要性及理解同表达的关系。1990 年出版的论文集《翻译学研究》[4]收集了近二十名研究人员的文章，说明释意理论可在不同翻译领域和不同语言间广泛应用，甚至包括手语手势；由玛丽亚娜·勒代雷主编的《翻译中的自由性》[5]是 1990 年巴黎翻译理论国际研讨会论文集，主要探讨翻译中忠实与自由的关系。另有不少文章刊登在一些重要杂志上，如 *Babel*，*Meta* 等。

以上著作先后被译成多种文字在世界各地出版和发表，教学大纲也被各国翻译培训学校广泛应用。我国从 20 世纪 70 年代末即开始翻译出版释意理论著作[6]，但前期没有对该派理论做过全面客观的介绍。

第一节　释意理论概述

不少人认为，翻译只同语言相关。实际上，“翻译是言语行为：使用一种语言必须获得并积累非语言形式的知识。这一规则同样适用于翻译”[7]。

勒代雷在分析语言学与翻译的关系时指出：“19 世纪的语言学主要是词源和历时的，从这种角度看，它们对翻译理论研究的意义不大。”“20 世纪为共时、描述和对比结构语言学；它们在半个世纪中对许多学科都产

---

1 参见 M. Lederer: *La traduction aujourd'hui, le modèle interprétatif*, Paris, Hachette, 1994, p.9。

2 J. Delisle: *L'analyse du discours comme méthode de traduction*, Ottawa, Éditions de l'Université d'Ottawa, 1984.

3 C. Durierx: *Fondement didactique de la traduction technique*, Paris, Didier Érudition, 1988.

4 M. Lederer: *Étude traductologique*, Paris, Lettres modernes Minard, 1990.

5 M. Lederer: *La liberté en traduction*, Paris, Didier Érudition, 1990.

6 如：《释意翻译》中文译名为《口译理论实践与教学》，旅游教育出版社，1990 年，汪家荣等人译。《篇章分析翻译方法》中文译名为《翻译理论与翻译教学法》，国际文化出版公司，1988 年，孙慧双译。《国际会议译员》中文译名为《口译技巧》，北京出版社，1979 年，孙慧双译。《现代翻译》中文译名为《释意学派口笔译理论》，中国对外翻译出版公司，2001 年，刘和平译。

7 参见 M. Lederer: *La traduction aujourd'hui, le modèle interprétatif*, Paris, Hachette, 1994, p.87。

生了极大影响，其中包括翻译。”“继结构语言学之后出现生成语言学，探寻在获得语言中发生变化与先天能力一致的言语的深层普遍结构。生成语言学家很长时间内认为可以在这种深层结构基础上建立一翻译系统，如果说他们未能成功地解释人类翻译，毕竟也极大地推动了机译的发展。”[1] 尽管如此，结构语言学和生成语言学研究忽视了语言在特定环境中被有思想的个人使用这一主要成分，因此不能科学地解释翻译现实。

更多的人将翻译划归通信领域，这有一定道理，但“翻译领域的人类交际不属于信息理论；前者是交流带有意义的话语，后者则是形式化信息的电子传送”[2]。

为避免同语言学概念混为一谈，释意理论特别对语言、言语、话语、篇章等做出定义。[3] 释意理论认为，语言和话语在同认知知识结合前可谓宏观符号，没有实际交际意义。在任何情况下，文章的理解都不能只依靠构成文章的语言。其理解在任何场合都需要语言知识和语言外知识的结合。译者不能满足于翻译语言，因为文章的词汇相加总和并不等于意义，意义的产生有赖于译者认知知识的参与。

巴黎高等翻译学校的部分教员试图超越在实践中获得的经验性观察，探寻能够解释优秀译员与构成文章的语言保持距离的原因以及相关学科的理论。当时占主导地位的语言学派没有研究能“使他们感兴趣的言语现象。实验心理学的研究对象不是纯正的话语，而是远离现实的人为成分。生成心理学更接近译员心理程序，虽然提出了重要理论，却始终未能摆脱他们自己的兴趣中心；神经心理学不久揭开了记忆的实质，说明记忆是如何记载非语言信息的，这是翻译理论形成的初始阶段，根本不考虑译者及其智力水平。每一学科均为拼图板的一部分，任何一门学科都不能单独解释一文章到另一文章的程序。借助这些尽管是有限的观点和学科，又以对实践，即现实的观察为坚实基础，口译理论研究工作最终才得以问世”[4]。

将翻译作为交际行为而不是作为交际结果进行研究是释意理论的一大特点。释意理论强调翻译是交际行为，在自然交际中，语言只是工具，因

---

1 参见 M. Lederer: *La traduction aujourd'hui, le modèle interprétatif*, Paris, Hachette, 1994, pp.87–92。
2 同上，p.92。
3 详见本章后所附术语。
4 同注 1，p.20。

此翻译的对象应该是信息内容，而不是语言。释意理论还强调，理论研究的目的是解释并指导实践，而不是研究语言错误，因此应以成功翻译为基础，排除任何由于译者工作语言水平不足造成的翻译错误。

一、何谓翻译

达尼卡·塞莱丝柯维奇在《国际会议译员》中这样写道：译者和译员是画家，而不是摄影师，绘画是“借助画家的看法从要表现的现实中提炼与现实一致的意义和信息”[1]。爱德蒙·加里认为，“翻译旨在于两种不同语言表达的文章之间建立等同，这种等同不是以出发语和目的语为基础，而必须永远以两篇文章的种类、对象以及两国人民的文化、伦理、知识、感情氛围等为基础，以不同时期的各种情况为参照”[2]。翻译是以口语或笔语的形式用不同语言社团能够理解的语言转达信息，即用听众或读者能够理解的语言表达方式转达出发语要表达的思想。

释意理论认为，翻译同母语交际的不同只是使用双语交际，即用出发语理解，用目的语表达。达尼卡·塞莱丝柯维奇和玛丽亚娜·勒代雷在《口译推理教学法》中指出，交际是由“陈述者、他使用的语言和听众三部分参与的一项活动”。参加这种自然交际的双方很少只关心对方使用的语言，他们的精力主要放在要表达的思想上，之所以还同语言社团的人接触，主要是为了交流思想，相互了解，并进行文化、技术合作。

二、翻译对象

翻译是语言活动，还是言语行为？玛丽亚娜·勒代雷在《现代翻译》中做出这样的解释：“使用语言必然伴随着非语言形式知识的获得和储存。翻译也不例外。”当费道罗夫提出任何翻译都包括主要与语言知识相关的系列分析时，他并非没有道理，但应该补充一点：翻译同时还包括语言外成分，译者翻译的是篇章，而不是语言。语言表明概念，篇章（文章或讲话）描述的是事实、环境、思想、感情等。应该表达的是这些，而绝不能

1　参见 D. Seleskovitch: *L'interprète dans les conférences internationales, problèmes de langage et de communication*, Paris, Lettres modernes Minard, 1986, p.5。

2　Edmond Cary: *Comment faut-il traduire?* Lille, P. U. L., 1986, p.85.

进行简单的语言符号转换。[1] 转达篇章意义需要对篇章进行分析，需要将语言知识同百科知识相结合。因此，简单的语言分析、语言对比不是翻译的内容。“优秀职业者工作的对象是把握其主题并用母语表达的篇章。这类翻译遇到的问题很多，但既不是因为语言水平欠缺，也不是因为规则转换带来了困难。”[2] 对于外行来说，翻译是在另一语言中找到对应字词。对从事职业翻译的人和翻译理论家来讲，翻译是理解原文的意义并用符合译入语习惯的方法对其内容和情感加以表达。“实际上，成功的翻译背后是对篇章的释意，是语言外知识的参与。”[3]

总之，“口译理论对索绪尔的语言不感兴趣，对乔姆斯基的能力也不感兴趣；各种语言是客观存在，译员应该熟练地掌握它们；口译理论关心的只是言语，也可以说是语言赖以表现的交流情景。言语，即语言加个人，是语言运行和个人大脑机制运行的相互结合”。如果承认翻译是交际，翻译研究就应将翻译作为交际活动而不是作为结果进行分析。

三、翻译的三个层次

一般翻译理论认为有三个不同层次的翻译：词义层次、（索绪尔概念的）话语层次及篇章层次。我们可以将这三个层次分别解释为：逐字翻译，脱离语境和交际环境的句子翻译，语言知识同认知知识相结合的篇章翻译。释意理论将逐字翻译和句子翻译称为语言对译，将篇章层次的翻译称为篇章翻译或翻译二字。比如，英文“You pay her？”的语言层次译成法文或汉语可以是：

you = vous（你们，您），tu（代词，你），toi（重读人称代词，你）

pay = payer（付款），retribuer（付报酬），rémunérer（酬劳）

her = la，le，lui，elle，l'（阴阳性代词）

1 参见 E. Lavault: *Fonction de la traduction de didactique des langues*, Paris, Didier Érudition, 1985, p.100。

2 同上，p.82。

3 同上，p.9。

它的话语层次则出现动词 pay 的多义，可以译成：

Vous le（la）payez? 你付他（她）钱吗？

在篇章层次，了解情况的译者会把这句话译成：

C'est vous qui la payez? 是您付她款吗？[1]

另举一例，中国人听到别人的夸奖后，常常说："哪里！哪里！"如果直接译成"Where? Where?"就会影响交际，合格的译者会根据情况译成"Thanks"，或其他与当时交际环境一致的句子。

"如果单独抽出一个词，它的含义是潜在的；脱离上下文的句子，其意义也是潜在的。……意义是在阅读文章的过程中逐步明朗的，也就是说，只有阅读了文章之后才能理解作者想说的是什么。"[2] 字、词和句子含义是固定的概念结构，具有与语言使用相对的语言系统特点。

含义指语言未使用时的潜在意义；语境、交际环境和译者认知知识结合产生意义，但这绝不是单个字词含义相加之和，因为语言是共性的，而言语是个性的。篇章意义与语言含义相比，是个性的、昙花一现的。语言描述概念，而篇章特指事实、环境、思想和情感。

四、什么是释意

见到"释意"二字，不少人误认为可以任意翻译，认为译者享有充分的自由。

"翻译行为旨在理解'篇章'，然后用另一语言'重新表达'这一'篇章'……篇章从根本上说是书面语言同语言外知识的交融。篇章既是翻译的对象，也是翻译存在的理由。"[3] 理解指借助语言外知识或称认知知识辨析字词的实际意义，换句话说，交际意义只有在语言知识同语言外知识结合后才会产生。在这里，人的智能活动，即人的参与，是十分重要的。一

1　参见 M. Lederer: *La traduction aujourd'hui, le modèle interprétatif*, Paris, Hachette, 1994, p.14。

2　参见 D. Seleskovitch, M. Lederer: *Interpréter pour traduire*, Paris, Didier Érudition, 1984, p.14。

3　同注 1, p.13。

篇文章或讲话在不同人中可能产生不同的理解，其主要原因是听讲人或读者的认知水平存在差异。可以说，没有大脑机制的参与，交际便不能发生。

释意理论之所以将口语作为分析的基础，是因为讲话时“非语言化的思想趋于成熟和准确，听众的反应不断反馈到讲话人那里。讲话时的交际环境非常理想，文章时常缺少的篇章参数在口语表达时全部呈现：交际行为的重要成分交际者在场；双方处于共同的场合、时间以及信息输出和接收环境中，并拥有正在谈论的主题知识”[1]。

实际上，“理解的基本心理活动对于口语和笔语都是一样的，只是这种心理活动在进行口译时比在进行笔译时更容易辨别”[2]。听讲话时，译员不是进行语言分析，而是有声语链唤起储存在大脑中的认知知识，加上交际环境、语境、讲话者、交际语言、听众等诸因素，交际意义便可产生。

听完几分钟的讲话，译员记住的也不是构成讲话的每一个词，而是交际意义。如果每分钟的讲话速度是 180 个词，记忆力再好的译员也不能按讲话顺序记住所有的词。在笔译中，译者有时会因遇到语言上的困难停顿下来，但当他解决了这一困难后，必然重新阅读前后的句子，否则交际意义会发生偏差。

然而，仅“从以推理方法为基础的成功笔译（和口译）和由于观念错误停留在语言层次上的不成功笔译（和口译）出发解释翻译是远远不够的”[3]。这里，有必要再明确释意理论的两个基本概念。

一是意义。萨特在《什么是文学》一文中指出：“（因此）从一开始意义就不存在于字词中，而是意义帮助理解每一个词的含义；尽管文学作品通过言语实现，但从不局限于言语中；同样，可以逐一认读上千的字词而不懂作品的意义；意义不是字词的总和，而是有机的整体。”“意义是语言外意图，先于讲话人的表述，形成于受话人接受话语之后。这一意义的输出需要非语言形式的思想同信号结合（话语或手势，这无关紧要，总之是可以感知的东西！），接受意义要求受话人的有意识行为。在这种情况下，字词排列对说话人只是语言迹象，对听者是重新辨识语言迹象；（但）对

1　参见 M. Lederer: *La traduction aujourd'hui, le modèle interprétatif*, Paris, Hachette, 1994, p.19。
2　参见 D. Seleskovitch, M. Lederer: *Interpréter pour traduire*, Paris, Didier Érudition, 1984, p.7。
3　同注 1，第一部分第二章。

前者来说，它们只是思想的基础，对后者来说，只是意义产生的跳板。”[1] 实际上，句子意义是作者着意表述的内容，而不是他讲话的理由，也不是他所说内容的原因和结果。翻译不是解释，也不是诠释，而是释意篇章。

意义不指字词或脱离语境的句子的含义，而是包括内容和情感，不能脱离主题。语言知识同阅读和先前获得的知识结合后产生意义。理解篇章不是理解独立的陈述句；撰写文章，也不是把零散的句子堆砌在一起。

意义的理解不是分段完成的，不是先辨识语言，再理解篇章，而是一下子在篇章层次完成的。人们回家时不是先看到一幢“房子”，然后看到“我的”家；见到“一位朋友”，不是看到一个“人”，然后才是某位先生。基础概念（房子、人）并不是分段和认出房子或人时感知的。只有能够充分触动意识的特殊意义才能够在记忆中留下痕迹。[2]

塞莱丝柯维奇在后来发表的著作中用大量篇幅给意义下定义，说明词句含义与篇章意义的区别，强调讲话人或作者、交际环境和听众或读者在交际中的作用，指出译者语言知识、主题知识和百科知识对理解表达的重要性。她指出，翻译的对象绝不是语言，而是借助语言表达的意义，因为不同语言社团的人有共同的需求，他们交往的目的是相互理解，交换思想，或不同领域进行可能的合作。因此，翻译的任务是转达交际意义。而语言只是理解意义必不可少的条件之一，若想正确理解意义，译者和其智能要积极参与。“长时间以来，人们常认为翻译仅是语言行为，认为将某一语言的词或句变为另一种语言的词或句就是翻译。实际上，成功的翻译要求对文章进行释译，需要语言外知识的参与。”[3]

二是意义单位。根据释意理论，研究同声传译，可以帮助我们看到意义是随着对有声语链的捕捉和忘记，分小段构成的。拉甘（Jean Lacan）将由讲话人引起的、在受话人身上出现的知识动员称为“隆起点”，这些知识构成一个明显的心理单位，一种思想。勒代雷将其称为“意义单位”。这些单位与特定的语言长度并不吻合，对它们的理解随有声语链的进行在不同时刻完成。“同样意义的内容，讲话片段的长短因听众 / 读者而异。

---

1 转引自 D. Seleskovitch: «Traduire, de L'Expérience aux concepts», *Études de linguistique appliquée*, n°24, 1976, pp.64–91。

2 参见 M. Lederer: *La traduction aujourd'hui, le modèle interprétatif*, Paris, Hachette, 1994, p.26。

3 同上，p.9。

对讲话主题和讲话人立场了如指掌的听众完全不需要等到听完整个陈述后才完成理解；相反就可能要等到陈述结束才明白他讲的内容。因此，听众知识水平不同，同样的讲话对一些人是冗长的，对另一些人则过于简略。意义单位在同传译员的脑中交迭时先后出现，以便产生广泛的意义，这些单位在融入更广泛的单位时变成脱离了语言的知识，变成更贴切的思想。由此可见，意义单位是翻译中帮助建立等值的最小成分。”理解一旦完成，这些单位便融入了新的意义单位，成为先意识和潜在知识。这种潜在知识到底是否是语言的，至今还没有答案，但释意理论认为：“意义单位由意识状态变为潜在知识时脱离了语言。它是语言知识与几年前或几秒钟前存在的语言外知识相交的结果。使它出现的语言支柱既不是字词、图像单位，也不是分句、语法单位，而是保证它们相交融的有声成分。”[1]

笔语的稳定性使意义单位的产生变得比口语困难：只要在阅读中稍停顿一下，把眼睛盯在文章的某个片段上，便会发现字词的多种含义，这实际上是语言的多义性。在认知补充不存在的情况下，多义或含混不清的情况便会出现。实验心理学指出，人们不可能同时理解两个含义，一定时间内不同含义的理解只能是先后的，只有当阅读暂时中止以考虑眼前的句子和字词可能的含义时，歧义才会出现。“任何停顿都会导致意识参数的逐渐消失，这些参数构成用语言撰写的文章和语言的差别。”[2]

第二节　翻译程序与翻译评价标准

分析、研究翻译程序涉及翻译原则和方法的确定。我们通常用理解、表达来说明翻译的程序，而释意理论提出的翻译程序是：理解，脱离原语语言外壳，重新表达。何谓理解？怎样保证正确表达？塞莱丝柯维奇指出，我们可以把口译过程假设为一个三角模式。“从三角形的顶端开始自发表达思想，因为表达思想的原语形式已不再有约束力。底部表示未经语境或情景更改的概念从语言到语言的直接翻译，这些概念只是知识的目标而不是理解的目标。”[3] 这一程序可由下图所示：

1　参见 M. Lederer: *La traduction aujourd'hui, le modèle interprétatif*, Paris, Hachette, 1994, p.28。

2　同上，p.29。

3　参见 D. Seleskovitch, M. Lederer: *Interpréter pour traduire*, Paris, Didier Érudition, 1984, p.239。

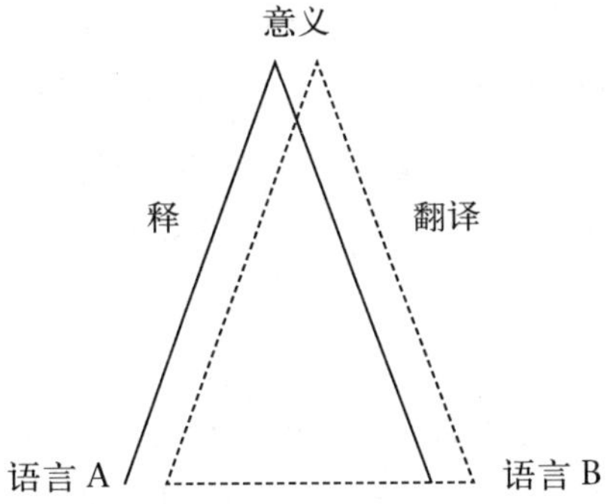

劳陇认为，两种语言之间的翻译，不是语言符号之间直接进行对等的转换，而必须经过“语言符号转化为思想”和“思想转化为另一语言符号”这两个程序。[1]由此可见，翻译不是简单的语言符号转换，或称代码转译。下面，我们根据释意理论所区分的翻译程序，逐一进行介绍。

一、理解

释意理论认为，如果翻译是交际行为，翻译的对象必然是交际意义。那么，理解的内容也应该是交际意义，而不是语言。如果交际意义是语言知识同语言外知识交融的结果，理解的前提条件就是语言知识、主题知识及百科知识和交际环境。理解实际上是整体活动，很难分段完成。但为了表述清晰，我们分别加以说明。

（一）理解语言知识

理解篇章的语言明喻成分相当于理解语言知识。与其他知识不同的是，语言知识以语言形式存储在大脑中，在生活中，词汇得到不断的扩充和丰富，有些随时间消失，有些持久存在。而语言的其他支系统，如语音、词法、句法等，一旦掌握就几乎定型。译者的语言知识属于认知知识，自然对理解篇章和重新表达有着重要作用。

翻译理论研究应排除由语言水平不佳引起的问题，因为分析语言问题不等于理论阐述。按照国际惯例，一般是从语言 B 或 C（第一或第二外

1　参见劳陇：《丢掉幻想　联系实践》，《中国翻译》，1996 年，第 2 期，第 40 页。

语）翻译成语言 A（母语），目的是排除由语言困难带来的交际问题。语言 B 的理解有望达到语言 A 的水平，但其表达很难达到同等水平。换句话说，人的被动知识永远高于主动知识。若想恰如其分地表达篇章的各种意义及细微差别，娴熟的语言水平和修养是必不可少的。

（二）认知补充

语言环境对理解十分重要，同样的话语在不同的环境中会产生不同的意义。“你干得不错！”可以是褒义，也可以是贬义。另外，理解隐喻成分包括语言的假定和言外之意。在特定环境中，处于篇章层次的话语会有某种假设，勒代雷举例说明：“皮埃尔不吸烟了”可指“他不像你还抽烟，你也应该这样做……”，翻译时不是要把句子译成“你也应该像皮埃尔那样停止吸烟”，但理解时，不仅要理解明喻成分，也要理解隐喻成分。言外之意不属于翻译范畴，但对理解十分重要。

译者若想翻译作者或讲话者，必须拥有与其相应的知识。也许译者的知识水平不可能同作者或讲话者相媲美，但应达到理解其意图所需的水平。无论是篇章内容还是应产生的情感效果，都必须翻译出来，即中国翻译理论强调的意似、形似和韵似，或奈达的等效。释意理论称篇章理解所需的上下文、交际环境、认知知识（语言和语言外知识）为认知补充。认知知识由记忆、经验、重要事件及激情组成。认知知识也是理论、想象、思考和阅读的结果，也可能在几分钟前的阅读或听讲中刚刚获得，在大脑中以非语言知识形式存在。

（三）主题知识与百科知识

翻译篇章不仅要启动语言知识，还要将语言知识同语言外知识结合才会使意义产生。翻译科技文章，需要相应的主题知识；翻译文学作品，需要相关的历史、文化、背景知识和较高的语言表达能力。但无论哪类翻译，都必须将语言知识同语言外知识有机结合起来。法文的 peigne，原含义是“梳子”，但在低压电器中常指“梳状刷”（接线板）；同样，不能将“布线管子”译成 tuyau à cable，而是 goulotte。同一个词在不同领域会有不同的含义，但含义绝不是意义。

（四）交际环境

“灯光！”可指“开灯！”，也可指“关灯”；拍电影时又指“开拍！”或“停拍！”。不同场合、不同交际者、不同主题都会使同样的语言形式产生不同的意义。理解交际意义后才可翻译。

二、脱离原语语言外壳

根据释意理论，职业翻译的理解记忆和转换有一脱离语言形式即思想形成的过程，语言只是信息意义形成的因素之一。另外，脱离了原语言形式后是思想的产生，那么，思想的载体又是什么？

P. B. 邓斯和 E. N. 平森在《言语链——说和听的科学》[1]一书中对语言的感知、听觉敏度、音高和频率、差阈及屏蔽效应等已做过论述，这里不必重复。在即席翻译中，如果以每分钟 180 个词的讲话频率计算，三分钟为翻译单位，译员听这三分钟内容的同时进行记忆，他记忆的自然不可能是几百个单词，也不是几个句子，而是相对脱离了语言形式的交际意义。换句话说，交际意义是语义和其他知识及特定交际环境交合的产物。伍铁平在《语言与思维关系新探》中指出：“当代科学家推测，大脑很可能是一种全息装置；除语言以外，还有表达思想的某种特殊代码，使得大脑有可能容纳下这么多的信息。保存在记忆中的是一种特殊的不同于自然语言的代码。”[2]心理学家研究结果表明，语言形式和语言意义在记忆中是分别保存的，语言的深层意义在记忆中保存的时间较长，语言的表层意义在记忆中保存的时间较短。乔姆斯基和心理语言学家米勒根据这类试验得出结论：“人的记忆有两种，一种叫短时记忆，一种叫长时记忆；前者用来记忆表层结构，后者用来记忆深层结构。”[3]

我们在这里探讨的不是语言的深层和表层结构问题，而是译员在翻译中如何将几分钟的讲话忠实地用另一语言表达出来。我们认为，思想或口译中的交际意义可以某种载体存在于记忆中：除语言符号（中文字词、外文字母或词）外，还有数学符号、画面、形象、数字等。它们可跃然纸上

1　P. B. 邓斯、E. N. 平森：《言语链——说和听的科学》，曹剑芬等译，中国社会科学出版社，1986 年。

2　伍铁平：《语言与思维关系新探》，上海教育出版社，1990 年第 2 版，第 14—15 页。

3　参见伍铁平著作《语言与思维关系新探》中有关“心理语言学”与“斯洛宾的心理语言学简介”部分，第 65—66 页。

（边听边记，但不是速记），也可记忆在脑中，可随时帮助译员回忆起言语链传输的交际意义，然后他再按照译入语规则将理解的意义表达给自己的听众。载体可被视为提示符号，存储在短时记忆中，帮助译员立刻回忆起长时记忆中储存的讲话意义。下面的笔记[1]可充分说明这一点。

（原笔记）略	（标注）
	tech
	irobu
	bu
	2. 易不易
	3. 轻 / 易
	4. X（= X！）

翻译结果 4 可证明载体的存在，但翻译中载体的形式和内容会因人而异。该问题可参看 D. 塞莱丝柯维奇于 1968 年出版的专门研究笔记问题的著作，题目是《国际会议译员——言语与交际问题》。她在该书中明确指出："必须跳出语言，不拘泥于那种不超越语言含义的深层结构概念，而应当采用旨在建立一个说明如何使用言语时进行意义分节的图表的口译模式。"[2]

塞莱丝柯维奇的观点十分明确：应该在双语交际环境中研究口译，否则不可能反映口译真实情况。职业翻译在双语交流中起着信息接收者和传送者的作用。因此，从一语言到另一语言的翻译是语言对译，或称代码转译，而代码转译只能用于数字、专有名词或术语等单一含义的词，不能用于篇章翻译。语言对译对语言对比、研究不同语言系统特别是结构及其特性有很大帮助，但不能解释职业翻译的程序和特点。听辨理解的是语义，利用语言和语言外知识思维分析理解的是交际意义，即从显性信息到隐性信息。隐性信息的载体不一定是语言或内部言语。口译把所指和意义分

1　该笔记选自 1992 年北京语言学院口译试验班，曾在刘和平于巴黎高等翻译学校通过的博士论文中作为成功的笔记分析引用。讲话主题是企业产品介绍。该段法文原文讲话约 2 分 13 秒，包括标点共约 426 个词。

2　参见 D. Seleskovitch, M. Lederer: *Interpréter pour traduire*, Paris, Didier Érudition, 1984, p.87。

开，所指是可译的，意义必须转达。口译实际上揭示了语言与由实际经验积累而成的非词语认知知识库的关系，这种关系是言语机制最重要的一个方面。

在理解和表达间加入脱离语言外壳这一程序是释意理论对言语科学研究的结果，也是对该科学的贡献。而且这一结构对研究翻译教学法意义重大。塞莱丝柯维奇和勒代雷在论翻译理论研究与教学的关系时指出："口译教学法应该建立在理论基础上。理论可以成为纯教学内容，也可以在纠正学生所犯的错误时讲解、提醒或引证。总而言之，学生在即席翻译基础阶段学习如何分离语言与要表达的意义这一方法时，应该这样做。"[1] 从上述的观点中，我们不难明白，研究职业翻译时若只注重语言、忽视其他交际因素，必然导致翻译教学中偏重语言学习和语言对比，翻译教学也就成了语言教学。

三、表达

理解语言后的表达与理解思想基础上的表达有显著差别。口译和笔译的共同点是：摒弃语言层次的表达，在理解篇章的基础上对原讲话者或作者的思想进行表达。口笔译的不同点是：口译不容许进行语言分析，也不能重新听讲话内容；听完讲话后，要么立即抓住意义进行表达，要么张口结舌，使得听众无法理解。因此，若想让别人理解，语言的清晰是至关重要的。在口译中，应避免啰唆，要翻译所有内容，但译员在翻译时不能对讲话内容加以评论，或用自己的思想替代讲话者的思想。在笔译中，虽然交际环境不如口译理想，但译者可在遇到语言困难或内容不理解时停顿下来，反复斟酌某些词或句的特殊用法，并拥有相对充分的时间，对文章进行润色。译者的初读、重点或难点记录、资料查阅、语言分析等可为翻译奠定良好基础。另外，笔译还有一个校对审查分析过程，这是保证译文质量不可缺少的一个步骤。

语言可通过学习或习得获得，使用语言既是应用又是创造。口笔译要求采用听众或读者能够接受的方式表达理解的思想，换句话说，翻译理论要求翻译内容的一致和翻译形式的对应。在翻译程序中加入脱离语言形式

1　参见 D. Seleskovitch, M. Lederer: *Interpréter pour traduire*, Paris, Didier Érudition, 1984, p.37。

这一步骤，并不意味着只翻译思想，而忽视表达思想的形式。因为，形式是为思想服务的，没有一定的与原文对应的形式，原文的思想就无法得到充分的表达；译者不仅应该表达与原文一致的思想，还应采用能够产生同样效果的形式。原文作者寻找适当的方式表达自己的思想，译者也应根据理解的思想用相应的方式加以表达。

四、翻译评价标准

翻译理论长时间以来围绕两个问题争论不休："翻译是否可能？""什么是翻译的忠实性？"在1990年出版的《翻译学研究》中，有安帕罗·于塔多·阿尔比的论文《忠实于意义，翻译学研究的新方向》，该文提出了忠实的三个标准：（1）忠实于原作者的"欲言"；（2）忠实于译入语特定的表达方式；（3）忠实于译文读者，使他们能同原文读者一样抓住原文意思。这三条标准是统一的、不可分割的。实际上，不考虑意义而进行逐字逐句翻译都是"语言对译"；"自由翻译"则指译者凭主观猜想乱译或表达中"离题"发挥。这里应该区别翻译、编译和改写，根据译文使用者的需要编译或改写不能同翻译相提并论，因为改写和编译时作者有很大的自由，而翻译不能取舍，一切都应忠实地加以表达和再现。

那么，译者的自由又体现在什么地方呢？释意理论认为，译者的自由主要存在于重新表达中，即理解后可以用自己认为恰当的方式加以表达。翻译应该追求篇章意义的等同，篇章语言和风格的近似。正是运用了译者的自由，中国译坛上才出现了十几个汉语版本的《红与黑》，几个不同版本的《茶花女》。当然，我们不能简单地用表达的自由来解释这种重译复译现象，但从翻译理论研究角度探讨，我们确实可以认为："翻译不仅有理论指导，而且在不同的理论指导下，有了不同的实践，出现了风格殊异的译文。"[1]

释意理论认为，为保证意义的转达，应该确定可直接转达与不可直接转达的范畴，例如，专有名词、数字、单一意义的词汇、固定词组、有对应意义的谚语或格言、习语等可以直接转达，其余应由译者借助自己的语言知识和百科知识加以创造。"您辛苦了！"可以译为"Vous

1 许钧主编：《文字·文学·文化——〈红与黑〉汉译研究》，南京大学出版社，1996年，第7页。

êtes fatigué!”，但在交际中则应视环境而定：“Vous avez fait un bon voyage?”“Vous avez bien travaillé!”“Vous avez fait beaucoup de mal pour ...”等等，因为“Vous êtes fatigué!”这一表达方法不能不分场合使用。有人会认为采用其他几种译法是滥译，而事实却恰恰相反，采取根据场合变通的翻译，交际意义相对更明确。

毋庸置疑，科技翻译中的自由度较小，准确转达信息成为第一要求；而文学翻译对文字表达形式有特殊要求，因为形式必须满足修辞学和美学要求，没有一定的形式很难达到预想的文学效果。译者的母语水平、文学修养和笔语功底在表达中起着至关重要的作用。正常交际中，字词只起表意作用，意义的出现很大程度上取决于交际环境，歧义的排除也靠交际环境。“然而，如果意义只能产生于事实和所讲之间，我们又如何领会文学作品呢？文学作品直接产生于作者的大脑，是纯文字的，而不是环境化的讲话。”[1] 实际上，文学作品总伴有作品产生时期的各种信息，丰富的语言描述成为现实的替代品，从而保证读者的阅读。从另一角度看，如果没有原文读者或译作读者的参与，任何文学作品均不会产生意义。停留在白纸上的黑字的生命力有赖于文字的表述和读者的诠释。在正确的理解诠释基础上，译者享有表达方式的自由。由于我们这里不是专门探讨文学翻译，不拟进行更深入的分析。

总而言之，根据释意理论，译者和译员在表达的时候有一定的自由权利，但这种自由是有限度的，绝不能滥用。

从上文中，我们已经看到释意理论重文章意义的等值，但不是机械意义上的等值。释意理论认为，文章意义的等值表现在整体意义上，即译文能在其读者或听众中产生同原文一致的效果。翻译不能以词句作为单位，而应以意义单位作为翻译的基本单位。如前所述，“意义单位”是翻译单位，它是可以用另一语言表达的文章等值的最小单位。

词汇和语法结构大都与原文不同，根据什么确定译文的好坏呢？维尔纳·科勒（Werner Koller）在其《翻译科学》一书的引言中曾竭力清楚地说明对等的标准；他还指出了卡特福德、奈达、泰伯、维尔斯（Wolfram Wilss）、杰格（Gerd Jäger）等对“对等”一词的不同

1 参见 M. Lederer: *Étude traductologique*, Paris, Lettres modernes Minard, 1990, p.32。

表达方式：内容对等（équivalence de contenu，也称内容不变，即contenu invariant）、形式对等（équivalence de forme）、功能对等（équivalence fonctionnelle）、篇章对等（équivalenee textuelle）、交际对等（équivalence communicative）、实用对等（équivalence pragmatique）、等效（équivalence d'effet）等。维尔纳·科勒分析确定总体等值的因素，以具体确定等值的概念。他将其归纳为五个层次：

第一，译文应传达原文有关语言外事实的信息，凯尔称其为“外延对等”（équivalence dénotative）；

第二，译文应忠实于风格，如语言层次、社会规则、句型的地理外延等；

第三，译文应同原文的体裁一致，如烹调书的撰写不可能与法律条文相同，凯尔这里讲的是规范对等；

第四，译文应适合读者的知识水平，以便理解；

第五，最后是译文的形式应能够产生同样的美学效果。[1]

在理想的情况下，译者和译员应该是真正的双语者，完全能领会原文作者的意图，了解文章的读者可能出现的反应。理论上讲，任何语言、文化、风格、主题或专有词汇的障碍都不可能阻止他的翻译。但在实践中，这些条件很难实现。同每个人一样，译者和译员也有属于自己的特定工作和生活环境，即使工作语言达到一定水平，也不可能是彻头彻尾的双语者。他们不一定都具备重新创造文学作品的必要的本能，其信念与作者也有所不同；他们也不是百事通，知识再丰富，查找资料再详尽，也不可能与专家的知识同日而语；他们的工作环境也不总是理想的：用稿人提供的时间短，无法找到有关资料，原文写得不好或作者有意造成含混不清等。优秀译者和译员的才华表现在：他们清楚这些因素给翻译可能造成的后果和困难，但仍能出色地完成任务。这说明：“理论上以某种形式提出的问题在实践中可以解决。主要是方法的运用，当然应以完全掌握语言和了解主题为条件；对于理解一篇文章并表达其意义的人来说，翻译总是可能的。”[2]

---

1 参见 M. Lederer: *La traduction aujourd'hui, le modèle interprétatif*, Paris, Hachette, 1994, pp.64–65。

2 同上，p.128。

为此，勒代雷还在其著作中列举来自笔译实践、由于阅读后没有脱离原语言形式而产生的词汇和句子转译等问题，并指出，在译者掌握工作语言的前提下出现这类问题，主要是缺乏必要的翻译方法，因此不能运用翻译技巧处理诸如翻译单位、语言层次、表意文字、固定词组等问题。

她还就文化转换问题提出可供参考的方法。她认为可根据本国现实进行调整，如将 law firm 变为法文的 cabinet d'avocat（律师所 = 律师事务所）；或进行交换，如将 fried beans 译成 haricots rouges 或 haricots noirs（红豆或黑豆）；或加以阐释，如 Safeway 译成 le supermarché（超级市场）等。她指出，若对译入语国家的文化缺乏了解，就不能正确理解下面这段文字："But every magazine you read in the supermarket features husbands of working wives sharing the household duties." 她列举了六种译文。其中四种（译文 1、4、5、6）虽然避免了代码转译，但理解出现问题。而译文 2 和 3，由于译者了解美国文化，知道在卖食品和家庭用品的超级市场也卖杂志，所以表达得十分清楚：

> 译文 2：Pourtant, dans toutes les revues que l'on voit dans les supermarchés, on vante les hommes qui mettent la main à la pâte quand leur femme travaille.（然而，在超级市场看到的所有杂志中，男人在女人工作时操持家务，受到赞扬。）
>
> 译文 3：Les magazines qu'on trouve dans les supermarchés ...（在超级市场能找到的杂志……）

其余四种译文没有一种找到更恰当的词表达思想。译者虽然都理解这段话的语言结构和每个词的意思，但由于没有相关知识，所以译文都未能正确地传达原文的意思。

> 译文 1：Pourtant tous les magazines populaires nous montrent des couples qui travaillent et où mari et femme partagent les travaux du ménage ...（然而，所有大众杂志都讲，夫妻都工作的在家里分担……）
>
> 译文 4：Les kiosques sont pleins de revues où ...（报亭杂志

很多，那里……）

译文5：Dans tous les magazines on voit ...（在所有杂志中，人们看到……）

译文6：Chez mon coiffeur il y a toujours des revues qui ...在我的理发师那里总有许多杂志……）

勒代雷对上面几种译文做了分析，指出译文1和5回避了问题，译文4和6超越了释意的界限；译者“分别把杂志放到了报亭和理发师处”，自然背叛了原意，改变了信息。[1]

释意派提出的有关“对等”原则，在理论上尚有可商榷之处。勒代雷认为这些原则可作为参考，“但不能因此作为翻译方法，况且，提出这些标准的初衷也不是建立翻译方法”[2]。语言只是表达思想的符号，而不是思想。释意理解的结果是文章意义的产生，用恰如其分的语言形式忠实地转达文章意义才是译者的任务。

第三节　释意理论在翻译教学中的运用

在法国巴黎高等翻译学校，随着释意理论的不断完善和系统化，有关的原则在口笔译教学中广泛运用，并积累了相当的经验。释意理论认为进行翻译教学，首先应该明确区分真正意义上的翻译教学和目前较为常见的教学翻译。从理论上分清这两者的关系，有助于明确翻译教学的任务、手段，改进教学方法。[3]

一、教学翻译

教学翻译指语言教学阶段的母语与外语的互译，作为教学方法，也指传统法——语法翻译。教学阶段的母语与外语的互译是一种教学手段，目的是帮助学生理解原文或检查对某一语法、语言现象掌握的情况。E. 拉沃认为，传统法的“主要缺陷是将教学建立在笔语基础上，将语言描述而

1　参见 M. Lederer: *La traduction aujourd'hui, le modèle interprétatif*, Paris, Hachette, 1994, p.127。

2　同上。

3　勒菲阿尔在释意理论的指导下提出了“笔译推理教学法”，详见第七章。

不是将话语运用作为学习的基础，满足于通过讲解词语对应表教授词汇。涉及语法时，不是先让学生运用到有关主题的句子中，而是首先讲解规则”[1]。任何词汇或任何字词的变化都会被视为对原文的背叛。在中国，中外文的逐字翻译由于语言间的差异一般行不通，但逐句或逐字翻译后按照译入语语法规则加以调整却是司空见惯的翻译方法。诚然，教学翻译也是交际，但这种交际旨在传授知识，而不是职业翻译中所见的信息交流。

“教学翻译是语言教学中采用的方法之一，属于词汇对应层次；因此，虽然偶尔也借用阐释思想，但主要是语言翻译。相反，翻译教学旨在建立一种方法，这种方法通过建立意义对等还原文以公正。”[2]学习外语的人，甚至刚刚考入巴黎高等翻译学校的学生，常常认为语言学习中的母语和外语互译就是职业翻译。“母语译成外语或外语译成母语表面看起来是直接对称的练习。进一步看，并不完全如此。总体讲，母语译成外语实际上是检测和巩固外语语法知识，而外语译成母语是检验对该语言的理解和考核母语表达。”[3]勒代雷指出，学生经常忽视语言形式背后掩盖的不同含义，忽视词汇含义会随语境和其他环境的改变发生细微的变化。词汇形式的相同不等于含义的一致，如英语的 control 和 opportunity 就并不完全等于法文的 contrôle 和 opportunité，这样的例子举不胜举。“从教学程序的角度讲，语言的基础教学和教学翻译没有区别；在理想的情况下，教学翻译可以为学生未来学习名副其实的翻译打下基础。”[4]

二、职业翻译教学

从不同的角度研究翻译可以得出不同的结论。语言对比可以为语言学研究服务，也可以为机译设计提供帮助；语言学研究成果反过来可以为语言教学服务；职业翻译研究是职业翻译教学的基础。如果不对职业翻译的程序和特点进行深入的探讨，翻译教学势必会偏离轨道。翻译教学是在学生一定的语言交际能力基础上进行的技能训练。我们应就这种训练的特点、内容和方法进行教学法研究。

---

1 参见 Elisabeth Lavault: *Fonction de la traduction en didactique des langues. Apprendre une langue en apprenant à traduire*, Paris, Didier Érudition, 1986, p.13。

2 参见 M. Lederer: *La traduction aujourd'hui, le modèle interprétatif*, Paris, Hachette, 1994, p.129。

3 同上，p.130。

4 同上。

语言教学不能与翻译教学同日而语，两者不能并行。但这并不意味着考入翻译学校的学生不需要母语和外语的语言进修。许多教授翻译的大学仍感到有必要用相当一部分时间进行语言提高方面的练习，以避免学生进入就业市场时只懂得什么叫翻译，而工作时却因语言方面的问题受到影响。语言对比可以帮助理解和记忆，但不能替代翻译教学。原则上讲，在建立篇章意义对等前应该首先掌握词汇对应。但词汇对应不能解决篇章翻译中遇到的问题。

正因如此，巴黎高等翻译学校第一年的翻译教学比例不大，课程的主要部分是为教授翻译方法奠定基础。该学校所设置的“积极阅读”课和“获得主题知识的方法”课，目的十分明确，那就是培养学生的分析、综合能力，帮助他们获得相应的语言和认知知识。勒代雷指出，从理论上讲，必须区别翻译教学与教学翻译这两种活动。释意理论认为，教学翻译和翻译教学中间有一道壕沟。两种情况下都使用“翻译”一词，这造成对翻译活动本质——是从语言到语言还是从篇章到篇章——的某些模糊认识。但两种情况下均使用该词似乎又无可非议，因为翻译后呈现在跟前的都是相同的语言和文章。但由于使用的方法不同，它们变得大相径庭。教学翻译是教授语言的工具，建立字词对应，然后教授给学生。相反，翻译教学以学生掌握语言为前提，旨在向他们传授寻找篇章意义并建立意义对等的方法，培养职业翻译人员。各自的目标不同，都很重要，但绝不能将其混淆。[1]

三、教学内容

从理论上区分开教学翻译和翻译教学之后，释意理论制定了一整套翻译教学，即“非专业化的职业翻译教学”的翻译程序和方法，强调技能训练，而不是简单的诀窍或知识传授。教员的任务不是给学生提供“药方”，而是教授开“药方”的原则和方法。塞莱丝柯维奇和勒代雷合著的《口译推理教学法》一书详尽阐述了即席翻译和同声传译的教学的内容和方法，诸如：听篇章意义，分析内容，利用形象化等手段记忆信息内容，归类，听数字，赋予字词含义以意义，使大脑中的被动记忆复活，学会边听边讲

1 参见 M. Lederer: *La traduction aujourd'hui, le modèle interprétatif*, Paris, Hachette, 1994, p.145。

及表达得清晰和准确。让·德利尔的《篇章分析翻译方法》一书就笔译内容和方法进行了阐述，提出应该将翻译同作文训练结合起来，笔译同口译在翻译程序上有细微差别：笔译应该增加译后审校这一步骤。除此之外，翻译程度的讲解应该是近似的。限于篇幅，这里不拟展开评价。

四、教学原则和条件

潘菽在《教育心理学》中指出："技能是顺利完成某种任务的一种活动方式或心智活动方式，它是通过练习完成的。"[1]张景莹认为职业技能的获得分三个阶段：分节动作、动作的交替及动作协调和提高。[2]释意理论认为，翻译训练也是一种技能训练，要求接受培训的人拥有一定的智力水平、百科知识、相关语言知识和主题知识。训练的目的是帮助他们学会辨析意义，将语言知识同语言外知识结合，利用分析和综合能力掌握信息内容及表达的技巧和方法。若将翻译训练分成四个阶段，可分别为听（阅读）与理解、分析与意义的出现、译入语表达和笔译的审校。

教授翻译的人员应该是职业译员或译者，同时懂得教学法。接受培训的学员的第一或第二外语应该达到理解无特殊困难，母语表达准确、贴切、娴熟的程度，其智力和分析综合能力及文化修养应达到较高水平。

巴黎高等翻译学校口译系学制一般为两年，第一年学习即席翻译，第二年学习同声传译，同时开设经济、法律、语言学、翻译理论、术语等课程，每周总课时大约 24 小时。笔译系学制一般为三年，第一年开基础翻译课，第二年经济翻译，第三年科技翻译，同时开设口译系翻译除外的其他课程。两个系还同时开设母语及外语进修课（每门 1.5 小时 / 每周）。

从巴黎高等翻译学校的课程设置，我们可以窥见职业翻译教学与其他课程的有机联系。虽然该校不培养专业人员，但课程涉及的领域可以帮助学生较快进入翻译市场（法国有一支较强的自由职业翻译工作者队伍）。

我国尚未建立专门的翻译学校，翻译的培养大都在语言院校进行，如何根据我国教学现状和条件有效地对未来的翻译进行培训，应该成为我们的重要研究课题，以适应经济、科学、技术发展的要求。

1　潘菽：《教育心理学》，人民教育出版社，1983 年，第 138 页。
2　参见张景莹：《大学心理学》，清华大学出版社，1986 年。

附：释意理论术语概念提示

勒代雷提出了一套较完整的、突出释意思想的术语，择要介绍如下：

情感，affectif（见：认知，cognitif）

皮亚杰[1]认为：情感和认知生活尽管不同，但不可分离。它们不可分离，因为任何与环境的交流都必须同时以组合与增值为前提；既然行为的这两个方面不可能归结为一体，它们并非没有区别。正因如此，如果没有产生某种情感，即使是纯数学领域，人们也不可能思维；相反，如果没有"基本的"理解或辨别，便不存在感情，更进一步：人们在所有情感反应中看到的感知或智力成分同任何其他感知和智力反应一样都对认知感兴趣。被视为相互对立的两个被称为"感情"和"智力"的共同感官"功能"只是与人相关的行为和关于思想及物品的行为，但任何一种行为中都会出现同样的行为感情和智力表现，这些表现实际上总是结合的，根本不说明独立功能的特点。

歧义，ambiguïté(s)

当语境不能提供足够的条件使句子在众多含义中只呈现一个含义时，我们称之为句子的"含混多义"。例如：英文"The secretary says she is sick"译为法文是"Le (ou la) secrétaire dit qu'elle (la secrétaire ou quelqu'un d'autre?) est malade"［男（或女）秘书说她（或另一个人）生病了］，含混多义在机译中是常见现象。

认知知识库，bagage cognitif

指每个人通过以下方法获得的知识和情感整体：

1. 个人生活（经验知识）；
2. 言语（通过阅读、教学、交谈、看电视等方法获得）；
3. 个人思考。

英文的 World Knowledge 等于我们讲的认知知识，Background

1 *La psychologie de l'intelligence*, Paris, Armand Colin, 1967, p.12.

Knowledge 等于相关认知知识。对一篇讲话或一篇文章的理解深度取决于相关认知的知识的广度。不借助认知知识，翻译就会成为代码转译。

认知的，认知，cognitif（见：情感，affectif）

该词可为动词“了解，知道”的形容词，等于“知识的”，也可作为名词“认知”。认知同样是情感的，我们也常用该词表示认知 / 情感。我们还使用“内容 / 情感”表示同样的意思。

认知补充，compléments cognitifs

认知知识库和认知环境的相关内容及情感成分，与语言含义结合产生意义。同语言知识一样，它对诠释有声语链或拼写是必不可少的。

理解，compréhension

语言中有时也讲“理解”，我们指对讲话或文章的理解。理解语言是辨识陈述中的字词规则，它只能提供意义的潜在性。相反，理解一篇讲话或文章则是通过语言含义和认知补充的结合从有声语链或拼写中提取意义的一种程序。

内涵，connotation

内涵指语言层次字词的情感负荷；在篇章层次，某些词可能包含不同的个性情感。译者的语言知识使他了解语言内涵，其认知补充使他了解一作者赋予某些词的特殊情感。

环境，contexte

contexte 一词在法文中的含义日益变为英文的 context 的含义。在这种情况下，无论近看（文章产生的环境）还是远看（历史、社会、经济，也许是文章产生的个人环境），该词都指文章的环境，指一陈述产生或接收的非语言的整体环境。

语境，contexte verbal（英文 context）

我们竭力保存法文 context 一词的意义，但为避免混淆，我们常补充形容词“语言的”。语境指一词义单位前后的语言环境。语境排除字词的绝大多数潜在含义。它等于视觉或听觉阈限的感知。

认知环境，contexte cognitif

阅读一篇文章可以获得一种知识，作为认知知识库已存知识的补充，这一可积累的知识摆脱语言，以非语言形式存储于记忆中，帮助译者理解文章。阅读和理解文章时积累的记忆储存等于零散的知识；一般讲，它们持续的时间短，一段时间后便让位于更广泛的知识总和。

字词对应，correspondance

字词对应是不同语言间的含义对应（德利尔的例子是：英文 literature = 法文 littérature，documentation，documents，publication 等）。字词对应在比较语言学的研究和教学中有其作用，可以帮助人们编纂双语或多语词典。在篇章翻译中，数字、称谓、科技专用词是事先确定的。比较研究从原文和译文中筛选的其他字词对应源于意义对等，是后来才存在的。

脱离原语言外壳（去除语言外形），déverbalisation

脱离语言外壳是理解一篇文章和用另一语言重新表达的一个阶段，指伴随着语言符号产生的认知和情感意义，对语言符号的跨越。

讲话，篇章，discours

该词有时用来表示一篇“口头演讲”，这里通常指篇章，是 texte 的同义词。

阈限，empan

指感知场，口语中等于有声语链的长度，大约几秒钟时间，笔语中等于视觉几乎同时感知的七八个词。在这一阈限中产生意义单位，不断与其他更广泛的意义融合在一起。阈限感知需要完全掌握一种语言。当语言知识不足以满足通畅的阅读时，读者停留在字词上，阈限感知效应便受到阻碍；于是产生对含义的疑问，导致字词出现多义或含混不清。如果是口语，就会陷入对语言有声链的辨识中，意义则只能出现一部分。

意义等值，équivalence

无论语法结构或词汇选择有何不同，该词指讲话或文章的一个片段的整体意义对等。

明示／暗示，explicite/implicite（见：提喻）

语言只表明其所指概念的一部分，讲话和文章的明示和暗示指它只表明思想的一部分。特指具体或抽象现实的字词只表明一部分含义。因此，法文的 tirebouchon（瓶起子）= 德文的 Korkenzieher。法文中是起塞子的物品，其材料是暗示的；德文中是起软木（Korken）的 zieher，软木暗示塞子的功能。两个词指同样的物品，但明示含义不同。作者也一样，他们只表明一部分意图：讲话和文章的大部分是暗示成分，是可以同交际者共享的知识；交际者利用认知知识加以理解。不同语言中，同样的意义可通过不同的明示／暗示关系表达。

诠释，口译，interprétation

我们使用该词既指对文章或讲话的“理解”，也指演讲的口头翻译（会议翻译），其意义根据环境的变化而确定。

阐释，口译，interpréter

我们使用该词指对作者想要表达意义的理解，并不借用该词的贬义“误解”和“使变形”。

语言，langue

该词已有许多定义，但有必要再增加一个。在翻译学中，语言层次的翻译只注重字词、表意、句子，不重视认知补充（见语言翻译）。

推论参数，paramètres discursifs

指语链或文字外的环境，从这些环境中可产生知识成分，作者已经存在的认知知识库，伴随出现的认知环境和语言能力的补充：有关作者、原文读者和译文读者、时代、地点及文章产生的环境。这些成分是认知补充的一部分。

多义词，polysémie

指含有明显的本土人可区别的多种含义。例如，英文的 country 同时有“国家”和“乡村”的含义。多义词还包括本土人不易辨识的但翻译中出现的多种含义的词。例如：德文的 wenn = 法文的 si 或 quand，法文的 pourquoi（为什么）= 德文的 warum 或 wozu，等等。

语义学，sémantique

通常指陈述层次的语言（词汇或语法）含义研究。从这种角度讲，语义对翻译学研究意义不大。

意义，sens

这是释意翻译理论的关键词。对译者来讲，它是文章或讲话某个片段的相关认知补充与语言含义结合的产物。意义产生于有声语链（或文字）的概念化，在语言知识与认知补充溶解时完成。意义相当于有意识状态。它既是认知的，也是情感的。

含义，signification

法文中，signification 和 sens 是同义词，但在翻译学中有区别：“意义”见上面的解释。“含义”用于独立的字词和句子。句子的内涵取决于词汇和语法含义。词汇含义可在词典中找见，属于语言层次，代表“能指”，但未实现。在句子中，含义由语境和语言层次可能的含义决定；在篇章中，句子的含义却由认知成分和作者的独特使用决定。字词的相关含义则是这些限制条件的产物。只有相关含义参与意义的形成。

提喻，synecdoque

该词借用于修辞学，指只取一部分形象特指一整体。提喻在字词表意只指部分概念时出现在语言中。因此，法文的 tiroir 是提拉的对象，而德文的 Schublade 是被推的东西。提喻也出现在篇章中。例如“沙丁街”

的例子："The ties were pulled down a little；Ils avaient défait leur cravate"（他们解开了领带）。在完全解开的领带结和散开的领带形象中，法文指原因，英文讲结果。不同语言在描述同一具体或抽象物品时要求采用不同的提示方法。这一事实告诉我们，不能全面应用字词对应翻译的理由之一来源于此。

文章，篇章，texte

这是译者和文字或有声语链相互作用的产物，texte 既指口头演讲也指文章。它是理解的活生生的对象，是知识的静止物。

翻译，traduction

该词根据不同的活动有完全不同的概念。诠释翻译（interprétation）传达讲话或文章。在这本书中已经加以描述，翻译指在形式相同的情况下用另一种语言贴切表达与原文一致的意义。在这种翻译中译者和译员了解文章或讲话的意义（概念化阶段），然后对意义做出反应，如同是自己的意图，再用另一语言将意义现实化后变为篇章（表达阶段）。释意翻译并不是人们说的"自由"翻译，因为自由翻译是以大量删节和增加原文内容及思想为特点的（见德利尔的 *La traduction raisonnée*）。

语言对译，traduction linguistique

也被我们称为代码转译，旨在建立语言间的字词对应。它们只考虑译出语事先确立的内涵和译入语的语法规则。如果语言不是代码，不是可以相互替代的语言单位，这类翻译就不可能广泛应用；事实上，翻译文章时，内涵转换会立即违背译入语习惯。某些认知补充在含义转移中对译入语而言显得欠缺时会自动丧失其作用。意在解释译出语语言而不是翻译文章的活动也被列入"翻译"活动的范畴，这便是文字翻译。这种翻译可以在翻译字的表面意义时原封不动地照抄这个字：德文的 Tischbein (jambe de table，桌腿)，而法文应为 pied de table。也可把一个短语的每个词都翻出来，如德文 Eulen nach Athen bringen 的字面意思是 Apporter des chouettes à Athènes（给雅典娜送猫头鹰），应该用法文 Apporter de l'eau à la rivière（给河流送水）来表达。逐字翻译（la traduction mot à mot）是表明译出语的语言结构。

代码转译，transcodage

语言翻译的另一种说法。

意义单位，unité de sens

意义单位是语言知识和语言外知识对听觉阈限做出反应的结果。这在同传中可以观察到，在作品的阅读中也同样存在，但由于作品的固定和停留在字词或句子上的可能性存在而不易发觉。意义单位相互交错，并在相互溶解后变为意义。

（话语）意图，vouloir dire

先于语言的有意识状态，可引发必要的句子产生。对于讲话人 / 书写者来说，意图就是听众 / 读者理解的意义。与思想不同，我们可以客观地通过与认知补充结合的相关语言含义抓住意图。

第七章

翻译教学理论

翻译是一项广泛的人类交流活动，也是一种社会不可缺少的实践，尤其是当代社会中，国际间的交流需要大量的翻译人才，这就为翻译研究提出了一个重要的课题，即如何有效地培养翻译人才。翻译人才的培养是一项系统性的工作，20 世纪 60 年代以来，为适应大规模翻译人才的培养工作，许多国家相继设立了翻译学院或翻译培养中心，进行系统的人才培养工作。而随着翻译教学工作的深入与发展，提出了不少有关的理论与实践问题。不少直接从事翻译人才培养工作的教师对教学中所提出的一些具有共性的问题进行了深入研究，取得了一系列成果。法国在翻译人才的培养方面积累了相当的经验，特别是巴黎高等翻译学校自 1957 年始建以来，为联合国、欧洲委员会和法国各行各业培养出了一批批优秀的翻译人才，得到了国际社会的称赞。[1] 在翻译教学理论研究方面，针对翻译教学的性质、特点、目标、方法，进行了较为系统的探索，提出了许多富有启迪意义的观点，总结了可资借鉴的经验。比较有代表性的成果有：C. 杜里厄的《科技翻译教学法基础》、E. 拉沃的《翻译在语言教学法中的作用》[2]、M. 巴拉尔的《翻译——从理论到教学》[3] 和《大学中的翻译：翻译教学研究

1 有关巴黎高等翻译学校的情况详见第六章。

2 E. Lavault: *Fonction de la traduction en didactique des langues*, Paris, Didier Érudition, 1987.

3 Michel Ballard: *La traduction: de la théorie à la didactique,* Lille, Presses Universitaires de Lille, 1984.

与建议》[1]、勒菲阿尔的《笔译推理教学法》[2]以及达尼卡·塞莱丝柯维奇与玛丽亚娜·勒代雷合著的《口译推理教学法》[3]等。

翻译教学，若从其目的和手段去看，可分为教学翻译和翻译教学。简单地说，前者为语言的一种教学手段，目的是通过翻译练习帮助学生理解原文或深化对某一语法、语言现象的理解，以进一步掌握；而后者则是一种系统的课程设置，其目的是培养学生的翻译技能，造就翻译人才。本章所要讨论的是后者所涉及的理论与实践问题。在本章中，我们将结合翻译教学的一些根本问题，对勒菲阿尔在《笔译推理教学法》中所提出的主要观点进行重点评介。

第一节　笔译推理教学法的理论基础

卡尔拉·德让·勒菲阿尔现任巴黎高等翻译学校的翻译课教授，多年来从事翻译教学与研究工作，发表和出版过一系列有关翻译理论、翻译教学的论文与专著，其中重要的有《教学翻译与职业翻译》《临近 2000 年的翻译》《对外国口译人员的培训方法》等。《笔译推理教学法》是勒菲阿尔的代表作之一，是他进行翻译教学系统研究的开拓性成果。他在前言中开宗明义，明确指出：笔译推理教学旨在培养实现跨文化异语交际的专门人才，他们必须了解异语交际的难点、特点，不仅能担负翻译工作，而且能驾驭这种特殊的交际活动。笔译推理教学为职业翻译教学，它遵循职业翻译实践的客观规律，以成功的翻译所必备的思维方法训练学生，使他们掌握其中的技能及特殊的应对策略，因此，笔译推理教学是"完全独立于语言教学之外"的技能化教学，其优势是使学生了解异语交际的真正目的，摆脱拘泥于字面理解的习惯，掌握合理的翻译技能，以交际为目的，正确地运用外语。

那么，笔译推理教学的理论根据是什么？为回答这一问题，勒菲阿尔从什么是翻译、翻译什么和译者必备的条件这三个方面入手，进行了分析。

1　Michel Ballard: *La traduction à l'université: recherche et propositions didactiques*, Lille, Presses Universitaires de Lille, 1993.

2　Karla Dejean Le Féal: «La pédagogie raisonnée de la traduction», *Méta*, Vol. 38, n°2, 1993.

3　有关该书观点，参见本书第六章。

一、什么是翻译

实施翻译教学，无论教师，还是学生，首先必须对翻译的实质有个明确的界定。勒菲阿尔以现代翻译理论，尤其是释意翻译理论为根据，界定了翻译的概念。他明确而简洁地提出，翻译就是忠实地转达原作的信息。

翻译的忠实性不是语言之间字、词、句的对等，而是原文与译文的内容、风格、文笔的对应，使译文读者得到如原文读者一样的信息，以实现原作者的写作意图。从他对翻译的明确界定中，我们可以明显看到美国翻译理论家奈达的影响。

在勒菲阿尔看来，认识了翻译的性质之后，还必须明确翻译的对象。他以现代语言学理论为指导，指出翻译的对象是话语语篇。孤立的字、词、句脱离语境，仅含潜在的或普遍的意义，只能解释语言的语法功能，不能成为翻译的对象。只有具体的语境才会赋予字、词、句具体的含义，所以具有完整信息的话语语篇才是翻译的对象。

二、翻译什么

翻译什么，这是翻译教学理论中的一个重要问题。从目前的翻译理论研究情况看，人们对这一问题的认识并不完全统一。勒菲阿尔持一家之言，认为翻译的任务，确切地说，就是要翻译原作者想要表达的意思。

勒菲阿尔形容翻译如同借予原作者另一种语言，使他能与懂这种语言的读者交流，因此翻译这一思维活动严格地要求原作者的思想与他的第二个“自我”，即译者的思想和表达必须紧密结合。

翻译时，译者通过各种知识，包括语言及语言之外的知识去捕捉原作者想表达的意思。这些意思部分显露在原文字面上，部分则暗隐其中。原作者的这种写作手法，一则为留出空间，引发读者的推测、思索；二则为遵循语言的规律。各种语言都有其内在的规律，使思维的表达方式显隐兼备。译者必须按照原作者的思路，在译语中做出相应的筛选，筛选标准有三条：

第一，既然原文和译文的读者同处一个层次，自然应当拥有相应的知识，然而因为文化或时间的差异，为求译文易懂、通达，译者有时不得不把原文中隐含的信息释译出来。

第二，各种语言不仅在语言体系上千差万别，就是在交际中，因不同目的产生的表达方式、交流观点、描述事情的用词等都不尽相同，各种语言都有一套独特的规律决定哪些信息该明示，哪些信息该隐喻，译者要用与原语思维架构不同的译语去表达与原作者相同的思想。

第二，为实现写作意图，原文作者不但运用语言，也凭借文章的风格去影响读者。译者在再现原作者的意思时，由于原语与译语的差异，不可能采用与原语相同的语言手段，但应运用原作者的写作风格，用译语再创造符合原作者意图、与原文对应的文体效果。

那么，译者怎样才能按以上标准使自己的译语表达与原作者想表达的意思紧密结合呢？众所周知，无论谁读什么文章，都要理解，区别仅在于理解的程度不同而已。普通读者可能仅出于兴趣，或出于某种特定的目的去阅读，由于对文章的主题知识了解有限，不可能，恐怕也不必完全理解文章的暗含信息。但对译者而言，完整地理解文章的暗含信息则是必不可少的；事实上，跟不上原作者的思路，便无法用译语重现原文的所有内容。

怎样才能保证译者重现原作者的全部思想？勒菲阿尔认为，这是翻译活动难以解决的难题，因为原作者与译者即使拥有对等的知识，也不能起保证的作用。实际上，要表达的思想经常以独特的形式组合知识，译者只有了解原作者采用的是何种形式及采用这种形式的意图时，才能保证意合原文中所有暗含的信息。

译者与普通读者对原文理解的根本区别在于前者要完全把握全文的内容，以便用译语重现原文的意思。这种完整的理解建立在译者的语言及非语言知识之上，在翻译的思维过程中，它起着举足轻重的作用，不但调动着译者的所有知识，而且在其中建立了与原文对等知识的相互联系。这种完整的理解，释意派术语称之为脱离原语语言形式（外壳）的概念化理解。

三、译者应具备怎样的条件

从理论上阐明了什么是翻译和翻译什么这两个基本问题之后，勒菲阿尔对翻译主体应具备怎样的条件才能保证翻译的基本质量提出了自己的标准。在论及译者的素质时，他明确提出了以下几个条件：

(1) 译者的译语写作水平应相当于原作者的原文写作水平；

(2) 译者应当熟悉翻译文章的主题，才能跟上原作者的思路，用恰当的用语，甚至行话重现原作者想表达的意思；

(3) 译者不仅懂原语，而且了解原语蕴含的深邃的文化；

(4) 译者掌握翻译技能，具有相应的理解、分析及综合能力。

根据以上的必要条件，勒菲阿尔专门设计了一套供翻译专业招生时使用的考查办法。该套办法的设计思想独特，与我们目前的思路和常用的考查办法相比，具有创新的意义，其主要做法是：

(1) 要求考生用母语写一篇文章；

(2) 用外语简述一篇论述文的内容；

(3) 阅读一篇主题熟悉的外语文章后，不看原文进行写作，复写原文内容。

通过这样的测验，在一定程度上可以检查考生是否具备学习翻译技能的必备条件。从实践看，勒菲阿尔设计的这套方法具有很强的针对性，因为通过母语写作，可看出考生的母语写作水平；若考生能以适应文章主题的特殊言语，以清晰易懂的文笔简述原文，说明他已具备相应的语言综合运用能力；阅读原文后，考生若能记住并复写出原文的主要意思，证明他不仅掌握了外语知识，也了解了主题知识的主要内容；而若考生真正理解了原文，抓住了主要内容，并了解各意思层之间的联系，说明该考生具备了应有的分析能力。

勒菲阿尔认为，一个考生，若通过了以上考测，具备了相应的条件，便能接受翻译技能的训练。

第二节　笔译推理教学的原则与方法

笔译推理教学若以翻译实践应采用的正确的思维方法施教，并以培养学生掌握这一正确的思维方法为教学目标，那从理论上讲，就必须以技能化训练为基本原则，以便学生掌握合理的翻译技能及有效的翻译对策。就此观点，勒菲阿尔做了进一步的阐述。

前文谈到，译者与一般读者阅读时的区别在于对文章的理解程度及理解方式不一。译者除了要完整理解原文的全部信息之外，还要进一步使自己所理解的意思脱离原文的语言形式，以便记忆并用译语加以表达。笔译推理教学法的第一个训练目标就是要学生掌握这种理解和记忆的思维方法。

勒菲阿尔认为，用语言表达自己所想和所理解的意思，是人类言语产出的共性。但翻译时，两种不同语言的交替转换会产生相互干扰。而且两种语言受到激活越大，干扰越大，在译语表达时干扰尤为明显，经常使译者无法摆脱原语形式的羁绊，顺利地进入译语思维。因此，切断原语的影响，把它排除在成功地表达译语的思维之外极为重要。然而，基于语言知识传授的语言教学，采用的往往是语言对比法，试图建立母语与外语中词汇和语法的对照体系。这种教学方法对学生了解语言知识无疑是有益的，但用于翻译教学，则十分容易误导学生，使他们误认为翻译仅是语言对照体系的运用，因而翻译时难以挣脱原语语言形式的束缚。勒菲阿尔进一步指出，在翻译过程中，学生不仅要达到对原文的完整的理解记忆，用译语顺畅地加以表达，而且还要积极地连接这两个环节的活动，最大限度地排除原语语言形式对译语表达的干扰。

显然，一般的语言教学课是无法解决以上难题的，局限于语言教学范围内的翻译实践课对此亦束手无策，只有用职业翻译过程中各思维阶段所需的技能，针对学生在翻译练习中遇到的具体困难，有的放矢、循序渐进地进行训练，才能取得预期的效果。

确立笔译推理教学的原则之后，紧接着必须解决的问题就是建立一套与该原则相适应并且具有科学性与实用性的训练方法。

勒菲阿尔认为，翻译技能教学既要注意训练阶段分明，又要顾及思维活动的连贯，他提倡段落翻译的训练方法。

设计练习时，严格区分原文理解的训练阶段与译语表达的训练阶段，目的是让学生意识到自己首先是具有特殊目标的读者，然后才是表达原作者意图的写作者。具体做法是先让学生阅读全文，然后分段翻译。段落翻译时待学生理解整段意思后，教师抽去原文，以阻止学生翻译时不断查阅原文字句。

通过实践证明，段落翻译训练法具有明显的好处，总的来说，有以下几点：

（1）一般而言，一个中等长度的段落，即使读上几遍，也不可能一句不漏地记住，学生便不能依赖对原文的字面记忆，而要集中精力进行信息记忆。译语表达时，对原文信息的理解记忆可使他们摆脱原语语言形式的干扰，自然地用译语来表达思想。

（2）能否摆脱原语干扰，理解原文信息，在译语输出时才能见分晓。初学者由于没掌握正确的思维方法，受原语语言形式限制，对原文内容理解不全，分析不透，影响了译语的产出。他们往往错误地认为问题出在译语表达，于是不设法改善对原文的理解，而是千方百计地寻找对应词句甚至查阅双语词典以觅取答案，从而割断了从理解到表达的思维连接。勒菲阿尔认为段落翻译训练可以有效地帮助学生，使他们一步步成功地连接原文理解和译语表达两个阶段的思维。事实上，在理解记忆阶段，译者必须对原文内容进行充分分析和完整理解，此时，如能忘记原语的语言形式，直接进入译语思维，便有可能激活译语，促使恰当、地道的表达方式自然地涌现，这样译语表达便成为一个重要的思维过程，自动地被译语语言形式记录下来。然而，原语理解是不可能被译语自动记录的。

（3）段落翻译训练法可避免在激活原语的过程中出现不恰当的、违反规律的情况，从而有助于延长译语思考和表达的活动。在翻译过程中，学生必须从赖以接收信息的原语体系中走出来，进入另一个完全不同的语言体系，即进入用于表达的译语体系中。如学生在理解记忆阶段便能摆脱原语语言形式的干扰，译语表达成为完全独立于原语体系之外的活动，这种独立的活动有利于学生遵循译语表达的规律重构原文意思。这样的训练可帮助学生最终明白翻译的对象是语篇，译文的价值在于释译语篇的完整信息。

第三节　笔译推理教学的课程设置和训练进度

勒菲阿尔在教学实践中体会到，要使学生适应并接受翻译技能的训练，课程必须合理安排，每次训练必须有足够的时间，选择难度与长度适中的教材，使学生当堂完成翻译练习后，随即聆听教师评讲或集体进行译文批改。

勒菲阿尔建议培训开始时先讲解翻译方法，使学生对翻译的思维过程有初步认识。理论讲解限制在两至三个学时内，经验证明，在以后的技能训练中教师还要反复强调翻译方法，以使学生在不断的实践中逐步加深理论认识。

一、教材选择

勒菲阿尔提议训练初期宜选用论说性文章，因为此类文章易于分析，从而利于翻译。关于翻译训练的选材问题，法国翻译教学界有不同的认识。就我们看来，以论说体文章作为启动技能训练的教材，似乎颇嫌困难，因为众所周知，西方语言与汉语之间，不但语言的内部结构相去甚远，思维结构更是差别迥然，尤以推理论说的方式方法为甚。例如，西方人重客观、重微观、重言传；中国人则重主观、重宏观、重意会。反映到语言中，西文的论说文往往靠关联词连接全文的意思，各句子、各意群、各意层的相互关系大都溢于言表；汉语论说文则更多地依赖文章内所蕴含意思的关联，较少凭借关联词的作用。所以，若以论说文开始训练中国学生，必定会遇到许多意想不到的困难。笔者认为初期训练时最好选用最具人类思维共性的言语体文章，例如叙述文、介绍文等。就介绍性文章而论，无论哪个民族，使用何种语言，要介绍一件事、一个人、一个地方等，总得分方面、按层次逐点介绍，各方面或层次之间虽有一定的逻辑关系，但可以各自独立，翻译时只要理解并记住文中各方面、各层次的主要关系及其特点则可。据有关语言学的调查表明，叙述文和介绍文是人类最具思维共性的文体。

勒菲阿尔有关选材的另一个提议十分有意思：教材的选题内容宁精勿滥。所谓精，是指文章主题要富有代表性、针对性。他提议道：如若教学对象为专业学生，应选用其专业内容为主题的文章；若是一般学生，则可选用现代社会生活中大家都比较熟悉的主题。这样做的理由大致归纳起来有两条：

（1）翻译课不是教学生去发掘主题，而是让他们掌握熟悉的主题知识的技能。换言之，学习翻译就像学走路一样，一通百晓，只要掌握好有效地运用实用性文章的技能，便可翻译任何一篇主题熟悉的文章。

（2）训练伊始，教师第一步便应告诫学生，在将来的翻译职业生涯中会不断遇到新题材以及生疏的主题，因此学会熟悉主题，掌握主题知识的技能才是治根的办法。如果选材过泛，反而会误导学生一味追求词汇的收集而忽略主要的技能训练。

勒菲阿尔比较重视教材的技能演示性，而不过分强调主题的覆盖性。他的这一选材思想与原则对克服目前中国翻译教材几乎千篇一律的专题选材之局限，无疑具有有益的启示。

二、理解分析

进入技能训练后，勒菲阿尔非常注重教师的引导作用和学生的参与意识。他把课堂练习的原文理解分析分为几个相对独立而又紧密相连的步骤。

（一）全文理解

训练开始，先分发给学生需要翻译的原文，文章上标明必要的提示。诸如文章的写作年代、写作目的、对象等。阅读原文之前，教师就提示中有关文章的文体、风格、写作目的等问题向学生提问，然后要求学生在读原文时着重弄清以下几个问题：

文章的中心思想和主要观点是什么？它们是怎样阐述并展开的？

在理解原文意思时推理是否成立，有无逻辑性？（推理的各部分是否连贯，信息或内容之间的关系是否和谐？对文章的主题知识，原文读者可以了解多少？）

怎样才能在原文的明示信息中发掘隐含的内容？

第一遍阅读全文后，教师可通过以上几个问题检查学生是否能详细地分析原文。如有详细的分析作为基础，学生便可以利用所理解、记忆的信息重建原文的中心内容和文章结构，此时，教师尤应注意检查学生能否清楚地抓住文章的推理层次，从而保证对原文的完整理解。

（二）段落分析

学生摸清全文的脉络后，便可以开始进入段落分析。教师要求学生通过逻辑性的推理，参照文章其他段落或其他知识，来证实、支持自己对所要翻译的段落（简称工作段落）的分析。勒菲阿尔认为这种结构严密的思维检测是促使学生重视原作者想表达的意思的绝佳办法，它可以减少学生由于不注意文章的严密结构而误解及误译的情况发生。因此，在训练初期，便应该强调并开始培养学生掌握这种行之有效的思维方法。

（三）层次连接

分析理解过程中，教师还应要求学生不断地注意原文中推理观点的连接，第一段落与最后段落是否呼应，这样译文才不至于前后矛盾，文章的中心意思才能贯穿始终。

（四）完整把握

勒菲阿尔指出，既然翻译教学不是以直接扩展学生的知识面为目标，而是要提高学生对异语交际的敏感性，了解异语交际过程的难点、特点，那么，通过全文理解、段落分析及意思层的连接等练习，可训练学生敏感地觉察到自己对原文了解的不足；此时，应引导他们自己设法弥补，例如挖掘文章中隐含的信息，进一步从原文的话语中了解作者的写作意图，了解原文读者的反应等，以达到完全把握全文意思。

三、译语表达

译语表达是翻译教学的一个重要和关键的阶段，与理解分析阶段紧密相关。勒菲阿尔强调翻译训练的连贯性和系统性。因此，他认为，在表达阶段也应按步骤进行。

（一）前期准备

勒菲阿尔建议，在译语表达训练阶段开始的两至三个学时内，要求学生仔细阅读原文后凭借自己的阅读或即时记忆简述原文内容，或以与原文同样或不同的风格重写一篇文章。这种准备性质的练习旨在使学生习惯于用自己的言语把所理解的信息自如地表达出来，同时也让学生觉察到文章的风格对信息的传递、对读者的阅读方式所产生的影响。

（二）段落翻译中的信息提示

如果说前期准备训练应以全文为练习单位，那么到正式翻译时，则宜以段落为练习单位。

按常规，学生在译语表达前要重阅一遍工作段落，翻译后也要复看原段，以便检查译文与原文的内容是否对应。所以，最好能在教室配备一部投影仪，以便按照需要呈现或隐去原文。

重阅原文段落的时间应适当，使学生既能集中精神仔细阅读，又无暇顾及字、词、句的背记。

译文写作时，为减轻学生的记忆负担，教师可用投影仪将一些必记信息投放在屏幕上，例如文章中的数字、专有名词、一些不常涉及的术语或生词等。必要时，甚至可以标出工作段落的要点，以利学生重构推理。勒菲阿尔建议，在训练初期，教师应尽可能用图画形式表达原文的重要信息，一则起提示作用，二则帮助学生摆脱原语的语言形式，直接进入译语的思维理解。图解段落内容时可标上关键词句，但不用原文字句，从而引导学生学会抓住原文话语的意思后，自觉地忘记其语言载体。

译语表达前，教师应向学生说明翻译时千万不能牵强用词、曲解原义，当感到词不达意时，生搬硬造将于事无补。因为出现以上情况，原因是多种多样的，可能是学生对主题的专门言语或术语掌握不够，也可能是学生没有达到完全脱离原语形式的理解。因此，教师首先应该寻找出产生有关障碍的原因，这样才有可能对症下药。

（三）译稿修改

工作段落翻译的初稿完成后，可组织学生对翻译过程中遇到的问题进行讨论，把问题按性质归类。若属于理解方面的困难，应要求学生列出翻译内容的清单，从中检查哪些信息在原文中是暗含的，但在译文中应明示；若属表达方面的缺陷，应引导学生按照语境，参照译语的表达习惯，选择地道自然的表达方式；如果是学生因对原文的主题知识不熟悉而产生的翻译困难，则应立即停止硬译，因为不符合翻译的基本条件，硬译是毫无意义的。

解决了主要困难后，教师再一次在屏幕上投放图式要点提示，要求学生重译工作段落，然后默读译文以求找到译语的最佳表达形式。之后，教师再重现原文的工作段落，以便学生检查译文与原文的内容是否一致，再隐去原文，让学生再易译稿后，才转入第二个工作段落的阅读。如此周而复始，直至全文翻译的完成。进入最后的精雕细琢阶段后，安排学生重读全篇译文，提醒学生在此时尤应注意段落的连接，检查译文中意思的表达是否顺达连贯、明晰易读。

完成全文翻译后，学生再为译文命题，要求译文题目与原文题目具有相同的效应。其衡量标准为，使用该题目，是否能抓住原文同一层次的读者、转达同样的内容、具有同样的风格等。勒菲阿尔认为，在为译文命题阶段，原文题目不宜呈现，学生忘了更好，因为记住原文题目的文字对学生翻译并不会有任何帮助。从理论上讲，勒菲阿尔的这一做法值得进一步探讨。但待全部译文完成后再翻译题目，在实践上是值得肯定的。

四、译文评价

学生完成全部译文之后，必须对之做出评价。勒菲阿尔认为，作为翻译训练，评价的重点不应放在评判译文，即翻译结果的好与坏上，而应检查学生的译文是否体现了教学的指导思想与训练方法。为此，他明确地提出了评价的目的与方法。

（一）评价目的

在传统的翻译课上，作业大都由教师评改。在勒菲阿尔的推理教学中，翻译评价的首选形式是组织学生讨论译文的质量。勒菲阿尔认为，在作为技能化训练课的翻译课上，教师的责任不是简单地批改学生的翻译错误，而是帮助学生对各自遇到的特殊困难进行分析、“诊断”，并开出相应的“药方”去“治疗”。换言之，教师的责任是训练学生掌握合理的翻译方法，在教学中不断帮助学生分析翻译过程中思维活动中成败的原因。当学生认识到所遇困难的实质，并有了应对的办法，便奠定了迅速进步的基础。

（二）评价方法

勒菲阿尔建议，在学生集体评价译文范文时，教师不宜呈现原文，只有当学生各持己见，讨论中发生争执不下的特殊情况时，才让学生去比较原文，做进一步的分析与判别。之所以要这样做，勒菲阿尔认为有以下几点理由：

一是训练时是以段落翻译方式进行，评价时亦应采用同样的方式。

二是学生是在不查看原文字句的情况下进行译语表达，证明译前阅读足以使学生明白原文的意思，因此，译文评价时不用查看原文，译文体系内潜在的错误及其原因也容易发现。

三是不依靠原文进行译文评价，可同时检查学生对原文理解记忆的程度、由此产出的译语质量以及学生与原语语言形式保持的距离等。

四是可以通过学生的译文，同时评价其译语表达能力和语言交际能力。

勒菲阿尔认为，译文评价阶段也是学生进一步加深对翻译理论和翻译方法的理解、认识的阶段。尤其应指出的是，通过译文评价，进一步明确一种正确的翻译观与成功的翻译实践之间存在着一定的关系，促使学生不断地在实践中总结出成功的经验，从而更易自觉地运用理论建立技能意识。

一种科学的教学体系，除了要明确教学的指导思想、实施手段，建立一整套行之有效的教学方法之外，还应根据各教学步骤，掌握适当的教学进度。勒菲阿尔指出，笔译推理教学的训练进度应当由三个程度来决定：学生技能意识的自律程度、翻译过程中各个活动的完成程度及连接的程度。训练开始时，教师应该尽可能“手把手”地引导学生进行分析理解，概念化记忆，选择适当的译语表达等，迫使学生逐步习惯新的思维方法，走上正确的训练道路。随着教学的深入，教师逐渐给予学生越来越多的自由，最终让学生自己走完训练的全程。但为使学生成功地以技能意识自律，各训练阶段给予的自由要适度。勒菲阿尔根据训练各阶段的安排，特别强调了译前准备阶段和技能训练阶段的进度应该合理。

在译前准备阶段，应把握好分析与表达能力的训练进度，为此，勒菲阿尔设计了一系列“手把手”的引导性的练习：

(1) 发一份练习，练习内含十几段编了号但顺序混乱的段落，要求学生按自己的分析，调整段落的编号，重组一篇文章；

(2) 找出并改正文章中语言或意思表达不当的句子；

(3) 按文章提示的作者的写作意图填补空缺的内容等。

在这一阶段，还应该注意训练学生敏感地抓住各种语言在交际中独具的表达方式。勒菲阿尔根据教学需要，设计了多种相关的练习。限于篇幅，我们在这里仅举其中的两例，用以说明在教学各阶段如何适当地掌握赋予学生的自由度。

例一：选一封语言规范的外文感谢信，信中表达了写信人对收信人的谢意和敬意。教师先向学生介绍感谢信的来龙去脉、写信人与收信人的关系、写信人的意图及他想要交流的感情等，然后给学生朗读一或两遍原信，要求学生课后用母语重写一封内容、风格相同，寄给同一个收信人的感谢信。评讲作业时，教师把原信发给学生，让他们从原信和自己写的信中找出两种语言在交际表达上的差别。

例二：让外国学生自选题目，用法文写一篇评论文章，请一位法国人与学生一起修改，直至文章成为地道的法语评论文，然后要求学生用母语重写这篇评论，最后比较两篇文章。

以上两例练习是在教师严格控制的训练格式中进行的，但学生的思维活动又有充分的空间，这类练习有助于学生认识、了解原作者的推理思路，使译文与原文产生同样的交流效果，注意语言转换时表达方式的变化等异语交际的难点与特点。

在翻译技能训练中，应区别掌握分析阶段与理解记忆和译语表达阶段的练习进度。

训练开始时，在从全文理解、段落分析、层次连接到完整把握的训练全程中，教师宜按部就班，严格要求学生，随着学生对技能的熟悉及自律程度的提高，教师逐渐减少对学生翻译活动的干预。例如，对原文的集体分析仅限于学生认为不能完全理解的段落，逐渐强调自我评价和自开药方的重要性，让学生自己寻找、分析并明确他们所遇到困难的性质及原因，自己设法寻找解决困难的办法。到训练末期，教师只在必要时提醒学生注意翻译方法，而让学生独立分析和理解段落意思。

前面提到，在理解记忆和译语表达这两个训练阶段，教师利用投影仪给学生提示原文的内容，但根据训练的进展，提示也逐步简化、减少。例如教师由训练初期用图画配关键词的视角提示，慢慢转为口头提示，先用译语，后讲原语做提示，最后让学生自己做阅读笔记，记下原文的专有名词、数字、要点等。勒菲阿尔强调，训练结束时才能收起投影仪，因为如不能确定学生是否掌握了方法，摆脱了原文语言的干扰，教师仍有施以强制性训练的必要。学生对这种强制习惯的适应只会有益，一旦掌握了技能，养成了合理的思维习惯，他们就会产生自觉性，有利于训练任务的完成。

学生掌握了翻译过程的技能后，教师可以给他们布置课外的翻译作业，让他们完全独立地完成。在这个独立工作的阶段，学生在课堂上学习、掌握的翻译原则与翻译方法对学生起着批评、建议及帮助组织材料的作用。

在翻译训练中，还有一个重要的问题，那就是如何使用翻译工具。勒菲阿尔认为，译者最好的翻译工具是原语或译语的主题参考资料，译者可以从中吸取翻译所需的主题知识，收集专门的词汇和特殊的表达法。当然，单语的普通词典或专业词典也都是有用的。

然而，勒菲阿尔极力反对翻译时使用双语或多语词典。理由一：在双语或多语词典里，译者只能找到与原语对应的译语单词，而语篇翻译的对象是话语，亦即两者不属于同一范畴，前者为语言范畴，后者属话语范畴。因此使用此类词典极容易使译者陷入语言译码的陷阱，而不是进行信息释译。

勒菲阿尔明确指出，无论是翻译普通主题的文章，还是翻译科技文章，思维过程都是一样的，都不应依赖双语或多语词典进行语言“译码”。必须让学生明白，翻译科技文章时仅仅了解文章的内容，懂一些专业术语还是远远不够的，必须掌握专门的认知知识和主题知识，才能完全理解原文中提到的事件、问题或观念等，才能用译语把理解的意思转达给译文读者，使他们接收到与原文读者一样的信息，而双语或多语词典恰恰不可能提供以上所需的知识。

反对使用双语或多语词典的第二个理由是，使用此类词典会干扰翻译思维过程的正常运作。例如，阅读原文时查阅双语词典，会逾越分析理解阶段，过早地把思维过程提前到译语表达阶段，在这个超前的思维阶段中，本应消失的原文语言形式会不断涌现，极大地干扰译语表达。

综上所述，翻译工具的选择不仅是翻译实践中要注意的问题，亦是教学中必须引起足够关注的重要问题。教师应告诫学生，过多地使用词典会减弱技能训练的效果，提醒他们以后从事翻译职业时也应注意根据需要，有选择地使用词典。

第四节 关于母语译成外语的技能训练

就目前而言，无论在国内，还是在国外，翻译训练一般都包括母语译成外语和外语译成母语两种训练。在我国高校外语专业实施的各层次翻译教学中，两种训练虽然都有，但侧重点不一样。勒菲阿尔在他的笔译推理教学法中，提出原则上不应提倡母语译成外语的训练，理由有三：

首先，对于绝大多数的双语者，母语译成外语的思维过程缺乏必要的活跃性，因为一来外语水平不如母语水平；二来就算两种语言的水平相近，语感还是相去甚远；再则外语水平高，外语语言外的知识也未必够，所以外语不宜作为译入语使用。

其次，母语译作外语的训练，在很大程度上会破坏学生在外语译入母语的训练中获得的成果。母语在人的意识中太顽固，太具侵扰性，极其容易代替外语的思维和表达，导致学生用语言译码代替翻译，因此，让学生做这类练习，有可能重新滋长他们在学习外语译入母语时竭力改正、抑制的旧习惯。

再次，母语译成外语是违反常规的做法，因为它无法达到翻译的基本要求：原文与译文的写作风格一致，写作质量对等。

然而，世界上众多的小语种国家不得不面对母语必须译成外语的现实，为解决这个困难，勒菲阿尔建议采用小组活动，亦即通过合作翻译的方式，以取得较佳的翻译效果。小组活动的训练方式是根据巴黎高等翻译学校的具体情况设计的。这所学校的学生中相当一部分是外国人，其中不少学生的母语为汉语、泰语、阿拉伯语、阿尔巴尼亚语、朝鲜语等，学生的共同语必须是法语和英语。虽然这种情况与我国绝大部分外语院校的情况不同，但勒菲阿尔提出的小组训练方式的几个重要原则还是值得我们借鉴的。他明确提出，小组训练的目的，是使学生明白遵循一定的条件和模式，运用有效的合作方式，以取得上乘的翻译质量。为此，小组训练必须遵循以下几个原则：

一是小组训练安排在学生基本掌握了外语译入母语的翻译技能后，亦即培训的最后阶段。

二是译者应当挑选一名语言水平、技能水平及知识水平与自己相当的合作者；除此之外，合作者的母语必须是译入语，他必须熟悉翻译文章的主题，能用专门术语表达主题知识，并具有合作的热情。

三是充当译者的学生应负责组织整个小组的活动，从开始选择合作者到最后译文定稿，他都必须对小组活动的各步骤、组织安排、工作方式等做出决策。活动中，译者除按翻译技能训练的要求准备译文初稿外，在初稿修改阶段，还必须向合作者提供有关原文的详细资料，如原文文体、原作者、原文风格、原作者的写作意图及原文读者等背景资料。当翻译中碰到因为文化差异而译者误解或不完全理解原文意思，或因为译入语表达不当而译文产生歧义等困难时，译者提供的以上补充资料可以帮助合作者通过母语的语感及丰富的本族语文化知识，最终揭示原文暗含的意思，或找到恰当的译语表达方式。译稿修正后，译者还要检查译文与原文是否含有等值的内容、对应的风格，起到相同的效果等。总之，译者必须极尽所能，与合作者通力配合，努力重构一篇既清晰易懂又完全符合译入语表达习惯的译文。在小组活动中，组员之间的积极讨论是保证译文质量及其忠实性的最好办法。

四是合作者不能阅读原文，译稿修改时，他只能把学生的译文和后者提供的有关原文的补充资料作为参考资料。

五是科技文章的翻译应尽可能请有关专业的专家修改译文。

关于母语译成外语的训练，勒菲阿尔的看法总的来说是符合实际的，他所提出的有关原则从理论上讲也是可行的，对我们的翻译教学无疑具有启迪意义。但另一方面，我们也应该看到，基于我国目前的具体情况，大部分学校施行起来会有较大的困难。

第五节　跨文化异语交际的对策

在本章第一节，我们谈到勒菲阿尔明确指出笔译推理教学的目标是"培养实现跨文化异语交际的人才"。显而易见，翻译技能训练的终极目的就是要保证异语交际的成功实现。但令人感慨的是，社会已进入现代化的今天，这个目标还远未达到。勒菲阿尔对此进行了分析，认为目前主要存在三个方面的原因：

第一，社会各阶层对翻译这一职业、译员的素质及其应有的社会地位等都缺乏正确的认识，不是过于轻视这一职业，认为只要懂外语便可以做翻译，就是过于轻信译员，认为任何人都可以从事双向翻译。

第二，目前社会上许多译者没有接受过正规的职业翻译培训，其中部分人接受的所谓翻译训练也不是以实现跨文化异语交际为目的的技能训练。现代社会施行的翻译课大都以满足市场需求为目标，然而这些需求是否符合翻译教学的规律，例如双向翻译是否可教、可用、可信？

第三，尤其应当指出的是，迄今为止，翻译学的专家们仍未能向世人明确翻译工作的性质以及译者所需的能力事实上存在着理论与实践脱节的情况。

勒菲阿尔指出，要扭转翻译界目前不受重视的局面，应当从修改翻译培训的目标做起。他认为，翻译培训不应当根据外行的翻译雇主的需求来确定目标，而应当以培养真正称职的异语交流专门人才为目标。这些专家不但要懂得翻译的专门技能，更要掌握进行异语交际所需的所有知识和清醒的意识。换言之，翻译课上，除了进行技能训练外，还要求学生学会如何根据具体情况寻找翻译的最佳办法，如何检验翻译的质量，如何让翻译雇主认识翻译的性质、翻译质量的重要性，等等。总之，这些专门人才既是高素质的译者，也是异语交际的战略家。为了实现这一目的，勒菲阿尔提出了一套相应的训练策略。限于篇幅，这里仅做简略的介绍：

一、如何找到翻译的最佳途径

勒菲阿尔建议在课上采用“实情研究”（l'étude de cas）的训练方法。具体做法如下：

让学生为一个企业设计各种翻译服务，其中除保证翻译质量外，还要考虑根据不同性质、不同规模、不同语言，针对特殊的需要提供最合理的服务。实际上，现代社会为翻译服务提供了多种可能性，学生必须从中选择最佳的对策。例如集中利用当地或本国的翻译力量；或者通过现代化的通信工具和其他国家的翻译服务网络联系，找到可行的合作办法，如小组合作翻译方式；或者与其他国家的商业合作伙伴交换翻译服务等。可能在不久的将来，学生还可以在某些翻译活动中借助自动化翻译技术，但在借助前，学生首先要了解自动化翻译系统能提供的所有可能性，要研究在具体情况下，运用自动化翻译系统的效率和质量问题，尤其要警惕这些自动化系统具有导致语言代码翻译而不是进行交际翻译的危险性。

“实情研究”完全是参照现代社会各企业经常遇到的真实情况进行设计，因此，其中经过调查选出的带有规律性和代表性的样板，亦将引起雇主们对翻译服务的关注，帮助他们更好地根据自己的需要合理地组织翻译工作。

“实情研究”这种训练方法不但培养学生具有强烈的策略意识，也能帮助他们日后成为翻译雇主的职业顾问，而且训练的成果也可使日益增多的翻译雇主了解到实现异语交际有多种方法，必须经过特殊的训练、具备特别的能力才能找到最合适的对策。

二、如何检测翻译的质量

勒菲阿尔认为，作为职业顾问，就像翻译行业的主管一样，要对翻译同行进行职业检测，以保证其职业能力。鉴于目前翻译行业入行无一定之规，各学校设置的翻译教学无论教学目标、教学方法，还是教学水平都不统一，进行职业检测是非常必要的。因此学生在学期间，便应了解检测的原则、标准和方法。

检测手段一般采用考试形式。作为策略家，职业顾问不可能通晓各种原语和译入语，不可能熟悉各专业的知识，因此，在翻译考试中，他常常需要挑选适当的考官。为此，勒菲阿尔设计了一套挑选标准。该标准的原则，我们认为是可行的。勒菲阿尔建议，在挑选考官时，可按以下标准掌握：

（1）考官不一定要懂翻译考试的原语。当然，懂最好，但译入语必须是他的母语；

（2）考官必须是熟悉翻译考试的主题内容的专家；

（3）考官不仅能自然正确地运用译入语，而且能用译入语进行推理思维和思维连接。

关于如何评价考试译文，勒菲阿尔在他的《笔译推理教学法》中提出了有关标准。他指出，考官在阅读译文时首先应考虑以下两个问题：一是译文的语言表达是否自如、地道；二是译文的内容是否清楚、连贯。

只要其中有一个否定答案，评价应马上终止。译文中出现的问题表明：可能译者没有掌握必要的翻译技能；可能译者没有意识到自己不熟悉主题知识。不管是哪种原因，都不宜录用，因为这个考生不具备翻译的基本条件。

当以上两个问题的答案是肯定时，考官进一步检查译文中所有的信息是否忠实于原文，内容是否完整，表达的语气是否恰当等。

在对策训练阶段，最好让学生参与真实的翻译考试的评价工作，以便更好地掌握翻译检测的原则。

三、如何使翻译雇主认识到翻译质量的重要性

鉴于大多数人对双向翻译的错误认识，勒菲阿尔认为，帮助他们认识翻译质量的重要性实在是非常重要的。

培训期间，教师不仅应当以理论武装学生，还必须授以有效的对策。下面举一实例说明。

选一篇由母语译成外语并已经发表且署名的译文，学生在获得译文使用者的信任后，向后者指出文中的错误，或者请一个母语为译入语的人重写这篇文章，然后再请他把自己写的文章译成外语，整个过程当着原译文译者和译文使用者的面进行。通过这种实践，他们很容易就能看出差别，从中甄别翻译质量的优劣、翻译方法的成败和翻译成果的可用性。这种做法一般非常奏效，使双方都能信服地放弃偏见，从而改变将母语译成外语的翻译方法。

第六节　翻译教学师资的培训

在翻译教学中，有教与学两个重要环节。如何协调教与学之间的关系，最大限度地发挥双方的积极性，所涉及的问题很多，但最关键的一条是担任翻译教学的教师是否称职。因此，培训合格的翻译教学人员，是实现教学目的、提高教学质量的一个重要条件。勒菲阿尔认为，在目前阶段，职业翻译教学尚不普及，世界上绝大部分学校开设的翻译课仍沿用语言教学中以传授语言知识为目的的教学方法，诸如语法、词汇对比教学，双向语言翻译教学等。其主要原因是缺乏称职的翻译课教师，因此无法制定合适的翻译课程，挑选合格的学生和选用科学合理的翻译技能方法进行教学。所以担任职业翻译教学的教师必须接受过正式的职业翻译培训。勒菲阿尔特别强调，翻译培训应当以母语为译入语，一般情况下，不宜做双向翻译练习。

以巴黎高等翻译学校为例，该学校生源一半以上为外国人，教师不可能通晓各学生的母语。针对这种具体情况，勒菲阿尔设计了一种联合教学形式。教学培训小组一般由两名专家组成，一名专家的母语为翻译出发语，负责指导翻译方法，另一名专家的母语为翻译目的语，负责语言指导。具体实施方法如下：

一、培训专家应具备的条件

负责指导翻译方法的专家不一定要懂目的语，当然懂最好，但他必须具有足够的指导能力，能在训练中组织各种高质高效的活动，不仅要保证接受培训的人员掌握真正的职业翻译技能，还应以自己的实际行动为未来的翻译教师树立典范。

在本章第四节中，我们谈到组成合作小组，进行母语译成外语的翻译培训时，需要按一定标准挑选母语为译入语的合作者。勒菲阿尔认为该挑选标准也适合语言专家的选择。但还必须强调，语言专家尤应以母语的笔头功夫见长，他至少应当具备与接受培训的人员相等的普通百科知识，因为他必须熟悉翻译训练中所涉及的所有主题。如果负责翻译方法指导的专家不懂目的语，那么语言专家必须掌握一门能与前者沟通的语言。

二、培训应当遵循的程序

对未来翻译教师进行培训的方法与前面提到的翻译训练大致相同，但在译文评价阶段应视翻译方法指导专家对目的语的了解程度做程序上的调整。

如果翻译方法指导者懂学员的母语，能评判译文的内容是否忠实于原文，语言专家的评价可仅限于译语的表达。

语言专家不参加翻译及原文与译文内容对照两个活动，以便评价译文时，不受到原语的干扰，但学员应当向他提供有关原文主题、风格及原作者的意图等的详细资料。必须注意的是，对译文表达质量的评价，应在审查译文内容后，当着学员与翻译方法指导者的面进行；这时，翻译方法指导者虽然不能评价译文的质量，但通过了解学员所犯错误的性质，可及时帮助他们做出诊断。

语言专家首先全面地评价译文表达是否清晰、地道，因为只有通过完全理解与译语表达这两个阶段的顺利完成和成功连接才能达到以上标准。语言专家的第一步评价，可使翻译方法指导者了解学员是否已经掌握及在什么情况下掌握了适当的翻译技能。接着由语言专家鉴定译文的写作风格，如果鉴定结果与原文有异，翻译方法指导者与学员共同寻找原因。

最后，由语言专家边朗读译文，边指出译语表达不当之处，并具体地分析错误的性质，翻译方法指导者可就此推断出困难的原因，并设计专门的练习，有针对性地进一步训练学员。

语言专家评价一名学生的译文时，请其他学员就有错的段落发表自己的意见，或朗读自己的译段，这样不仅能使学员消除窘迫心理，积极参与评价活动，而且可以使指导者了解每个学员的译语表达能力。

如果翻译方法指导者不懂学员的母语，译文评价的程序则要做调整。语言专家不参加翻译活动，评价前不看原文，只听学员提供有关原文的补充资料。对译文的语言表达、写作风格做全面评价后，语言专家简述译文的主要内容，以使指导者了解译文与原文的意思对等程度。

进入段落评价后，语言专家把学员译得不好的段落用原语或用一种能与指导者沟通的语言重译一遍，让后者判断译文读者能否如原文读者一样接收到同等或对应的信息。

由于语言专家没有看过原文，他的理解完全依赖学员的译文，翻译方法指导者通过有针对性的问题提问，从理论上讲很容易便能觉察到译文意思上的偏差。

与此同时，学员通过积极参与评价活动，找出自己与语言专家在原文分析上的差距，并学会推理思维，用原文其他段落或补充知识来验证自己对工作段落的理解。

学员在弄清了原作者想要表达的真正意思后，才进入语言表达的修改阶段。

三、训练效果

勒菲阿尔强调指出，在联合教学中，翻译方法指导者既要注意译文评价过程的系统化，又要注意像拆卸机件那样使整个过程具体化；不但要利于学员掌握翻译方法，更要便于他们将来在教学中重组评价程序。勒菲阿尔从教学实践中体会到，以上训练方法比一般的翻译教学更能使学员明白翻译的真正目的，语言专家当面评价译文，比教师泛泛地讲解翻译中潜在的各种危险更具说服力。当面获悉译文读者的反应，能使作为译者的学员更加明白翻译方法的重要性，从而为他们将来从事翻译职业或进行翻译教学做好准备。勒菲阿尔建议，在这样的培训基础上，加上类似巴黎高等翻译学校为翻译博士班设置的翻译理论、方法论等课程，肯定可以培养出真正称职的翻译师资。

通过以上的简要评介，我们可以看到，勒菲阿尔的笔译推理教学法是一套指导思想明确、设计严密的教学体系。从教学法的理论指导，到教学的原则方法、课程设计、选材、训练进度、翻译评价、师资培训等各个环节，勒菲阿尔都进行了系统的安排，提出了自己的原则。就我们的了解，勒菲阿尔推出的这套教学法是他多年从事翻译理论研究，并将理论运用到教学中去，再在教学的实践中进一步思考、研究的成果。我们认为，该套方法主要针对西方翻译教学的实践，与我国翻译教学的情况不太相符，而且针对某些环节提出的有关原则，在理论上也有值得商榷之处。但就其理论指导、培训原则与训练方法而言，具有一定的指导意义，确实有不少值得我国翻译界，特别是翻译教学界人士学习、借鉴的地方。其中一些主要的观点，无不给人以深刻的启迪，诸如确立职业翻译教学的模式，让翻译教学跳出语言教学的圈子；遵循翻译实践的客观规律，坚持以科学的思维方法训练学生；翻译教材应当重技能训练的示范性，轻主题内容的覆盖性；合理运用翻译工具；成功实现异语交际除需要掌握翻译技能外，还要注意运用策略；等等。

第八章

翻译的社会语言学观

在翻译学的独立学科地位渐渐被人们所承认的同时，它与语言学、社会学、文化学等其他学科之间的联系也愈来愈受到重视。近年来，国内外许多学者指出，译论研究不仅要探讨翻译的内部规律，还应该梳理其外部关系；换言之，要使翻译这门边缘学科取得重大进展，就必须充分利用相关学科的成果，从不同的角度对翻译活动进行多维的、横向的、综合的分析和研究。

翻译活动离不开语言，翻译的目的是要克服语言的障碍，达到交流。就具体操作层面看，翻译首先要面对的是语言形式上的转换。要研究这一转换过程，不能没有语言学的指导，因此语言学与翻译研究密切相关。普通语言学以加深对语言系统的了解，从总体上解释语言功能为任务，对翻译理论和实践具有重要的意义。从索绪尔的普通语言学理论到洪堡的语言世界观，以及乔治·穆南等从语言学出发对翻译所做的阐述，都揭示出了翻译活动的一个重要方面，其理论成果为译学研究奠定了基础。然而，历史上也有不少语言学家由于把语言本身看成一个高度抽象的概念而采取了过于理想化的研究方法，如以乔姆斯基为代表的生成语言学派就主张设定存在着一个纯净的语言社团，先研究理想的语言系统，再探讨这些系统如何在具体的个人身上体现。但是，现实生活告诉我们，人类使用语言的最终目的在于满足互相交流的需要，可见语言并非独立于社会，而是服务于社会，语言研究根本无法回避语言的社会属性。因此，当对“纯语言”的研究已经不能满足需要时，社会语言学便应运而生了。

语言学体系的一般理论已经使我们看到，翻译不是语言符号间的简单转换，但它尚未说明翻译是什么，它指出翻译是从各个层次将信息形式化的过程，却无法阐释这个过程如何实现……翻译理论研究的这些悬而未决的难题仅仅从普通语言学的角度进行解答是不全面的，用社会语言学来观照译论研究，其目的就是要突破把翻译定性为单纯的语言行为的藩篱，揭示以往被忽视了的翻译活动的社会层面，对现有的翻译理论进行补充。长期以来，社会语言学研究在法国学术界占有一席之地，当代法国翻译界也将从社会语言学角度出发进行翻译研究作为一个重要的方法，莫里斯·贝尔尼埃在 20 世纪 70 年代写成了将社会语言学观点与翻译理论研究相结合的《翻译的社会语言学基础》[1]，之后，在有关的理论刊物上便可以不时看到以社会语言学理论为指导撰写的翻译研究文章。90 年代末，法国的米歇尔·巴拉尔与利埃温·杜勒斯特主编了一套“译学丛书”，由法国阿尔图瓦大学出版社出版，在其中我们又惊喜地发现了两部利用社会语言学最前沿的研究成果来探讨翻译的新作：让-马克·古昂维奇的《翻译的社会学——20 世纪 50 年代法国文化空间中的美国科幻小说》[2] 和让·皮特斯的《异的介入——翻译的一种社会语言学观》[3]。本章中，我们首先对法国社会语言学研究的历史发展情况做一追溯，在这个基础上，我们将结合翻译研究的一些重要问题，对这三部著作的主要理论与观点进行梳理和评介，看一看社会语言学对翻译研究的启迪与指导作用。

第一节　法国社会语言学溯源

早在 18 世纪中叶，狄德罗、孔狄亚克等法国哲学家就指出语言不仅是思维工具，它还是交际手段，即一种社会现象。狄德罗在他编纂的《科

1 Maurice Pernier: *Les fondements sociolinguistiques de la traduction*, Paris, Librairie Honore Champion, 1978.

2 Jean-Marc Gouanvic: *Sociologie de la traduction — La science-fiction américaine dans L'espace culturel français des années 1950*, Arras, Artois Presses Université, 1999.

3 Jean Peeters: *La médiation de l'étranger — une sociolinguistique de la traduction*, Arras, Artois Presses Université, 1999.

学、艺术和手工艺百科全书》中把语言表述为借助词、手势和表情，并适应社会的习俗和交际行为所处的环境，使人们得以互相交流思想的工具。19 世纪后半叶，法国语言学家布吕尔开始用民族历史来解释语言事实，强调语言中的一切都是面向人的，而人不可能脱离他所生活的社会，所以语言是社会性的，这个观点奠定了把语言看作一种社会现象的基础。自此以后，法国的学术界出现了两个趋势：社会学家把语言作为社会事实纳入自己的研究领域，并根据语言材料论证许多假设；语言学家则向社会学家借鉴一般原理来证实语言的特点，寻求把语言学归入社会科学的可能性。这一对互为条件的趋势的发展使社会学向语言学全面渗透，到了 20 世纪初期，一些社会学家便得出了这样的结论："社会学特别容易用来解释语言、语言的构成和语言的变化。"[1]

当时，在法国社会学思想中影响最大的是涂尔干（Émile Durkheim）的学说。涂尔干的一个基本观点就是把社会现象同个人的生理、心理现象截然分开，他指出社会现象不仅存在于个人之外，而且强加于个人，它的外在性和强制性是它区别于个人现象的地方。涂尔干的另一个观点是把社会存在和社会意识看作同一个概念，即归结为社会意识，他认为社会就是"观念的总体"[2]，社会现象本质上是一种"集体的表象"（représentation collective），因而社会学就是关于集体心理的一切。涂尔干力图用他的社会学理论来改造社会科学，在他的影响下，许多语言学家开始研究语言的社会功能，从而掀起了用社会学解释语言现象的思潮。

经过一番酝酿之后，法国语言学的社会学派于 19 世纪末形成了。该学派的奠基人索绪尔吸收了涂尔干的社会学思想和弗洛伊德的心理学观点，发展了自己的一套理论。他认为语言是社会心理现象，是根植于在社会中成长起来的每个人头脑中的词汇、语法和语音的符号系统。个人都是根据社会的心理系统来说出并理解语言。可见，语言作为社会的产物不属于使用这种语言的个人，个人对语言的使用只是一种言语活动。个人从属于社会，言语从属于语言。索绪尔指出语言是一个关系的系统，社会给予这些关系以意义，因此分析语言就是分析社会事实；他主张在对语言的研

1 L. Tarde: *Social Logic*, Part 2, Chapter 5, Paris, P. U. F., 1922.
2 Émile Durkheim: *Sociologie et Philosophie*, Paris, P. U. F., 1924, p.2.

究中区分语言和言语、共时语言学和历时语言学、内部语言学和外部语言学。索绪尔的这些观点在当时具有积极的意义，为法国社会学派的发展开辟了道路。

语言中社会方面和个人方面的区分在索绪尔的后继者——法国语言学家梅耶那里得到了进一步的发展，他认为“语言确实符合涂尔干所提出的社会现象的定义：它独立存在于说这种语言的每一个个人之外，虽然它离开了这些个人的总和就没有任何实在性”[1]。梅耶还坚持语言是纯粹的社会现象，每一个社会范畴都有自身在智力上的表现，因而都有自己的语言。在对多种语言的发展进行了广泛的研究之后，梅耶指出历史语言学不能只满足于揭示语言演变的可能性，还要深入发掘是哪些可变的条件允许和促使这些可能性得以实现。他认为这些可变的条件显然不是生理结构或心理作用，而“社会的变化是可以用来解释语言变化的唯一因素，因为语言变异仅仅是社会变化的结果，这种结果有时是直接的，但在更多的情况下是间接的，或是在受到影响的情况下获得的”[2]。事实上，梅耶的全部研究就是要证明除了遵循一切语言行为所决定的某些普遍规律之外，语言的演变和使用这种语言的社会状态及文化背景息息相关，他的理论已经具有鲜明的社会色彩。

在梅耶之后，法国语言学家房德里耶斯（Joseph Vendryes）的观点充分反映了20世纪初法国语言学中的社会学派倾向。房德里耶斯强调语言是人们使自己的能力适应社会需要的结果，语法的范畴要受到社会生活的制约，“语言是在社会内部形成的。从人类感到有互相交际需要的那一天起就有了语言。……语言是最好不过的社会事实，是社会接触的结果。它变成了联系社会的一种强有力的纽带，它的发展就是由于社会集体的存在”[3]。此外，他还指出社会条件影响着语言发展的速度：“语言愈是向外扩展，愈是被众多而不同的人使用，就发展得愈快。事实上，当语言扩展到和其他语言发生接触的地区的时候，所遭受的影响会使它们迅速发生变化，因此它们容易失去自身的过于特殊的性质。”[4] 这是对于语言社会性的

1　梅耶：《历史语言学与普通语言学》，岑麒祥译，科学出版社，1956年，第230页。
2　同上，第17页。
3　约瑟夫·房德里耶斯：《语言：历史的语言学导论》，岑麒祥、叶蜚声译，商务印书馆，1992年，第14页。
4　同上，第387页。

一种更全面的论述。

夏尔·巴利（Charles Bally）和莫里斯·格拉蒙（Maurice Grammont）是社会学派的另外两位重要成员。巴利是风格学的奠基人之一，他致力于研究语言集团共有的表达感情的手段，主张从语言集团的共同话语中寻找风格研究的材料。他认为运用语言的目的在于使人们互相了解，所以社会环境在语言研究的各个方面都起着重要作用。巴利还强调要研究语言现状，注意区分纯粹智力语言和具有感情色彩的话语。格拉蒙对语音学和语言的美学问题很感兴趣，同时他也主张从社会学的角度研究语言，探讨语言的异化和同化现象。由此可见，法国的社会学派并没有沿着索绪尔的思路而将语言的社会性抽象化、纯净化，而是赋予"社会"以现实的、历史的、发展的、多元的意义，从而拓展了语言社会性的内涵。尽管梅耶等学者对语言的社会性还没有进行系统深入的研究，但他们的一些观点无疑为社会语言学的形成提供了重要的思想来源。

20 世纪 30 年代以来，科学技术以前所未有的速度前进，语言学也朝着多学科的综合研究方向发展，语言研究中蓄势待发的社会意识终于寻得了新的突破口，社会语言学迅速产生并且蓬勃发展起来。1954 年在美国举行的首届社会语言学大会标志着社会语言学的兴起，它的独立学科地位也于 60 年代得到了公认。

总的来说，社会语言学是一门运用语言学和社会学科的理论与方法来研究语言现象的新兴边缘学科。它着力探讨语言和社会的相互关系，分析导致语言差异的各种社会原因，包括社会的各种因素与语言变化的关系，社会条件和语言变异之间的因果关系，人们在社会中如何根据各种环境恰当地使用语言，以及如何从数量、频率、谈话的类型等方面理解语言在社会生活中的作用。正如海姆斯（Dell Hymes）所言，社会语言学是"社会现实的语言学"（socially realistic linguistics）。现实生活中语言交际的方式是由社会功能决定的，社会语言学的任务就是要解释和分析社会共同体的各种谈话方式以及使用这些方式的条件和意义。由此可见，社会语言学不是社会学、人类学和语言学的简单混合物，也不局限于从多种角度来进行语言研究，它探讨语言交际的各个方面，涉及语言的变异和各类社会集团，突出语言中"人"的因素，通过语言社会功能的研究来加深对社会体系的了解。社会语言学的这种全面性使得它拥有了宽广的研究范围：

双语、双方言、语码转换、专门用语、语体、语言规则、文学体裁和话语类型等。

社会语言学客观地证明了普通语言学研究对社会现实的忽视，在事实上拓宽了语言学的视野，深化了语言学的层次，弥补了结构语言学者们描写纯语言的不足。近年来语言风格和语域研究的加强，语义和语用等研究领域的开辟，可以说都和社会语言学的兴起不无关系。作为普通语言学的补充与发展，社会语言学的研究对象是处于中间位置的语言变化，它的研究结论建立在实践的基础上，因此，社会语言学也为翻译学的研究开辟了一条新的途径，对翻译活动中的实际问题起着指导作用。在社会语言学的研究里，语言首次跨出了自身封闭的体系，融入了社会，融入了整个人类行为系统之中，与社会系统相互作用。社会语言学尽力避免语言研究的片面性，这对于追求准确传递信息的翻译活动具有重大意义。然而，由于社会语言学否定语言的抽象性，在它对翻译活动的研究中便潜伏着忽视理论概括的消极倾向。我们已经意识到，社会语言学不能满足于对翻译实例进行表面的、空泛的研究，而应该对它们进行归纳并在理论层次加以概括，只有这样，翻译的社会语言学研究才不会在实例的海洋中迷失了方向。

第二节　翻译的社会语言学基础

社会语言学关注语言的交际本质，它的研究重点在于言语，而非语言；在于功能，而非结构；在于语境和变体，而非信息本身；在于语言的可接受性，而非语言的任意性。在《翻译的社会语言学基础》一书中，莫里斯·贝尔尼埃就从这个理论出发，将“信息参量”的概念引入翻译理论之中，并对它们加以新的阐释。

美国翻译理论家奈达曾经指出，翻译的首要任务是追求“信息的对等”，这一观点自问世以来就有着深远影响。信息的传递不可能脱离外部环境，那么信息的发送究竟受到哪些因素的影响呢？贝尔尼埃就此提出了信息发送环境的四个参量：发送主体（l’émetteur）、发送客体（l’objet）、接收人（le destinataire）和发送媒介（le vecteur）。发送主体即发送信息的人；发送客体指被发送的物体，也就是信息；接收人即信息的接收者；发送媒介就是信息传递的渠道，即语言。信息的传递过程就是发送主体通过发送媒介将发送客体传递给接收人的过程，当这四个参量中的任何一个发生变化时，信息的发送环境也随之改变，整个陈述（énoncé）的含义就会发生变化，因此这几个参量在信息的产生和接收中起着举足轻重的作用。

贝尔尼埃对信息传递过程的分析让我们看到了译者在翻译活动中的特殊地位：译者首先作为接收人，接收作者以原文语言为媒介所传递的信息，然后作为发送主体将接收到的信息以译文语言为媒介，传递给懂得这种语言的接收者。由于翻译是两种语言之间的转化，译者不得不先进行译码——接收信息，再进行编码——转换发送媒介，最后才能完成信息的传送。经过以上的分析，我们可以得出这样的结论：在翻译过程中，译者必须以信息传递为中心任务，充分重视发送主体、发送客体、接收人和发送媒介这四个信息参量对语义传达的影响。对于信息参量的分析可以有效地避免曲译和误译，增强翻译的准确性，这也是译者将信息准确反馈给读者的重要条件。

翻译活动是以语言为媒介的信息传递，因此原语和译语之间就必然会发生联系并且相互作用：透过信息，两种语义形式化系统（systèmes de formalisation du sens），两种语码（codes）也就被联系起来。在“翻译与语言接触”一章中，贝尔尼埃就原语和译语的相互影响问题做了专门研讨，从不同的翻译方法角度对此进行了论述。卡特福德曾提出翻译有三种方法：逐字翻译（word-for-word translation）、直译（literal translation）和意译（free translation）。贝尔尼埃认为这种划分固然不尽妥当，却清楚地展现出原语和译语之间的相互影响。前两种翻译方法正是因为拘泥于词句等语言结构，所以无法排除原文的语言结构对译文所产生的干扰，最终造成译文向原文妥协，形成了既非原语又非译语的混合体系（hybridation de systèmes）的后果。

关于语言干扰的研究表明：语义各组成部分之间的转换不是翻译，在不同的语言中，两个陈述之间的对应并非表现在字数、词的意义、语法作用或是词汇的对等这几个方面，而在于语义（le sens）的对等。语言干扰问题的实质就是原文的结构对译者产生影响，使其不能用自然的译文来表达原文的意思。然而，翻译追求的是整个陈述的全面对等，而逐字翻译或望文生义的翻译却拘泥于陈述中各个片段的对等，所以贝尔尼埃认为，严格来说，逐字翻译和直译都不能被称为“翻译”，而是一种“语码转换”(transcodage)，真正的翻译只能是卡特福德所说的“意译”。贝尔尼埃对于翻译过程和译者地位的分析也说明了逐字翻译的不可行性，因为逐字翻译是将语言与信息割裂开来，片面追求字面上的对应，而不去挖掘字句中所蕴含的信息，根本没有把翻译活动当作信息传递，因而也就缺少了正常翻译过程中应该具有的信息接收与再传递的过程。由于译者本人对于原文的信息无从把握，他传递给读者的只会是毫无意义的语言符号。

贝尔尼埃的分析说明了语言干扰产生的原因，然而如何才能避免语言的干扰呢？贝尔尼埃对此未做明确的阐述，但是我们不难从他对翻译过程的分析引申出他的观点：首先，译者应当仔细阅读有关的语段，透彻地理解它的意思，并在头脑中形成一个意象——这相当于翻译过程中的“译码”。译者在这一步骤中作为信息接收人。然后，译者将不再用原语，而是改用译语进行思考，处理所获得的信息，把它当成自己的思想表达出来，这就是翻译的第二个步骤——“再编码”过程。这时的译者作为发送主体把原有的信息以最自然的方式传递给译文的信息接收人——读者。经过这个思维过程，译者就不会局限于原语的表达方式，而能够自由运用译语的表达方式，将原文的信息贴切地传递给译文读者。

在贝尔尼埃看来，原文对译者的过分干扰构成了原语与译语相互影响的负面[1]，然而，正如萨丕尔所言：“语言，像文化一样，很少是自给自足的。交际的需要使说一种语言的人和说邻近语言的或文化上占优势的语言的人发生直接或间接接触。交际可以是友好的或敌对的，可以在平凡的事务和交易关系的平面上进行，也可以是精神价值——艺术、科学、宗教——的借贷或是交换。”[2] 由此可见，两种语言的接触既能导致负面影响，也可以产生积极的结果；身处于两种语言之间的译者便肩负重任，他不仅要努力避免生搬硬套原文的语言结构，还应该充分重视语言接触的正面影响，在读者可以接受的条件下，将原语的某些表达方式在译文中加以表现。

贝尔尼埃的另一个重要理论贡献是他对于语言的交际作用的深入分

---

1 参见 Maurice Pernier: *Les fondements sociolinguistiques de la traduction*, Paris, Librairie Honore Champion, 1978, pp.75–79。

2 萨丕尔：《语言论：言语研究导论》，陆卓元译，陆志伟校订，商务印书馆，1985 年，第 173 页。

析[1]。他认为语音与语义之间约定俗成的联系建立在言语交换的基础上，而言语传递的对象是以交际为目的的语段。正如同语言不是现实的简单反映或是词语的总汇，语言也不仅仅是交际行为的物质基础。语言在参与交际的过程中保持了自身的特性，而交际行为又将语言作为交际的工具，组成“语码”。从这个角度看，语言所表现出来的最明显的作用，并不是它对交际的服务，而恰恰是它对交际的阻碍，即它给交际行为设置的障碍。这一点可以从全人类使用语言的情况中得以证明：由于各种语言具有各自不同的习惯表达方式，这些表达方式又纷繁芜杂，信息就不可能通过同一架桥梁进行直接的交流。翻译中所有的问题都建立在语言的这种“不可交流性”上。从交际的角度来看待语言现象时，我们必须要考虑到语言的“不可交流性”，这种特性甚至可以掩盖语言的社会性和同一性。

贝尔尼埃关于语言在交际活动中的双重作用的论述突破了以往的语言学家的“语言是交际工具”的观点，揭示出语言的相异性给交际活动造成的障碍。他从正反两个方面进行分析，较为全面地展现了语言在交际活动中的地位，并指出语言之所以成为交际活动的工具或是障碍，都是出于同一种原因，即社会所决定的语言特性。由于语言对交际起到的阻碍作用，一种语言与另一种语言之间的信息传递便会发生困难。理解了这一点，我们在翻译研究时就能够做到目标明确：因为语言的相异性造成了翻译的困难，翻译研究的重点应该放在分清两种语言的差别上。为了更加便利地研究语言差别，贝尔尼埃引入了“方言”（idiome）这个概念，他指出，一种“方言的表达方式”只有在和另一种语言中与它对等的表达方式做比较时才有意义，换言之，“方言”是一个相对的概念。翻译是两个言语共同体之间为了实现指称功能和相互理解功能而采取的手段，语言的任意性只有在这种情况下才会转化为方言性。每一种语言对于另一种语言来说都是方言，这一点表现在语法体系及其应用上。因此，我们可以这样来定义“方言”：所谓方言，就是有一定历史渊源，被特定的言语共同体所使用并且在言语活动中实现的语言。

当我们把语言当作“方言”来研究的时候，语言单元（unité de langue）

1 参见 Maurice Pernier: *Les fondements sociolinguistiques de la traduction*, Paris, Librairie Honore Champion, 1978, pp.275–278。

的问题就出现了。通过对一门语言的词汇、句法的分析，可以得出“所指单元”（unité de signifié），但语言的意义不仅表现在语法上，还表现在言语的实际运用中。“习语单元”（unité idiomatique）就是这样一个建立在语言制度化和约定俗成的特点之上，反映了语言中的社会因素的概念。根据贝尔尼埃的观点，习语虽然由几个词构成，却只相当于一个词的含义；它与单独的语言符号没有本质的区别，但它比单独的语言符号更具任意性，因此习语单元的确定是翻译的难点。我们应该看到，习语并非语言与信息之间的障碍，而是两种语言之间的一种隔阂。这种隔阂不表现在结构上，而是根源于社会习俗的差异。为了能够正确地划分习语单元，在译语中寻得可能对等的词组或习语，译者必须对两种语言的社会文化背景有深刻的了解。

在《翻译的社会语言学基础》一书中，贝尔尼埃还运用社会语言学的观点，从词汇结构与指称的现实、意义与语义场、意义与“相近的概念”、语言系统与世界映象、语言结构、语义场与语境、关于色彩的词与翻译等多个方面对词汇与翻译的问题进行了比较深入的分析。尽管从理论探讨的角度来看，贝尔尼埃的许多观点还有待商榷，但他运用社会语言学的研究成果对翻译问题进行研究的方向是值得肯定的。贝尔尼埃关于语言在交际中双重作用的论述，不但揭示了语言对交际的阻碍作用，还能启发我们推论出语言的社会本质。多种多样的语言是在不同的社会文化的滋养之下产生的，它们无时无刻不在反映着各自代表的社会与文化。社会文化的多样性造成了语言的差异，使语言之间产生隔阂。为了使不同的语言文化之间得以交流，就必须消除这种隔阂；翻译活动的使命正在于此语言的社会性体现了社会文化对语言的影响，译者在翻译过程中必须重视原语的社会文化背景，避免由于文化差异而出现错译现象，时刻牢记翻译活动所承担的并不是两种语言的转换，而是两种社会文化的交流。

第三节 翻译与“科学场”概念

自从20世纪70年代以来，法国著名社会学家皮埃尔·布尔迪厄（Pierre Bourdieu）关于文学、艺术等文化产物的象征权力（pouvoir symbolique）的论述引起了学术界的关注，他的社会学观点也逐渐受到翻译理论和翻译历史研究学者的重视。让-马克·古昂维奇的《翻译的社会学——20 世纪 50 年代法国文化空间中的美国科幻小说》一书就借鉴了布尔迪厄的“科学场”（champ scientifique）等理论，通过对美国科幻小说翻译现象的分析，力图树立起全新的翻译社会学观，揭示象征产物跨越不同文化空间的客观逻辑。

何谓“科学场”？布尔迪厄对此做过这样的描述：科学场是通过斗争取得不同地位的各种力量的客观联系系统，是它们抢夺“科学权威”（autorité scientifique）和“科学能力”（compétence scientifique）垄断权的竞争场所。“科学权威”表现为技术能力和社会权力的不可分割的结合体，而“科学能力”指的是在科学领域内拥有言论和行动的合法权力。[1] 布尔迪厄还强调每一个“科学场”的形成都要依靠某些因素的作用，建立起一定的结构，并且投入特殊的筹码。

古昂维奇充分肯定了“科学场”理论。他认为，尽管翻译的理论研究最先是在语言学的范围内展开的，20 世纪 80 年代之前的语言学理论对翻译研究的帮助亦不可抹杀，但是雅各布森、奈达等语言学家的学说和方法论毕竟是和他们所处的社会文化发展阶段联系在一起的。时至今日，如果我们依然抱着他们的理论不放，那就无疑会将翻译学引回到一条老路上去。既然翻译学作为一门特殊学科（discipline sui generis）的地位已经得到了确认，那么翻译研究就必须与传统的语言学理论做一个了断，而将其重心放在动态的“翻译场”的建构之上。布尔迪厄的社会学观指出理论研究的“客观化”（objectivation），如果离开了自身出发点和整体环境，那么这种“客观化”的科学性只可能是部分的，或者是虚假的。于是，古昂维奇便将他的翻译学研究建立在了对 20 世纪 50 年代法国文化接受美国科幻小说这一具体社会现象的分析之上。

第二次世界大战的硝烟尚未散尽，美国的科幻小说便在法国被大量地翻译并出版，这股热潮为翻译研究提供了绝佳的实例，因为如此广泛地将一种外来的文学类型引入另一个国度的文化空间的情况是极为罕见的。最使翻译理论工作者感兴趣的是，在美国科幻小说被翻译的同时，与之相关

---

1 参见 Pierre Bourdieu: «Le Champ scientifique», *Actes de la recherche en sciences sociales*, n°2/3, juin 1976, pp.88–104。

的制度类型（modèles institutionnels）也被吸收了过来，如创办专门的杂志，成立读者俱乐部，设立各种奖项等。通过法国社会对美国科幻小说的“平移”，古昂维奇试图对外来文本在接受社会的生存和由此引发的社会学、符号学等问题进行整体的分析，他的目标不在于对翻译做出完整详细的阐述，而是利用社会学这一宏观理解的工具，揭示出翻译现象中尚未被发现或有待发展的方面。

早在20世纪50年代，美国的科幻小说便成为许多国家深入研讨的对象，到了60年代，美国的大学纷纷开设了科幻小说课程，从符号学、社会学等角度对这种文学类型进行细致的分析，可见美国科幻小说在西方社会造成的巨大影响。古昂维奇就是在50年代法国文化界对美国科幻小说的热烈欢迎中得到了启发，他指出，如果我们只看到了科幻小说翻译的文本结果，而没有注意到这种文学类型和一定的意识形态所构成的社会制度类型，那就像是在茂密的森林中只瞥见了一棵树木。翻译的理论研究不该局限于被翻译的或将被翻译的文本，也不能满足于以文化为参照，因为翻译要克服的不仅有语言的障碍和文化的差异，它还要经受社会事实的考验。古昂维奇认为布尔迪厄的“科学场”理论可以用来揭示美国科幻小说在翻译过程中所经受的操作与转换，从而说明它是如何作为一种新的文学体裁进入法国文化空间的。他认为，这种“进口”不是杂乱无序的个人行为，因为在文本被翻译的同时，美国的出版机制也被移植了过来。在法国出现了专门从事科幻小说创作的作家，从书店到爱好者俱乐部，再到狂热的读者，一张科幻小说的交流网迅速形成了。从此以后，只有专门的“科幻小说场”才有权对这种文学类型下定义，并对其创作优劣加以裁决。

布尔迪厄对文化产物的分析告诉我们，象征力量的争夺不是靠个别文本的作用便能实现的，它的动力来自某个社会集团对一种文学体裁的共同兴趣。翻译研究由此提出了一个关键问题：当科幻小说这种文学体裁在美国文化空间形成并通过翻译进入法国文化空间时，它又是被法国社会的哪一个集团所接受的呢？从人类学的角度来看，科幻小说中对于外星生命物质的想象反映了人类征服太空、拓展生存空间的科技乐观主义。在戏剧化的科幻世界中，只有那些对物质转化、生命变形等现象毫无畏惧的人才是最终的胜利者。因此，当20世纪20年代美国的科学研究开始走向工业化时，科幻小说也就在“亲技术”（technophile）的资产阶级迫切渴望提高自身社会地位的呼声中形成并发展起来。20 世纪 50 年代科幻小说在法国文化空间所取得的成功也是和法国技术资产阶级的崛起联系在一起的，古昂维奇由此得出了这样的结论：在法国对美国科幻小说的翻译热潮中，目的语社会（société cible）中的接受集团和原语社会（société de source）的倡导集团的地位是相对应的。为了证明这一点，古昂维奇重点介绍了美国科幻小说翻译热潮中的核心人物：鲍里斯·维昂（Boris Vian）、雷蒙·凯诺（Raymond Queneau）和米歇尔·皮洛丹（Michel Pilotin）。他还指出，这些文化大家凭借自身的象征权力，积极倡导美国科幻小说的翻译，实际上是为社会变革做宣传，为新兴工业资产阶级争夺权益。

古昂维奇的研究勾勒了美国科幻小说进入法国文化的历史过程：在 20 世纪初，科幻小说创始人之一、英国作家 H. G. 威尔斯的作品就被当时法国颇具影响的两大文学刊物《法兰西信使》和《新法兰西杂志》翻译刊登，从此科幻小说这一主题便引起了法国文学界的关注。20 世纪 30 年代，美国科幻小说开始被翻译成法语，然而最初的尝试遭到了冷遇。与传统文学相比，科幻小说还处于一种“副文学”（paralittéraire）或“次文学”（sublittéraire）地位，面临着边缘化的危险。这归根结底是由当时绝大多数法国资产阶级的社会“代码”决定的，他们害怕科学技术会引发社会变革，从而导致权力的重新分配。一直到二战以后，科幻小说的翻译才获得了巨大的反响。古昂维奇认为这一成功是法国社会要求变革的文化征兆，他指出科幻小说实质上体现了美国模式的扩张企图，因而在法国文化对科幻小说的引进过程中，翻译也就成了美国民族主义的传送带。自从 50 年代以来，美国作家在法国的科幻小说场中始终占据着霸主地位。半个多世纪过去了，法国本土作家受读者欢迎的程度依旧无法与之抗衡，这就使我们不得不追问美国科幻小说究竟具有怎样的文化资本，能使其长期立于不败之地。为此，古昂维奇主张建立一种翻译的“全球地缘政治学”，他认为翻译活动“方向”的确定绝不是偶然的，具有“强大合法性”的社会的作品往往会成为翻译的对象。尽管随着接受社会中象征权力的斗争，某一个科学场的结构会发生一定变化，但翻译结果中体现文本来源的翻译印记还是会树立起原语社会的形象，这也就是我们在美国科幻小说的法语翻译中依然能看到美国模式压倒一切的气势的原因。

古昂维奇指出，外来文本的翻译中“社会性标记”的保留有两个极端的表现：(1) 当原作在原文化中代表着较高的象征资本，或原文化具有获得强大合法性的先兆时，作品的外来性被夸张地表达。(2) 以多种方式隐匿文本的外来性，包括作者姓名的“入籍”，译者以改写的形式跃居作者的地位等。古昂维奇强调译者应该注意自身在翻译活动中的影响力，他认为翻译行为根源于原作和具有一定“社会代码”的译者之间的相遇，在任何翻译活动中，译者都要遵守一定的实践原则，努力传达文本的结构逻辑。

布尔迪厄曾经用文化财产的市场逻辑来指导对象征产物的研究，认为在西方自由经济条件下，自由竞争的市场法则调节着文化财产的生产、传播和消费。受这一观点的启发，古昂维奇也指出，作为一种文化行为，翻译只有在符合市场规律时才能体现出它的社会效应，即译者的翻译意愿和翻译成果必须得到读者的响应、文学批评的关注，甚至各种评奖活动的青睐，才可能造成一定的社会影响。他认为，自由竞争的出版商是推出新人、新作、新文学品位的积极力量，为了获得最大利益，他们在选择翻译对象时首先会考虑业已承受住了目的文化考验的作品；由此可见，译作与原作受到同一个客观逻辑的作用：在文化场中，最具欣赏性的作品会被大众接受并占据垄断地位。

尽管布尔迪厄的理论不是针对翻译研究而建立的，在其论述过程中也从来没有对翻译现象进行专门研究，但是在古昂维奇力图揭示翻译的“社会筹码”的研究中，这种将翻译纳入意义系统的社会学理论是必不可少的。对美国科幻小说“插入”法国文化空间这一现象的社会学分析对翻译理论研究也具有重要的借鉴意义。70 年代以来，译学家们致力于争取翻译科学的合法地位，翻译研究因此呈现出多元化局面，心理语言学、符号学、美学等理论流派纷纷形成，而翻译活动的研究重心也有过程（processus）、结果（produit）及功能（fonction）之分，古昂维奇认为这些对理论研究具有启发意义的区分系统应该被视作社会的产物。于 80 至 90 年代形成的文化研究、多系统理论、文本的社会学批评等学说也或多或少地涉及翻译文本中的“社会学理念”，这预示着社会学将在翻译研究中取得愈来愈重要的地位，正如布尔迪厄所说的那样：“如果说社会学占有优势的话，这个优势就在于它并不是凌驾于它所区分的概念之上，而是将自身也列入这些分类之中，并且大致找到它的归宿……将科学研究对象置于历史和社会之中不是走向相对主义，而是为确定认知限度提供条件，以便获得正确的认识。”[1] 由此可见，社会学与翻译理论之间实际上存在着认知主体和认知客体的关系。

除了将社会学理论应用于具体的翻译现象研究之外，古昂维奇的贡献还在于他借鉴“科学场”的概念对译学理论的前景做出了科学的展望。他指出，为了使新兴的翻译学取得与其他人文科学相等的“合法性”，就必须建立起一个翻译学的科学场，即“翻译学场”（champ traductologique）。由于翻译活动是社会文化行为的组成部分，翻译学不仅要研究自身特有的规律，还应该涉及人文科学领域共同关注的问题。翻译学应该逐步成为自治的知识场（champ autonome du savoir），它的最大“筹码”就是自身科学地位的确立，以便争取特殊的象征权力。古昂维奇的这些观点无疑为译学理论的思考带来了新的理论与方法。

第四节　翻译的“介入理论”

法国社会学家让·加涅班（Jean Gagnepain）的“介入理论”（la théorie de la médiation）将人类的整体行为作为研究对象，力图揭示人类具有使用语言表达、写作等特殊功能的原因。这种理论并非针对翻译研究而设，然而让·皮特斯指出，翻译作为一种人类现象，理应被包括在对人类社会运行的研究之中，因此，他的《异的介入——翻译的一种社会语言学观》便以加涅班的理论为基础，从全新的角度来探讨翻译这个古老的课题。皮特斯的研究不强求对翻译现象的方方面面做出描述，也不着眼于对某部作品的具体翻译方法的探讨，他的目的在于通过采取特殊的解释机制和评论方式，对翻译理论研究提出一些有待证明的假设，从而拓展翻译学的研究领域。

从认识论的角度来看，皮特斯首先要证明翻译并不是一种自足的行为，而是牵涉到了人类活动的诸多方面，换言之，他必须对翻译的本质问题加以阐释。美国语言学家雅各布森曾经将翻译分为语内翻译、语际翻译

1　参见 Pierre Bourdieu: *Questions de sociologie*, Paris, Minuit, 1984。

和符际翻译三大类[1]。语内翻译涉及的只是同一种语言内部的解述、等值和同义性等现象。符际翻译主要指对某个“素材”的形式多样的处理方式，可以视为从一种符号系统到另一种符号系统的“符际搬移”，例如从语言到音乐、舞蹈、电影或者绘画艺术的转换等[2]。雅各布森认为，严格意义上的“翻译”应该是跨越语言界限的文本操作，而语内翻译和符际翻译都不是“将一种语言符号用另一种语言来诠释”，因此只有语际翻译才能被称为“真正的翻译”。

从雅各布森对翻译现象的阐释中，我们可以看出他强调的是翻译中的语言学问题，他的观点曾经被许多语言学家所接受。事实上，许多翻译学校或翻译课程也都把研究和教学的重心放在了跨越语言的翻译之上。当雅各布森为翻译划出界限时，他实际上也就将对翻译的研究囿定在了某些学科范围之内：语内翻译是语言学的研究对象，翻译学探讨语际翻译，符际翻译则属于符号学的范畴。皮特斯对此提出了异议，他认为雅各布森对翻译研究的表达无疑过于简单化，翻译是一个极为复杂的行为，它所涉及的远远不止是语言符号间的过渡。根据加涅班的社会学观点，人类的特性是具有四个相互区分的、平行的功能：通过言语表达意义；使用工具改造世界；建构社会关系；确定行为规范。在他的“介入理论”中，人类的这四种能力被称为“符号”（le Signe）或“符号的论证”（dialectique du Signe）、“工具”（l'Outil）或“工具的论证”（dialectique de l'Outil）、“个人”（la Personne）或“个人的论证”（dialectique de la Personne）以及“规范”（la Norme）或“规范的论证”（dialectique de la Norme）。皮特斯将这种功能划分应用到了翻译研究中，他指出翻译行为也包括语言运作（fonctionnement linguistique）、技术运作（fonctionnement technique）、社会运作（fonctionnement social）和规范运作（fonctionnement normatif）四个层面。

根据皮特斯的阐释，翻译的语言层面指掌握不同语言的译者先理解出发语词句的意义，再用目的语加以传达的过程。翻译活动必定会涉及语言学问题，这就要求建立一种解释译者如何通过遣词造句来表达意义的翻

1　参见 Roman Jakobson: *Aspects linguistiques de la traduction, Essai de linguistique générale*, Paris, Minuit, 1963, p.79, p.86。
2　同上。

译理论。皮特斯强调翻译学的“概念化”（conceptualisation）需要以语言学理论为基础，作为人文科学的“指路科学”（science-phare），语言学为初期的翻译学提供了巨大帮助。然而，在肯定语言学不容忽视的地位的同时，皮特斯也指出了它的局限性，他认为翻译从根本上说并不属于语言学范畴，因为作为一种“对话行为”（acte d'interlocution），翻译不仅仅是在使用不同语言的人之间进行。可见翻译的基础不在于语言符号的表达能力，而是取决于人们建构社会关系以及进行人际交流（échanges interpersonnels）的能力，其中便包括形成人类使用工具的能力，即翻译的技术运作。

由于以往的译论研究大多围绕笔译展开，着重对语言和意义问题的探讨，翻译的技术性方面便很少为人提及。皮特斯则强调，在这个翻译形式日益多样化的时代，翻译的技术运作应当引起重视。为此，皮特斯将美国影片《漂亮女人》法文字幕及配音做了比较。他让我们看到，由于时间（字幕随着画面的转换而跳行）和空间（以不影响画面为前提）的限制，法文字幕经常略去一些次要的词句，而配音则必须为配合演员的口形而设定对白。皮特斯还举了一个更生动的例子：在英语中有一个表示某件事不可能发生的习语“when pigs can fly”（直译：当猪会飞的时候），法文与之相对应的表达方式应该是“quand les poules auront des dents”（直译：当母鸡长出牙齿的时候）。法国的一家电视台曾播出过法语版的美国动画片《辛普森一家》，片中某个人物的一句台词被直译为“Je donnerai un million de dollars à l'orphelinat quand les cochons voleront.”（到猪会飞的时候，我就给孤儿院一百万美元。），因为这时天空中真的飞过一头猪——在这个荒诞滑稽的故事中，这头猪是被水柱喷射向空中的。通过动画片场景与台词的技术配合，人们便轻松地接受了双语词典都不曾收录的一个习语的翻译。

翻译的社会运作是皮特斯研究的重点，他认为翻译是处于社会关系中的人通过符号而体现的一种能力，因此在对翻译活动的分析中，社会关系是不可忽略的因素。为了说明这一点，皮特斯谈到了法语中对第二人称主语代词的翻译问题。我们知道，英文中的 you 在法语中可以翻成 tu（你）或 vous（您，你们），然而以“你”相称或以“您”相称在法国代表着一定的社会关系，法国人对朋友亲人称呼“你”，对陌生人或地位比自己高的人则以“您”相称，例如学生称呼老师时用“您”，而老师对学生既可称“您”也可称“你”。因此，法语在翻译 you 时就必须考虑到对话者（interlocuteurs）的社会关系，比如在翻译产品说明书，考虑到生产者和消费者之间的距离，我们就应该将 you 译成 vous。可见，翻译中类似于 tu 或 vous 的选择并不属于语言范畴，而是由对话者之间的社会关系决定的。皮特斯认为，由于翻译活动体现了一定的社会关系，文学作品和商业资料的翻译就应该有所区别，正如爱德蒙·加里指出的那样，“翻译不局限于语言学行为，每一种文学体裁的翻译都有其自身规律”[1]，而为了忠实地传达原文信息，译者就必须遵循这些规律，在翻译实践中确立一定的准则与禁忌。在皮特斯看来，译者的这种决定取舍的权力便构成了翻译的规范运作。

在《异的介入》一书中，皮特斯将他对翻译社会语言学观的阐述分为三大部分：(1) 语言；(2) 语言和译者；(3) 交流中的语言。第一部分研究语言在翻译活动中的功能，即“符号能力”。言语学（glossologie）认为任何语言行为无非具有辨认（identification）、定位（localisation）、中断（rupture）、涵盖（parcours）和节取（extration）等功能。这种理论显然过于笼统，因为它只着眼于词、义素、音素和音节的功能分析，对陈述者及他所使用的陈述语言却不做深究。事实上，社会学家们早已经发现，任何民族都有自己的方言，即使操同一语言的人，由于职业、年龄、性别和社会地位的不同，他们的言语也存在着差异；由于交际对象或场合的不同，同一个人对语言的运用也会改变。可见，人类对语言的使用始终具有任意性，由此便形成了语言的“方言化”现象和社会学意义上的“不可公度性”。加涅班的“介入理论”主张在对人类交往的分析中强调“人的能力”，皮特斯吸收了这一观点，他指出，言语学的缺陷在于它没有意识到任何语言行为的主体都是社会中的人。在“言语交流”（échange verbal）中，人既是语言学意义上的“说话者”，也是社会学意义上的“对话者”，因此，翻译课题的研究不仅要涉及语言学或言语学分析，更应该借助社会学理论，对“语言”“方言”“个人习惯语”等不同的语言集团的功能加以辨认和解释。

1　Edmond Cary: *Comment faut-il traduire?* Lille, P. U. L., 1986, p.49.

皮特斯还指出，作为一种对话行为，翻译的任务就是完成信息的传递。无论是各种体裁的文本的书面翻译，还是对话者之间的“话语”（paroles）交流，也不管采用什么技术，只要完成了信息的传递，翻译活动便实现了，这两个过程并不是分而治之的。皮特斯以乔治·斯坦纳的观点总结了他对语言和翻译的关系的思考：从本质上说，符号学或语义学中从“发出者”到“接受者”的过程是和翻译理论中从“原语”到“目的语”的跨越相对应的。两者都涉及一种辨认和解释的操作，以及编码和解码的替换。确切地说，翻译就是用一种语言对任何构成信息传递的言语行为进行描述。总之，无论是在某种语言内部，还是从一门语言到另一门语言，信息的传递就是一种翻译。[1]

译者在翻译实践中所发挥的重要作用已经是毋庸置疑的了，而翻译理论关于译者地位的阐释还有待发展。在第二部分中，皮特斯通过揭示不同语言的存在和译者之间的联系，深入分析了翻译职业存在的理据。他认为，对于任何一个对话者来说，语言无非有“外来语言”（langues étrangères）和“自有语言”（langue propre）之分。当对话以“自有语言”进行时，信息的传递没有问题；当遭遇“外来语言”时，对话者之间就会出现理解的断层，填补这个断层便是译者为人所需的原因。皮特斯指出，既然翻译活动不能被简单地视为一种寻求语义对等的语言学操作，那么译者也不仅仅充当着语言转换者的角色。由于语言的隔阂归根结底来自对话者的历史文化背景差异，译者要克服的应该是社会学意义上的语言障碍；为了完成信息的准确传递，他首先要分析对话者之间特定的人际关系，并且把自己也当作“对话者”加入以出发语言和到达语言进行的交流中去。皮特斯还主张将专业翻译和语言教学中的翻译区分开来，因为前者体现的是译者与对话者之间的供求关系，而后者则代表着老师与学生之间的知识传授和索取。他认为，正是归功于译者的辛勤劳动，各种社会文化之间的交流才突破了语言的界限，在如今这个国家民族间的交往日益频繁的时代，翻译已经成为一种不可或缺的职业。

《异的介入》的最后一部分探讨了我们应该对语言交流持何种观点的

1　参见 George Steiner: *Après Babel: une poétique du dire et de la traduction*, Paris, Albin Michel, 1978, p.56。

问题。对于翻译中的语言接触，学者们主要抱有两种态度：一种较为保守，主张维护自有语言的传统，拒绝对外来语言实行“利他主义”；另一种较为开放，承认外来语言的干扰，提倡对自有语言进行改良。许多译学家都使用了一组对立的术语来阐述这两种论调并表明自己的倾向：安托瓦纳·贝尔曼认为译者的“民族中心主义”要胜过“伦理观”；亨利·梅肖尼克指出翻译中“兼并”多于“中心偏移”；让·勒内·拉德米拉尔与其说是“出发语主义者”，不如说是“目的语主义者”；尤金·奈达对“动态对等”的追求超过了“形式对等”；彼得·纽马克则强调翻译应该侧重“交际的”方面而不是“语义的”方面。

皮特斯总结了前人的这些观点，指出民族中心主义会造成对外来文化的否定和排斥，这与翻译作为文化桥梁的作用是不相容的。绝对的“民族主义”会抹杀翻译存在的理据，然而对外来语干扰的全盘接受也会使原语言失去它的“社会身份”。因此，以翻译形式进行的对话既要维护本民族语言文化，也要尊重外来的“异”的成分，这两种态度的结合就是译者努力达到翻译的“忠实”的基础。“异”的消融是由译者来完成的，“异”的保留程度也是由他来控制的，所以在翻译活动中，译者才是真正的“语言主角”。

通过对《异的介入》的三大部分内容的介绍，我们不难看出，皮特斯力戒对翻译行为做出纯语言学的解释，他坚持从社会语言学的角度出发，将翻译活动置于人的能力与符号能力相互影响的系统中加以研究，强调翻译活动中所体现的人的社会能力。在他看来，正是由于人类建立起了具有特定结构的社会关系，语言从此有了你我之分，言语交流中便无可避免地产生了理解断层的问题，而翻译则是人们解决这个问题的有效手段。因此，翻译活动存在的理据并非来自语言的差异，而是根源于它的社会属性。作为一种对话行为，翻译也符合言语交流的普遍法则。在面临“异”的考验时，译者只有准确地把握自有语言和外来语言之间的干扰，才能够做到信息的忠实传递。

自从人类社会形成以来，翻译活动就存在了，译学研究则是在最近一个多世纪内才蓬勃发展起来的。在几代致力于翻译研究的学者们的推动下，翻译学的探讨范围不断得到扩展和深化，它与其他学科的联系也日益紧密，而社会语言学以其求实、全面的特点，为译学研究提供了重要的理论及方法的支撑。在 20 世纪 70 年代，关于翻译的社会学研究著作还屈指可数，而时至今日，无论是对翻译实践的细节处理，还是对译学理论的系统反思，社会学观点都起到了一定的指导作用，布尔迪厄的“科学场”和加涅班的“介入理论”等社会学研究成果又为翻译学开辟了更为广阔的空间。值得一提的是，在对这两个理论的借鉴中，古昂维奇和皮特斯始终坚持客观理智的态度。他们看到，任何理论都不可能兼顾到翻译活动的所有方面，随着时间的流逝，任何一种对翻译活动的解释也都有可能被修正、发展，因此，他们将自己的研究限定在以某种社会语言学观对翻译的起源、现状和前景做出解释、描述和展望。可见，随着翻译学和社会语言学本身的发展，翻译的社会语言学观也在逐渐成熟，相信今后这种科学的研究手段仍然会为我们的翻译理论带来重大的启示与帮助。

第九章 翻译的文化视界

1827 年，德国的文学巨擘歌德向世人断言："世界文学的时代已快来临。"这个基于对东西方文学综合考察之上的"世界文学"的概念，预示了自歌德以后的漫长时代中，人类文化交流和融合的基本方向，标志着人类的世界文化意识的新觉醒。然而，人类的文化交流不仅在时空上受到物质生产水平的制约，其自身的载体——语言，也因各民族特有的文化沉积和体现而不可避免地存在着在彼此认知和理解上的局限性。挣脱语言的囹圄，消除异域文化的隔阂——这正是翻译的使命之所在。

毫无疑义，作为人类大家庭中的一员，自古以来，中华民族就一直在继承和发展世界文化这笔共同的财富。五四新文化运动之前，我国历史上曾出现过两次翻译的高潮：首先是唐宋以前大规模的佛教经典翻译；再就是清末鸦片战争之后的西方文学、哲学和自然科学著作的译介（后人称之为"西学东渐"）。然而，与这逾时千年的翻译实践相比，有关译论研究的进展就显得十分不相称，虽然其间也出现过一些关于佛经移译的方法，维新派提倡的"广译""善译"说，以及后来严复的"信、达、雅"三原则等零星译论，但毕竟未从广度和深度上再进行更详细、更有力的阐发。然而就在这中国学界"译事"悄然再度兴起，"译论"舞台却还依旧冷冷清清的 19 世纪初，世界范围内却早已不乏种种翻译理论的著述了。整个西方翻译界在这个时期达到了前所未有的黄金时代，不仅许多流传于世的伟大作品通过翻译实践者的艰辛劳动，以各种文字、各种方式渗透于各民族文化的发展过程中，理论界也逐渐开始了自身的拓展，纷纷提出一些较为全面、系统且颇具普遍性的翻译理论模式，特别是浪漫主义思潮席卷下的德国译坛最为活跃，堪称当时世界译论研究的中心。"可以说，正是浪漫主义时期德国的翻译理论构成了现代西方翻译主要流派的基础。"[1] 由此看来，无论是为了追溯、研究西方翻译理论和实践的历史，还是为了借鉴别国经验，尽快弥补空白，缩短我国在这一领域内的差距，都有必要系统地了解德国译坛"百家争鸣"时期的盛况，而法国学者安托瓦纳·贝尔曼所著《异的考验——德国浪漫主义时代文化与翻译》一书恰为我们提供了这方面最好的蓝本。

安托瓦纳·贝尔曼是法国当代著名的语言学家、德语文学和拉美文学翻译家。20 世纪 80 年代以来，法国人文科学领域最具权威的出版社——伽利玛出版社相继推出了一批翻译理论方面的专著。其中安托瓦纳·贝尔曼的作品就有两部，一部名为《异的考验》，另一部名为《翻译批评论》[2]。尤其是前者，刚一出版，便在法国译坛引起轰动，被书评界公推为当代翻译理论研究的经典之作。在这部书中，作者以"德国浪漫主义时代文化与翻译"为副标题，首先从"普遍性"的角度探讨翻译介乎两种或多种文化之间所起的作用。究竟什么是翻译？这种由一门语言向另一门语言进行迁移的活动，首先经历的是一场"异的考验"，那么，它究竟意味着什么呢？带着这样的疑问，贝尔曼在 19 世纪前后的德意志民族文化长河里，做了一番考古式的探寻和挖掘，对从路德以来各个阶段德国译事、译论的发展变化、主要流派及方向做了概要的回顾。书中涉及的人物及作品不下百余，作者爬梳剔抉、去芜存菁，不仅为读者推开了一扇至今仍鲜为人知的神秘宝库的大门，更以无可辩驳的事实向世人证明：翻译，作为一门独立存在的学科，理应被视作人类历史和人类文化之构成中极其重要的一部分。

---

1 Antoine Berman: *L'épreuve de l'étranger: culture et traduction dans l'Allemagne romantique*, Paris, Gallimard, 1984, p.37.

2 Antoine Berman: *Pour une critique des traductions, John Donne*, Paris, Gallimard, 1995. 详见本书第十章。

第一节　“直觉性”翻译实践与翻译理论研究的最终合流

无论东方还是西方，现在抑或是过去，“翻译”这个话题总是引起人们太多的争论。它本身构成了一个非常奇特的矛盾体，一方面人们长时间地视翻译为一种纯粹“直觉性”的语言转换活动——半技术化、半文学化——根本不需要任何理论、任何专门的探索研究；另一方面，却又确实存在着（至少从西塞罗、贺拉斯的时代算起）大量有关翻译思考的文字材料，有从其宗教、哲学本质谈起的，也有单纯从文学甚至玄学角度来说的。一直到科学技术蓬勃发展的近代，这种思考变得更趋理性化、系统化。然而，一个不可否认的事实是，大部分欧洲早期相关的翻译论述并非真正出自翻译家之手，而由神学家、哲学家、语言学家和文学批评家们越俎代庖了。这样一来，至少引发出三种后果：首先是使翻译本身始终处于一种躲躲藏藏、不明不白的境地，因为它从来没有发言权，始终是默默无闻；其次是在相当大的程度上遭人误解，人们往往将翻译并入其他学科，作为诸如文学、文艺批评学及应用语言学的一个分支；最后，也是最叫人遗憾的一点，就是出自非译者之手的有关翻译作品的分析研究，无论怎样地头头是道，必然会产生某些误导作用，甚至在这一领域内布下片片“盲区”。这种翻译实践与理论完全脱节的状况一直持续到 18 世纪末，才由后来的德国浪漫派及其同时代的学者们所改善；通过他们在“译事”和“译论”上并行不悖的不懈努力，“翻译”的界定初步成形并渐渐从其他学科中分离出来，有关翻译问题的思考也成了翻译活动自身的“内部需要”。在《异的考验》一书的导言中，贝尔曼为我们大致介绍了当时的情况：

> 浪漫派及其他学者大量的翻译作品被视作德意志民族永久的文化遗产，如 A.W. 施莱格尔（A. W. Schlegel）和蒂克（Ludwig Tieck）翻译的莎士比亚、塞万提斯、卡尔德隆（Calderon）等的经典文学名著；施莱尔马赫翻译了柏拉图的哲学作品；歌德、洪堡（Wilhelm von Humboldt）和荷尔德林也各自从不同的角度选择了高层次的著

作进行译介……[1]

> 大量的翻译实践活动也伴随着种种相关的思考，有直观的经验谈和方法论，有对文化因素和社会因素的探讨，有纯粹思辨意义上的推导，也有对翻译行为本身、语言运用和宗教历史意义的考察……[2]

尽管这些一个多世纪前的德国人对翻译的种种探讨，在严格意义上还不能被称为系统的“理论”，但多多少少也体现了一种愿望，那就是使翻译成为一种有能力完成自我界定的、独立的文化活动，并用来大范围地交流与传授。

那么，19 世纪前后的德意志民族，到底有着怎样的翻译传统？翻译——这一原本被视作单纯语言转换的活动是怎样一步一步成为学术界议论中心的？让我们继续随着这本《异的考验》来寻找问题的答案。

第二节　路德的《圣经》翻译与德语的统一

以某一民族文化史的研究而论，宗教的因素往往是深浸到其内容、形式等诸多方面的，并且通过语言最先反映出来。这一点德国也不例外。

18 世纪至 19 世纪 30 年代，浪漫主义运动在德国形成了一股势不可挡的潮流，虽在后人眼中这一运动不乏复古、唯心的消极倾向，但其在德国文学史上的积极作用却是不容忽视的，最突出的一点便是对大量世界名著的翻译介绍，如上文所列的众多译著，其中不少至今仍被公认为最优秀的翻译作品。事实上，这些脍炙人口的佳译的出品绝非偶然，而是自有其悠久的历史渊源。

贝尔曼在第一章里指出，早在 16 世纪，一部具有划时代意义的代表性译著便标志着德意志文化史上一种良好传统的开端。在这种传统光辉的普照下，从那个时代起直到今天，翻译都被看作德意志文化不可或缺的一部分，它不仅对德国的生活和宗教产生了深远的影响，也对当时德国语言

1　参见 Antoine Berman: *L'épreuve de l'étranger: culture et traduction dans l'Allemagne romantique*, Paris, Gallimard, 1984, p.25。

2　同上，p.27。

的统一和发展起到了不可估量的作用。这部译著，便是马丁·路德的《圣经》德译本。作者引用歌德的话道：

> 那位智者［指路德］似乎毫不费力地就将这部风格最复杂、富有诗歌和历史说教意味的作品传译了过来，并详细地再现了原作的各种独到之处，真乃宗教界之幸事。这样一来，那些诸如“约伯记”“诗篇”等《圣经》中诗歌形式的段落便不再令人费解了。对于大众而言，简单明了的翻译便是好翻译。那些欲与原作相一致、亦步亦趋的译作，只会使译者作茧自缚。[1]

这里，我们且不论歌德的翻译观正确与否，单从这段话中便可以看出路德《圣经》译本的大体风格，即抛弃亦步亦趋的译法，以“易于被大众接受”为标准。很显然这西方宗教史上第一部“民众的《圣经》”使德国普通市民产生了一种新型的宗教情感，从而为其后的宗教改革铺平了道路。

然而在当时，这部《圣经》的出版也招致了激烈的批评，有人指责许多地方被“篡改”甚至“伪造”了，它必将在“许多单纯的基督徒，甚至那些不懂希伯来语和希腊语的学者中造成恶劣影响”。可路德所针对的，偏偏就是那种盛行于上流社会的“希伯来腔”和“希腊腔”，在《翻译艺术与圣者的祈祷》一书中，他为自己辩护道：

> 我说的是德语，既不是拉丁语也不是希腊语：于是我便用德语来翻译……并非如某些蠢驴以为的那样是那些“神圣”的拉丁字母在教我们怎样说德语；人们应该去问家里的母亲、街上的孩子、市井里的普通人，看看这些人的嘴里是怎样说话，按照他们的方式来翻译；这样他们便会明白并感觉到，人们在和他们说德语。[2]

路德的这段话同时也回答了一个颇具普遍性的问题，即在他们那个时代，什么才是正确的德语？答案就是人民大众的语言。然而民间德语是

1　参见 Antoine Berman: *L'épreuve de l'étranger: culture et traduction dans l'Allemagne romantique*, Paris, Gallimard, 1984, p.44。

2　同上，p.5。

没有界限的，对路德而言，用德语翻译意味着既不脱离、背弃这种大众语言，又要将它提到一定的高度，即在翻译语言上的双重尝试：以“土生土长”的地方性语言为出发点，在翻译的过程中进行提炼，使其成为规范语言。这种具有广泛大众意义的翻译语言的创立，不仅使新版《圣经》成为德国宗教改革的基石，更是扫清了中世纪德意志语言的积秽，成为其后几百年里书面德语的典范。用贝尔曼的话说，“路德翻译希伯来语《圣经》的过程，无疑也是德意志文学语言的首次决定性的‘自我论证’”。从此，路德不但被视为伟大的翻译家，更被当作一名语言的发明家，他使得德语最终趋于统一。

我们再来看看这部《圣经》所体现的另一个易被人忽视的地方，那就是翻译本身在16世纪的文学和语言领域所处的地位。路德的经验表明这样一个事实：一门语言哪怕并不完善，同样可以用来进行翻译；翻译的过程，亦是语言形成的过程。如果清楚了路德的这部《圣经》扮演的是德意志民族和文化语言的奠基人的角色，那就不会诧异为何在宗教、政治甚至文学的历史横轴上有这么一个原点，往左是“路德之前”，往右是“路德之后”，也不会奇怪怎么日后的浪漫派们总是将他们的翻译理论和批评学说与一种“《圣经》的普遍性方法”联系起来，路德毕竟被后世公认为德国翻译传统的创始人。

不过，既然德意志的民族文化很大程度上建立在路德《圣经》译本的基础上，那人们不禁要问：如果不存在这个译本，不存在这种翻译的语言，德国文化到底会怎样？若承认与异域文化千丝万缕的关系是构成本民族文化的要素，那本民族文化又是怎样作用于异域的呢？对于德国人来说，何谓“翻译”？何谓佳译？在本民族文化逐渐“异化”的同时，难道不该牢牢立足于自身的文化本质吗？在后文中，贝尔曼又分别以赫尔德、歌德及浪漫主义的观点对此展开讨论，以期从文化的角度对翻译进行界定。

第三节　忠实与扩充——赫尔德的翻译语言观

宗教毕竟只是历史发展中的一种文化现象，《圣经》也不过是古代希伯来人的文艺作品，一旦翻译的文化地位得到确立，它就会循着其自身的规律向前发展。

18 世纪中叶的德国，有关翻译的思考便常常见诸各类文章，其中议论最多的是这样的两个概念：忠实（Treue）与扩充（Erweiterung）。德国译者恪守忠实的原则，这在 18 世纪的欧洲颇有点众醉独醒的味道，因为当时的翻译界“美译”之风盛行，尤其是法国，最常见的一句话都尽可能地被译为诗一般优雅的法语。而德国人对此却坚决抵制，认为这种译法是愚蠢的。“这样一来就根本无从了解外国人是怎么说话的了。”他们甚至提出令今人都不禁为之叹服的“双重忠实”的原则：既然翻译是以“一身共事二主”，那么就应该既忠实于原作者和出发语，又要尊重本国读者和目的语。再来谈谈“扩充”的概念，这一点大概应该归结于像福斯（Johan Heinrich Voss）、布赖丁格（Johann Jakob Breitinger）、莱布尼茨等德国学者可贵的谦逊或是“自知之明”吧：正如上文所述，德意志语言缺乏自身的“文化根基”，需要以异族文化为范本，故应对原著忠实地加以传译，以资借鉴，扩充本民族语言，不过真正将忠实、扩充联系到一起来探讨翻译语言问题的，还是赫尔德和他的《文学信札》。赫尔德本人对哲学和语言问题深有研究，同时也是个诗歌翻译家，尤其擅长西班牙的八音节体诗。他这种广博的兴趣和精深的文学造诣更使得他清楚地体察到一种愈来愈强的异域文化对德意志民族的影响力。在谈到外来语和母语的关系问题时，他形象地写道：

> 学习异族语言并不意味着忘本，周游列国也并不是想彻底改变自身的风俗习惯；……否则肯定会得不偿失。每当我徜徉于异国园林，总想摘下几朵那里的鲜花来装点我亲爱的祖国语言，就仿佛浪子的心中永远惦念着他远方的未婚妻……[1]

这段话包含了两个意思，首先，盲目崇外，必然丧失自我；其次，忠实地再现异族语，是为了完善自身的语言。在清醒地意识到本族语言文化上的局限性并力图借助外力来弥补的同时，赫尔德也念念不忘保持本族语的“纯洁”，避免不良因素的侵蚀：

---

1 参见Antoine Berman: *L'épreuve de l'étranger: culture et traduction dans l'Allemagne romantique*, Paris, Gallimard, 1984, p.66。

> 当然不乏种种理由利用翻译来帮助语言的完善，却也应小心翼翼，有所预防。未受翻译作品影响的本族语，犹如一名不曾与异性接触的少女，……她虽然幼稚、脆弱，却也是十分纯洁并表现出其极为宝贵的本色……[1]

与路德相比，赫尔德的进步在于（仅就翻译而言），他揭示了作为一名译者，真正的目的并不只是使读者读懂并接受异域的作品，而且要在尊重本族语的基础上，忠实于出发语，进一步扩充德意志的语言宝库。翻译好比是一面镜子，从中可以反映出本民族语言的不足之处。赫尔德意识到了翻译将在一个民族的文化拓展过程中起到中坚的作用，同时也向未来的德国浪漫派们昭示了翻译大繁荣的重要时刻已快到来。

第四节　歌德论文学翻译与世界文学

继赫尔德后，真正揭开德意志民族文化与世界文化交融运动之大幕的，是伟大的文学家和思想家歌德。同时，德国翻译理论的研究也随即跨入了一个生机勃勃的新世纪。

“没有谁会像他（歌德）那样能如此迫切地感觉到文化（Bildung）对于翻译的强烈要求，也没有谁会像他那样使他那个民族的文化显得愈发和谐、完美和富有朝气。”[2] 贝尔曼写道。是的，这位具有超凡语言天赋的天才，从拉丁语、希腊语、意大利语及西班牙语等语种的艺术宝苑中采摘了无数最鲜最美的果实献给了他的祖国文化，并且也在他大量的著作中为后人留下了一笔丰富的翻译理论遗产。虽然，确切地说，歌德的这些有关翻译问题的思考不能算是严格的“理论”，但其特有的认识方式和角度将会带给我们深深的启示。

歌德对于翻译的思考，主要是基于他对自然、人类、社会和文化的根本认识。在他思想成熟期的晚年所提出的“世界文学”的概念，就很真实地反映了他研究翻译问题的着眼点。1827 年 1 月 31 日，歌德在与爱克曼

1　参见 Antoine Berman: *L'épreuve de l'étranger: culture et traduction dans l'Allemagne romantique*, Paris, Gallimard, 1984, p.67。
2　同上，p.87。

的一次谈话中说：

> 民族文学在现代算不了很大的一回事，世界文学的时代已快来临了。现在每个人都应该出力促使它早日来临。[1]

歌德的这一呼唤，旨在鼓励德意志民族打破国界，加入世界性的文化交流运动，与其他民族相互作用、相互借鉴，从而促使本民族文化的发展。“人类正是在各民族文学的世界性交流中，创造了为以往漫长的民族文学时代所望尘莫及的成熟。”而在这个过程中，“翻译起着至关重要的作用”。歌德把世界文化比作一个大市场，各民族竞相提供他们的产品。作为身处其中的翻译工作者，不应仅仅满足于增加自身的知识财富，更应成为一名促进这种具有普遍意义的精神文明交流的中间人。在歌德看来，翻译活动是世界文化交流市场上最为必要也最受人尊敬的工作之一。而我们必须承认，歌德从世界各民族及其文化交流这一大背景出发来考察翻译，对翻译之任务和地位的认识是极为深刻的。

翻译的文化地位和作用一经明确，歌德便开始了对这一语言交换活动本身规律的思索，首先提出了翻译的三类型说：

第一类单纯是为了了解异域文化，以简洁明了的散文体方式为最好。

第二类是以吸引异域文化的精神、努力将其融入本民族文化为目的，歌德称其为“粗略模仿”的翻译。

第三类也是翻译发展到最后阶段、层次最高的一类，即使译文与原文完全一致，甚至彻底相互替代。

这是一种按翻译发展史的观点来划分类型的方法。歌德认为，在文化历史的不同发展阶段，应当采取不同的方式进行翻译，越到后来，对于翻译的要求也越高，译者遇到的阻力也随之加大，因为在翻译的过程中，译者往往是处于贴近原作的地位，因受原作的影响较大而会或多或少地放弃某些本族语的独特之处，于是便产生了译著与本国读者的口味难以协调的矛盾。对于第三种翻译类型，他这样解释：“要使译著与原著趋于一致，

1　参见Antoine Berman: *L'épreuve de l'étranger: culture et traduction dans l'Allemagne romantique*, Paris, Gallimard, 1984, p.91。

就必须切近原文字里行间的意思，使其易于理解，因而在某程度上，我们便不由自主地向原著靠拢，从而完成翻译的从陌生到熟悉、从已知到未知的循环过程。”[1]

除了为翻译划分种类，歌德在翻译理论上的另一重大贡献，便是率先意识到了译作对于原作具有反作用力这一重要现象。在歌德看来，翻译不仅有交流、借鉴的作用，更有创造的功能，它就像一面镜子使原作得以在其中更好地观照自己。从某种意义上说，一部优秀的翻译作品可以为原作延长生命、拓展生存的空间。在形容看到自己的诗作被译成外语的喜悦心情时，诗人写道：“我从草地里刚刚采了一束鲜花，兴冲冲地捧回家去，手儿却将花儿弄蔫了，我把它们小心地插入花瓶的凉水里，多么令人高兴啊！那一个个小脑袋又重新抬了起来，茎与叶如此地绿意盎然，仿佛依然是在母土里尽情绽放。每当听到我的诗在异邦传唱，那感觉就跟现在一样。”[2] 诗就是诗人在母语的园地里采撷的鲜花，一旦离开了这块语言的土壤便会凋谢，然而借译者之手再插入异语的花瓶中，它们就会重现生机，如在故土一般快乐地生长。这不就是翻译的再创造原则的生动描述吗？

此外，对于翻译界长期争论不休的敏感话题——“内容”与“形式”问题，歌德亦有他独特的观点：尊重形式，但作品的内在本质、意义和气势是最重要的，只要有助于思想内容和精神实质的传达，他并不反对以散文体来翻译诗歌。也正因如此，路德以平民化语言译成的《圣经》，便博得了这位思想巨人的由衷赞美和高度评价。如上所述，作为文学家和翻译家的歌德对于翻译的思考是既广泛又深入的，许多本质问题在他的笔下都得到了较完善的阐述。可以这么说，德国的古典译论发展至歌德达到了最巅峰的状态。不过直到目前这个阶段，“翻译”的概念还仅仅是被规范在言语交换的范围内，而离歌德年代并不十分遥远的浪漫主义运动的蓬勃兴起，却很快使这一基本概念又发生了根本性的动摇。无疑，一个翻译理性研究大发展的崭新时代逼近了。

---

1 参见 Antoine Berman: *L'épreuve de l'étranger: culture et traduction dans l'Allemagne romantique*, Paris, Gallimard, 1984, p.97。

2 同上，p.109。

第五节　浪漫派和他们的“无限相融”主张

18 世纪末到 19 世纪 30 年代初期，浪漫主义思潮席卷了整个德意志民族，其影响所及，不仅体现在文学艺术上，就是在哲学、历史甚至自然科学领域内也能感受得到。贝尔曼在该书中所提到的“浪漫派”，主要是指“雅典娜神殿派”。

1789 年，施莱格尔兄弟在耶拿创办了一本名叫《雅典娜神殿》（*Athenaum*）的杂志。当时不少青年学者被它所吸引，纷纷在上面宣传他们的浪漫主义理论和主张；渐渐地，《雅典娜神殿》成了浪漫派的汇聚地，他们在进行文学创作的同时，也翻译了为数可观的国外经典名著，尤以 A. W. 施莱格尔、诺瓦利斯和蒂克的译著最负盛名。与如此众多的翻译实践活动相比，浪漫派们有关翻译理论的单独著述却几乎没有。但这并不意味着这一时期的德国译论是一片空白，相反，在浪漫派大量的文艺理论和文学批评作品中，我们可以找到众多有关翻译问题的探讨片段，而他们对翻译这一概念的思考，出发点十分一致，主要是基于“无限相融”这一浪漫主义的根本主张。

以歌德为首的德国古典主义思潮对语言、文学、哲学等概念的要求是：明晰，具体，有完美的形式。而浪漫派们却彻底地推翻了这一切。他们认为为艺术分类是过时的举动，不妨把诗歌、哲学、文艺批评甚至自然科学彼此融合起来，抹去它们之间人为的界限，还原其“无限相融”的本质状态。因为“现代诗学的整个历史也是一部哲学评论史；一切艺术理应成为科学，科学本身也是艺术；诗与哲学理应合二为一”。“诗歌是哲学的主角。哲学将诗歌提到了原则性的高度，它使我们对诗的价值有所了解。哲学其实就是一部‘诗学理论’。”在浪漫派看来，“诗”是一个包罗万象的渐进的概念，它混淆并融会了文艺的一切种类和形式，正如百科全书涵盖了所有的科学领域。“诗不仅仅使得诗歌的内部分类得以统一，不仅牵涉到诗歌本身、哲学和修辞学，它还将诗与散文、作品与评论、自然与艺术混在一起，它囊括了一切富有诗意的东西。”显然，文艺的各种形式与种类之间相互接近、转化和渗透构成了诗的“无限相融”属性，也被德国浪漫派当作最基本的理论依据，一切古典主义所推崇的理智、完整、明晰都被视作“诗的反面”。在这个基础上，浪漫派们提出了他们的普遍性“广义翻译”的概念，认为一切都是翻译，“可译性”普遍存在。它涉及了所有变形、转化、模仿和再创造等领域，适于用纯粹思辨性的方法来进行研究。同时，他们也指出，与“广义翻译”的概念相对的是狭义的翻译，也就是古典派译论所讨论的范围——语际翻译。那么具体说来，在翻译理论的领域里，德国的浪漫派们到底是怎样构筑他们的思维和“诗”的空间的呢？

第六节　浪漫派的思辨翻译论

布伦坦诺（Clemens Brentano）曾在他的小说《歌德维》中用简短的一章谈及浪漫主义的艺术与翻译，并以这么一句惊世骇俗的话作为结尾：“浪漫派本身就是一部翻译作品。”这个说法倒是和浪漫派自己的“广义翻译”理论不谋而合，因为所谓的普遍可译性，就是在所有可变的领域内，一切转换均被视作翻译的过程。那么打着复古旗号的德国浪漫派的各种理论，自然也就是“翻译”的结果。

与古往今来众多的翻译流派相比，浪漫派的最大特点就在于：将翻译视作超语言范畴的一个大概念。诺瓦利斯也好，施莱格尔兄弟也好，在他们大量传世的文字中，很难找到有关语言的专门论述。在他们看来，语言固然是人类文化构成中最基本的因素之一，但按照“无限相融”原则，它只不过是所有存在着的符号系统中一个组成部分而已，无法将其割裂而加以单独研究。真正意义上的语言，是没有内容的纯形式，是思维结构的纯“模仿”，也是“诗”的框架和雏形。由于“普遍可译性”的存在，诗便是将自然语言转换成艺术语言的一种翻译。所谓自然语言（又称普遍语言），其性质首先是与外部世界相联系的，具象而又有内容；浪漫派们却偏偏将“内容”视作诗（艺术）的对立面，认为“越是粗糙的艺术，越是因其囿于内容的局限”（诺瓦利斯语）。而所谓艺术的语言，即设定人的思想为本源，以形式为第一性的语言，它拒斥与人的心灵无关的自然世界，通过对一般客观语言的原貌进行“疏离”，使事物显出自身的特殊性，从而改变人们对它的感觉方式，使之获得一种新的、陌生的诗意（艺术）效果。将自然世界的客观感受放入思维的炼炉，经过翻译成为艺术作品，这便是

“诗”的诞生过程。这一过程使得德国的浪漫派们在其广博的“诗学”范畴内自然而然地引发出对于翻译的思考，这种思考由于架构在各种抽象的艺术形式之上，与语际间的翻译实践活动存在一定的距离，因而具有思辨性的特征，贝尔曼称之为浪漫派的“思辨翻译论”。这种理论的最终目的，并非是将“译”与“非译”的范畴进行甄别，相反是试图在一个更广阔的空间里论证翻译的文化本质，其中尤以诺瓦利斯的观点最为大胆且极富代表性。

1797 年前后，浪漫派首领之一 A. W. 施莱格尔全力以赴地投入了莎士比亚作品的复译工程。随着一部部新版译著的相继问世，德国译论界内部也渐渐开始骚动，为新版和旧版译文孰优孰劣的问题争论不休，以诺瓦利斯为首的浪漫主义理论家便借此良机大力宣扬他们的新“诗学”和独特的思辨译论。在致 A. W. 施莱格尔的一封信中，诺瓦利斯写道：

> 那位译评家倒是出于好意，但他的评价不是真正的“诗”。您的莎译作品在译坛的地位，堪与《威廉・麦斯特》在小说史上的地位相比。尽管我们德意志民族的翻译史已相当悠久，而且几乎每位重要作家都曾经从事过翻译，可我却觉得在这一领域内一直存在着误区。在我看来，翻译既是科学，也是艺术，您的译作就是最好的例证。除古罗马之外，我们是唯一对翻译有着难以抑制的冲动的民族，德意志民族文化也深受其滋养，因此我们的文化与古罗马晚期文化有许多相似之处。然而只有我们有使得翻译成为文化的扩充手段。我们需要一种诗的精神，需要牺牲某些自我倾向，必须出于对祖国文学和美的深情厚爱才能达到翻译的真实。翻译既是创作“诗”的过程，也是难度更大、更珍贵的作品诞生的过程，总而言之，一切的“诗”均是翻译。我认为新版莎士比亚的德译本甚至超过了英文原作。[1]

在这段话中，首先值得注意的是诺瓦利斯断言，施译莎士比亚对于翻译，其地位足以和《威廉・麦斯特》在小说史上的地位相媲美，也就是

1　参见 Antoine Berman: *L'épreuve de l'étranger: culture et traduction dans l'Allemagne romantique*, Paris, Gallimard, 1984, p.168。

说这些翻译作品达到了艺术和科学完美结合的高度，体现了翻译的真实，“诗”的真谛；其次，诺瓦利斯给了我们这样的结论：“新版莎士比亚的德译本甚至超过了英文原作。”——真是语出惊人，耐人寻味！这样的评价是否是通过与原文的仔细对照而得出的呢？恐怕不尽然。那么是“民族主义”心态作祟？也不对，因为这段话里他同时毫不讳认德意志民族文化是深受翻译过来的异域文化滋养的。那么原因何在？前文提到过，浪漫派们对于“诗”有其独特的解释，翻译的最高境界便是“诗”化的翻译，其关键不在于对原著的语言与内容进行简单的表层模仿，而在于用经过思维异化了的艺术语言深入挖掘原著的特质，并创造出一种新的、陌生的诗意效果。正如诺瓦利斯和另一位浪漫派代表F. 施莱格尔在他们的《断片》中分别提到的那样：

> 显然我们只有先改变自己，才能去理解与我们自身相异的事物。……为了成功地将古文今译，译者不但要通晓现代，具备将一切“现代化”的能力，同时也要精通古代，不仅为了单纯地模仿，更要有所创造。[1]

在浪漫派看来，翻译不仅仅是模仿，更是有所创新。任何一部作品都“先验”地具有某个理想化的目标，这隐含的目标在原著里永远无法实现，而必须借助于其他手段，翻译便是其中之一，好的译本无疑弥合了这种现实与理想的裂隙，使作品更接近艺术的真实，于是便出现了译文高于原著的“超译”现象。

A. W. 施莱格尔的译本不仅像前人一样忠实于原文的内容，更是将普通的大众德语艺术化，用带有德意志民族明显标志的诗句和散文笔触再现了原文的外在形式和内在特质，以使读者更易于接受的崭新面貌达到了原文所无法达到的目的，是真正的“诗”的翻译，所以诺瓦利斯下了译文超越原作的断言。

需要指出的是，同古典派最后一位当家人歌德一样，浪漫派注意到

1 参见Antoine Berman: *L'épreuve de l'étranger: culture et traduction dans l'Allemagne romantique*, Paris, Gallimard, 1984, p.171。

了翻译对德意志文化所起的重要作用，但由于他们将一切“诗”均视作翻译，后者的外延便被无限扩大，对狭义语际间的翻译行为的探讨就少而又少了，因而他们的有关翻译理论不可避免地带有纯粹“思辨的性质”。以诺瓦利斯为代表的浪漫派们，也像歌德一样将翻译分为三类：首先是“语法翻译”，基本相当于歌德所说的散文体翻译，目的仅为再现原作的内容和大致面貌；其余两种就和歌德所述的风马牛不相及了，一为“转换翻译”（la traduction transformante），一为“神话（虚构）翻译”（la traduction mythique）。前者指的是在翻译过程中针对原文的内容和形式进行简单的转换，如将诗译成散文体，将一种诗体译成另一种诗体等。这类译者曾被赫尔德和歌德打入二流译匠的行列，但在诺瓦利斯的眼中，这类转换只存在着方法上的不完善，而并不触及本质。他认为，实施转换的译者是“诗人中的诗人”，也就是说掌握了翻译“诗学”之精髓的高超翻译家，他们用自己的方式在目的语中再现了原作的特质，使它向着意想中的那个目标更接近了一步；这种转换并不是随心所欲的，而体现了很高的诗的精神，译者本身也成为真正的艺术家。策兰（Paul Celan）和马拉美的作品的翻译就是这类典型。然而“转换翻译”并不是诺瓦利斯的理想，“神话（虚构）翻译”才是翻译实践的最高境界。19 世纪初，“神话学”也是浪漫派的一个研究热点。F. 施莱格尔在《关于诗歌的谈话》（*L'entretien sur la poésie*）一文中称几年之后将诞生一种新的神话学，它将取代过去的希腊神话研究。诺瓦利斯则在有关“诗学主义”的片段中指出，希腊神话本身就是针对一个民族宗教的翻译，他写道：

> 小说可算是一部自由的历史（l'histoire libre）——一部神话（虚构）史（神话，在我看来是一种从多角度表征客观现实的诗化的自由创造）。[1]

浪漫派所谓的“神话翻译”指的也就是一种表征，一种诗化的自由创造。译文将原文提升到表征的高度，不再是对原文形象和意义亦步亦趋的

1　参见 Antoine Berman: *L'épreuve de l'étranger: culture et traduction dans l'Allemagne romantique*, Paris, Gallimard, 1984, p.180。

单纯“模仿”，译者应该将自己的感受和思想渗入原文的内容，进行“诗化的自由创造”，于是译文中必然会出现某些超出原文的虚构成分。因此这种翻译又比“转换翻译”高出一筹，它体现了诗学与哲学精神的高度统一。而且诺瓦利斯认为这一类型的范本迄今还未出现过，就算施译莎士比亚这样的大手笔也未达到如此境界，倒是某些文学和艺术评论类型的文章颇具“神话翻译”的雏形，因为这类评论抓住了原作的精神实质，许多内在、隐含的意义被进一步挖掘出来并加发挥，既丰富了作品本身的艺术内涵，又体现了作品在重新阐释过程中的新的创造性价值，于是诺瓦利斯将评论家们的这种建立在原作品基础之上的自由思考也称作一定程度上的翻译行为。

从如此三种翻译类型的划分中，我们不难发现受思辨理论指导的浪漫派代表对于“翻译”一词的理解，与前人相比存在着惊人的差异，他们不再满足于将翻译仅仅定义为语际间的符号交换活动，而是把所有经思维检验、富有艺术性和创造性的转换活动均视作翻译。显然，这个相当广泛的概念涵盖了人类几乎所有的文化交流形式，同时也表明这种极具普遍意义的转换过程中有一个客观存在、不容忽视的因素在起作用，即翻译的文化内涵，浪漫派真正将它摆在了人类文明发展史上最突出的位置。在讨论完翻译的三种类型之后，诺瓦利斯又说：“用上述的三种方式，一切均是可译的。”如果说这个“普通可译”结论的提出在诺瓦利斯仅是一种纯理论演绎的结果，那么大翻译家 A. W. 施莱格尔“翻译一切”的信念和执着一生的翻译实践又无疑为其提供了最好的实证。

作为《雅典娜神殿》的创办者之一，A. W. 施莱格尔的著述带有最典型的浪漫派标记，他的翻译理论首先是一种语言诗学理论。以翻译莎士比亚著作为例，他主张“既忠实又有诗意”，一方面要百分之百地尊重原文，甚至保留其错处和模糊不清的地方；一方面还必须严格还原原诗格律和韵脚。这就意味着在修辞、作诗法、哲学意味和政治气氛等诸多方面彻底复位，甚至还要重建其特殊的口语体系，以便于用本国语上演。（今天德国上演莎剧使用的依然是施译的版本，足见其译本在可译性方面的成功！）提到语言与诗歌的关系时，他写道：“语言一经诞生就成了诗歌的原材料，格律（广义上的）其实就是语言本身的外形。”诗是可译的，其内容自不待言，其形式的翻译无非是由自然语言向艺术语言在不同的范畴内进行转换。译者面临的任务就是在这一转换过程中学习异族语优美的格律和节奏，努力用诗化了的母语加以模仿和传译，并借此对本族语进行改造和优化。尽管 A. W. 施莱格尔对于翻译活动的有关论述仍未摆脱过于抽象的思辨性思维，但他独具魅力的大量翻译精品的问世显然又使他有别于其他的浪漫派，从而似乎又将这段时期稍稍偏向纯理性探讨的翻译理论研究的天平重新恢复到理论与实践并重的平衡态。浪漫派思辨翻译论的发展至此便告一段落。

我们不难看出，尽管与路德时代相隔不算太远，但德国的译学论坛已经逐渐分化成了两派：一者重实践，以易于被大众接受为衡量译文好坏的标准；一者重理性研究，以“诗（艺术）化”为翻译的最高境界。直至浪漫主义后期另一位译坛大家荷尔德林的出现，这种“雅”“俗”分流的局面才得以结束。

“荷尔德林是一位非常了不起的诗人，伟大的翻译家、思想家，同时又是一名严重的精神分裂症患者。”[1] 贝尔曼在书中指出，甚至 W. 本雅明也不否认荷氏的大量翻译作品表现出了一种罕见、出格的激进意味。

虽然身为耶拿浪漫派的核心人物之一，荷尔德林却并非人云亦云地一味盲目应和浪漫派前辈们的翻译理论主张，对于语言和翻译，他自有一番独特的理解。首先是对翻译“普遍”性文化本质的首肯，他认为人类的任何文学作品都是对某种思维隐含的翻译；其次他承认德语的更新需经历“异的考验”，然而方法不是通过“诗化”的翻译，而需追寻出发语和目的语的词源，找到其最具生命力的普遍性根源，以发现人类语言所共有的本质的东西。在一些诗作和译作里，荷尔德林借用了大量路德《圣经》中的用词，甚至再现了路德译文的节奏，这样做，是为了“在这些古老的、大众化的语汇里寻找到人类言语的根本动力”。翻译的时候，他采用的是一种极端直译的方法，如希腊语名著《俄狄浦斯王》和《安提戈涅》被荷尔德林逐字对译，制造出了一种讲德语的人都能懂的“德语–希腊语”译本，得到了后人如本雅明和海德格尔等的一致赞誉，被认为“比任何其他译者都更贴近索福克勒斯的原作”。除采取这种为同时代一般译者所不齿的直

1　参见 Antoine Berman: *L'épreuve de l'étranger: culture et traduction dans l'Allemagne romantique*, Paris, Gallimard, 1984, p.252。

译方法外，荷尔德林又在给友人的一封信中指出，在翻译的过程中进行一些必要的修正和改进同样也十分必要，因为译者有能力使原作适应时间的迁移和读者口味的改变。总之，荷尔德林以其独一无二的翻译艺术在本族语和古代异族语之间开辟了一个文化和语言的中间地带，这个中间地带因其更贴近人类所共有的文化本质而具备了真正的“诗”的精神。荷尔德林的探索与实践为19世纪德国浪漫主义翻译理论画了一个完美的句号，又为后世的译学研究拓展出了一片崭新的天地。

从德意志的语言之父马丁·路德到浪漫派最后一位代表人物荷尔德林，从对翻译职能的清醒认识到探索人类语言的普遍规律——这就是《异的考验》一书的作者安托瓦纳·贝尔曼向我们描绘的德国浪漫主义文化背景下翻译理论研究的总貌。用贝尔曼自己的话说，“这一时期德国人对翻译及其理论的贡献，为西方现代翻译界流派纷呈的态势提供了肥沃的土壤”。时隔虽已两个世纪，书中这些或务实或抽象，或保守或大胆的有关翻译问题的思考，对文化传统和思维方式都迥然相异于西方的东方学者又能有怎样的触动呢？就贝尔曼撰写此著的原意来看，似乎并非想帮助德国的浪漫派们架构一套完整的翻译理论体系，而是一方面力图从理论史学的角度对始自路德的德国译界发展态势进行整理和评析，另一方面尝试换个角度——从翻译的文化本质来探讨这一貌似单纯的言语活动在人类文明发展过程中的地位和作用。我们认为，后者似乎对于我国现阶段翻译理论的研究更具借鉴意义，至少可以引发我们做如下思索：

第一，从文化角度来研究翻译是可行且必需的。我们知道，一个民族文化的产生，必须借助于它的载体——语言。翻译，作为一种语际信息传递的工具，在这一点上，决定了它与文化存在着密切的相关性，具体表现为三个方面：(1) 人类的文化现象源于民族与民族之间、民族内部人与人之间进行交流的愿望，而只有通过翻译，这种愿望才能成为可能。(2)“文化”这一概念，从人类学的角度看，是指“人类的一种适应体系或技巧，它适应自然环境和社会环境，解决人类生存所涉及的三种关系，即人与自然、人与社会、人与人自身的关系”。抛开翻译本质属性的种种争议不谈，上述三种关系，在任何一部翻译作品中都会有所反映，因此翻译本身就是一种文化现象。(3) 翻译面对的是包孕着不同文化背景的不同语言，绝不仅仅是原文和译文间字对字的简单转换，归根到底，是利用自身文化对异域文化进行阐释，况且许多事实也表明，过去那种受机器翻译影响导致的纯技术性的翻译理论研究已越来越值得怀疑。因此，有理由认为，要真正地认识翻译的特性、探讨翻译实践的最佳途径，如果不把它放入“文化”这一大的范畴来考察，不重视它的文化意义和历史作用，恐怕是难以奏效的。事实上，自20世纪80年代起，这个问题已引起了我国翻译界的重视，将文化与翻译结合起来探讨研究的文章已出现了不少，但如安托瓦纳·贝尔曼《异的考验》一书这样，将浪漫主义文化作为大背景，系统论述翻译理论在德国一定历史阶段的发展的译学专著却还未曾有过。

第二，翻译本身构成了一个民族文化传统的一部分。如浪漫派所言，“翻译的最高层次是诗化的创造”——译者把用另一语言写成的、往往是不同时代的作品引进他那个时代的本国文化传统里，多多少少都会使原作的形式和内容有所变更，必须经过译者这样的“再创造”，异域作品才容易被本国的文化传统直接吸收并发挥出它的最大影响，而就在这一过程中，译者的作为必然带有本国民族传统文化的深深印记，反之，本国民族传统文化也必受其传入的异邦文化影响而有所改变，因此有必要将翻译作品看作本身就是具有创造性价值的艺术作品加以研究。

第三，翻译普遍性概念的提出表明，翻译在文化内涵上的意义远比纯粹文字翻译的意义深广得多，因而有必要明确一个“广义”的翻译和一个“狭义”的翻译。后者的有关理论是前者广阔研究领域中的一个最基本、最重要的分支。尽管在历史上，“翻译是最不引人注意的一种运动”（海德格尔语），现在却越来越受到人们的关注，它不仅与语言学、社会学有关，在哲学、宗教学、人类学、精神分析学等领域也无所不在。“一切科学源于翻译”——意大利哲人焦尔达诺·布鲁诺16世纪的断言已被越来越多的今人所信奉。

第四，翻译要成为一门严格意义上认知性的学科（翻译学），必须做到：(1) 准确定义其形式，以便于研究和教学；(2) 以“狭义翻译”研究为中心开展对翻译跨学科的交叉领域探讨；(3) 以严密的翻译理论体系科学有效地指导实践。

第十章
建设性的文学翻译批评理论

“有了文学翻译就会有文学翻译批评，这是必然也是必要的事”[1]——很久以来，我们对文学翻译批评仿佛一直是持这样一种态度的。必然，是指文学翻译批评产生在文学翻译之后，它要对文学翻译的种种现象做出解释，要对文学翻译的结果做出评判；必要，是指文学翻译批评会反过来作用于文学翻译，并且，在正常的情况下，促使它往一个良好的方向发展。

可是近来翻译学科的发展告诉了我们这样一个事实，我们也许过分重视了翻译批评的必然性，从而忽视了必要的一面。翻译批评的尴尬处境似乎是由批评者自己造成的：一方面，批评理所应当地赋予自己评点江山的使命，颐指气使地指责译本犯有这样或那样的错误；另一方面，它们却几乎对译者影响不大，更遑论有助于翻译理论自身的建设。

正是有感于这样的情况，安托瓦纳·贝尔曼在其生命之终写下了这本《翻译批评论：约翰·多恩》[2]。生命没有允许他完成《异的考验》[3]的“续集”，作者却在其长期的翻译批评实践中意外地成就了这部在某种程度上算得上

1 许钧、袁筱一：《给文学翻译一个方向——南京大学许钧教授访谈录》，《文艺报》，1995 年 5 月 20 日第 6 版。

2 Antoine Berman: *Pour une critique des traductions: John Donne*, Paris, Gallimard, 1995.

3 Antoine Berman: *L'épreuve de l'étranger: culture et traduction dans l'Allemagne romantique*, Paris, Gallimard, 1984.

是“填补翻译理论空白”的著作。[1] 这位法国当代著名的翻译实践家、理论家从自己数十年的翻译批评实践出发 [2]，以现代阐释学为理论根基，勾勒了自己从事翻译工作的大致“草案”，意欲通过这本书使长期处在自发与混乱状态的翻译批评得以理论化。

全书分为三部分，第一部分为作者所确立的翻译批评体系的理论构架；在第二部分，作者对 16 世纪末 17 世纪初英国神秘主义诗人约翰·多恩的 *Going to Bed* 一诗在法国 20 世纪 60 年代出现的两个译本进行了批评 [3]，为其理论部分的实证（或者说为其“草案”的操作范例）；在第三部分，作者简约分析了译本在法国的接受情况以及法国 60 年代翻译理论的建设情况，因不是其“草案”的必要成分，故单独列出。

限于篇幅，我们把评介的重点放在第一部分。

第一节　关于翻译批评概念的思考

什么是翻译批评？这是认为翻译批评一直缺少“一种象征性的地位”、一种“秘而不宣的崇高化”的贝尔曼所要解决的第一个问题，为翻译，进而为翻译批评正名，这项艰难的任务首先落在作者所依据的现代阐释学上。

我们知道，以海德格尔为转折标志的现代阐释学将理解视作存在的根本方式，他的“循环观”以及他之后的伽达默尔的“视界融合观”结束了主体与客观存在的二元对立，树立了“没有脱离客体的主体，亦没有脱离主体的客体”的新的辩证观。据此，作为理解主要形式之一的文本分析以本体上的优先成为现代阐释学的切入口。当姚斯说“文学作品的生命体现在不同时代读者对其意义的重新阐释和认识上”，是作品在“渴求读者阅读、希求与接受者的对话”[4] 时，我们的作者看到了翻译活动的归属：“不

1　据我们手头现有的资料来看，无论在中国还是在法国，翻译批评的理论建设所见甚少。关于翻译批评的专著，在中国最早问世的为《文学翻译批评研究》（许钧著，译林出版社，1992 年），在法国为《翻译批评论：约翰·多恩》。

2　据作者自己在书中介绍，近年，作者曾研究过荷尔德林、克劳索夫斯基、夏多布里昂以及当代的米歇尔·德吉等人的译作，此外，作者还就《菲德拉》的重译、奥莱斯姆与阿米欧的“不忠的美人”型译作做过专题批评。

3　同时作者还参照了西班牙语译本，译者为奥克塔维奥·帕斯（Octavio Paz）。

4　参见王岳川：《后现代主义文化研究》，北京大学出版社，1992 年，第 54 页。

论译者是否受到这样或那样的批评的启发，他都在各个层面上扮演着批评的角色”，因为它使作品得到了“交流、展现、完善与延续”[1]。

基于前理解，且等待着后理解的理解循环中的一站，翻译如是成为批评诸多形式中的一种。而作为后一站的翻译批评便一定要面对这样的事实：它是批评的批评。

这种批评所担当的不能再是仅限于“肯定”或者“否定”的评价任务（实际上“法官”也没有这么容易当），它还要完成对于自己的“肯定”，并且贝尔曼认为，只有这种“肯定”才是批评的真实所在。和翻译活动本身相仿，仅仅“还原”或“拆解”原作都是不够的，它本身与译作一样，也应当成为一部真正的作品。

因此，在作者列举的“伟大批评家”中，我们看到了这样一些名字：施莱格尔、本雅明、霍夫曼斯塔尔、庞德、帕斯捷尔纳克、罗兰·巴特、热奈特、姚斯、雅各布森……这些原属不同时代、不同领域、不同流派的伟人具有一个我们的作者最为看重的特点：在他们的手上，批评绝不再是原作的附属，而成为一种“大写的批评”，是应原作的等待而生。在以现代阐释哲学为翻译批评理论的起点的同时，翻译批评理论终于与现代文本批评理论接了轨，从而成为“大写的批评”的一部分。

因此在引言中，我们的作者就非常明确地写道：“正如亨利·梅肖尼克的诗学要求助于洪堡、索绪尔、本维尼斯特，布里塞（Annie Brisset）要求助于符号学、社会学以及结构主义的诸多观点（格雷马斯、福柯、杜维诺、雅各布森等），我则将自己的理论建立在现代阐释学上。这是我的选择。现代阐释学，尤其是利科与姚斯所发展的有节制的现代阐释学，有助于我澄清自己作为一个译者、译文阅读者、译文分析者乃至翻译史家的经验。”[2]

译者、译文阅读者、译文分析者、翻译史家，这是“大写的批评”对批评者提出的要求。如果我们尊重现代阐释学所赋予翻译的真实而历史的位置，我们就不再能随意批评。而若以这样的标准来审视当今的翻译批评现状，结果当然是令人失望的。

---

1 参见 Antoine Berman: *Pour une critique des traductions: John Donne*, Paris, Gallimard, 1995, p.40。
2 同上，p.15。

的确，我们从来不曾缺乏应时的翻译评价，或褒或贬，褒贬却常无缘由，不懂译事（只要通外语即可），亦可“批评”翻译，“一册译文在手，不及细读，凭着自己的主观印象，以及自己的好恶，便对译文做出结论式的评价”，或“无需理论的指导，只要对照原文与译文，挑出其中的错误（往往是逻辑意义层次的错误），也就罢了”。[1]使翻译批评沦为比较语言学的课本，根源还是对翻译本身的概念上的界定。正如贝尔曼指出的那样，热衷于挑出译文“错误”的批评，无非是将翻译看作一种“第二位”的活动，只要译文与原文本有出入，就是“错误”；再者，“第二位”也就意味着“缺憾”的在所难免；应时的翻译评价从来未曾将译本当作真正的作品来看。

正是批评的这种非理性，使其反过来阻碍了翻译以及翻译理论的发展。能够成为“全新的原作”的翻译作品少之又少，翻译批评所面对的客体往往只能是“原作虚弱的回声”，于是批评真实所在的“肯定性”于翻译批评更加罕见：这是怎样的一个恶性循环。

除了这一类只满足于揭示原文与译文差异的翻译批评，我们也许还能找到另一类的翻译批评，它在某种程度上已经跳出了上一类批评的狭隘，而使批评得到了一种“博学”的意义。如法国罗贝尔·奥洛特（Robert Aulotte）所做的关于“不忠的美人”阿米欧的研究，以及罗歇·佐贝所做的关于另一个“不忠的美人”佩罗·德·阿布朗古尔的研究。贝尔曼注意到，他们通过译作的研究，重建了译者的基本特征，并考虑到译者的时代氛围及同时代的其他译作等因素。然而这一类研究却因过分专业化而局限在一小部分读者范围内，从阐释学观点来看，也未能承担起批评所应承担的使命。事实亦复如此，奥洛特的阿米欧研究，只从属于其“普鲁塔克在16世纪欧洲复兴时代”的研究课题，而佐贝则着眼于翻译对法国古典散文的贡献——文学的或翻译史学的大范围的规定使他们的翻译研究丧失了自治性，因而这一类批评也算不上贝尔曼所认为的科学意义上的翻译批评。

“肯定性”（或称建构性）与自治性，这就是贝尔曼借助现代阐释学所离析出的翻译批评作为“大写的批评”而存在的两大特征。那么，这一

---

1 许钧：《文学翻译批评研究》，译林出版社，1992年，第33页。

类批评——尽管没有得到理论化——是否已经存在了呢？贝尔曼在回答了“什么是翻译批评”之后，开始对“怎样进行翻译批评”进行了探讨。

第二节　对已有翻译批评的批评

在贝尔曼看来，科学的翻译批评应当是“一种与其他类型的分析有所区别的特殊的推理结构”，“一种自省的，能以其自身特点为批评主体的，产生自身的方法论的评论方式；它不仅仅要产生出自身的方法论，而且还试图将该方法论建立在明晰的，有关语言、文本及翻译的理论基础之上”[1]。这一种批评，就法国而言，也是“最近才得到发展”的。在这里，贝尔曼选择了亨利·梅肖尼克的翻译批评与特拉维夫学派［以以色列的图里（Gideon Toury）和加拿大的布里塞为其代表］的翻译批评作为他的考察对象：很显然，贝尔曼是要在两种“极端”的批评形式的基础上引出自己的“第三条道路”。

一、亨利·梅肖尼克的“介入批评”

亨利·梅肖尼克是法国当代著名的文论家、翻译理论家及批评家[2]。他借助现代语言学、符号学及诗学的成果，创立了独特而又明确的关于翻译与翻译“创作”的理论，并以此来审视翻译活动及翻译所完成的任务。贝尔曼将之称作“介入批评”，因为他“不仅依据自己的主张评价别的译本，还对与其观点不符的译本进行抨击”[3]。

在亨利·梅肖尼克对奥地利籍的罗马尼亚诗人策兰的法译进行批评时，他指出译本的失败源于“思想、审美及文学观念与传统上的偏见”，是“翻译心理的主观缺陷所致”。他还进一步指出，与我们平日所想的恰恰相反，译者经常在翻译中表现一种自命不凡、漫不经心、起伏无定甚至自我取悦的倾向，以平衡和补偿自己的“被遗弃感”与“孤独感”。这时，无论“忠实”还是“自由”都成了一种名义，译者只是借助这样的幌子来欺人乃至自欺。

1　参见 Antoine Berman: *Pour une critique des traductions: John Donne*, Paris, Gallimard, 1995, p.45。

2　关于亨利·梅肖尼克详细的翻译主张，可参见本书第四章。

3　同注 1，pp.45–46。

较之于仅满足于揭示“差异”的批评，梅肖尼克显然进了一大步，至少他提出了差异的原因。然而，贝尔曼对这种“介入”批评模式至少提出了三点质疑：

首先，梅肖尼克的批评模式尽管从表面上看来是一个完全自治的系统，实质上却仍然从属于他的诗学范围，因而它带有“某些诗学理论家的创作论的偏见”。也正是这种“创作论”（创作至上）使之陷入一种自相矛盾的境地：一方面，他理所当然地倾向于维护纯粹的“原创作”；另一方面，他又不可能不宣扬译本唯有提高到“创作”层面方可与原作等量齐观的观点（这恰是梅肖尼克“翻译诗学”的精髓）。这个无法解决的矛盾迫使梅肖尼克采取了一种论战的态度，终至成为摧毁性的批评而被大多数译家拒之门外。

再者，也是由这种“创作论”的理论基础所决定下的，梅肖尼克所批评的译作，无一例外都是本应对我们的本语文化产生重大影响，但在他看来却被译者歪曲了的传世之作，这使他最终还是偏离到了拉德米拉尔所划分的“出发语主义者”的阵营里去。[1]

最后，贝尔曼还指出，梅肖尼克虽然指出了造成译文缺陷的原因，却始终未能加以深入分析而轻率地做出论断性的评价；这种匆忙的态度，当然是由于他以诗学理论来套用翻译问题，这就不得不让我们怀疑该批评模式的“机械性”。

二、特拉维夫学派的“实用主义”批评

与梅肖尼克正相反，由埃文-佐哈尔（Itamar Even-Zohar）首创、图里及布里塞等人发扬光大的特拉维夫学派则从目的语入手（target-oriented），并且将文学翻译放在“翻译文学”的层面上来考察。对于他们来说，翻译文学是一个民族、一种文化中“多元文学体系”（polysystème littéraire）的内在组成部分。因此研究翻译不是研究两种语言的转换机制，语言学家或哲学家更不具任何优先权，我们首先要做的，应当是研究“翻译文学”所赖以生存的目的语语言文化、社会历史条件乃至思想观念，语言学或篇

1　拉德米拉尔曾把法国的翻译理论划分为“出发语主义”与“目的语主义”，在他的划分中，本雅明、梅肖尼克、贝尔曼皆属于前一阵营，后一阵营里则有乔治·穆南、艾菲姆·埃特肯德与他自己。但贝尔曼显然不能够完全赞同这种两分法。

章分析只能提供研究的依据而已！

为此图里进一步提出了“准则”（norme，也译为“规范”）的概念，他认为如同任何一种行为活动，翻译必然受到一系列类型各异、程度不同的“限制”，而“准则”这一类的“限制”主要表现为由某一社会共同体所普遍承认的价值观。具体到翻译上，选择什么样的原作进行翻译，翻译最终以什么样的形式出现，都是这类“准则”作用的结果。[1]

这种决定论当然有投机的倾向：目的语的语言文化、社会历史条件乃至思想观念都是已有的客观存在，也必定要对译者产生影响，这样就便于给翻译理论、翻译批评的研究披上“客观”或者“中性”的外衣。可是，正如贝尔曼指出的，它带来了无法解决的矛盾，而该矛盾突出表现在对历史的背叛上。

如果文学翻译的一切归宿只在于为目的语语言文化所接受，它便理所当然地成了一种“改写”。这与任何国家的翻译史都是相悖的。而以“改写”的眼光看待翻译史，则翻译史势必表现为一种无序的状态。

贝尔曼当然不反对以文化大背景，以文化移植的动态过程来剖析翻译，这甚至与他的文化视野是相吻合的。问题在于怎样看，支点是什么。图里将“翻译文学”当作本土文学的一部分，但出于一种无法深入的矛盾，又只得把这种“翻译文学”放在“周边”的位置上，更是加深了历史的混乱。

以贝尔曼所依据的阐释学来看，文学移植的过程就会明了许多，翻译显然不是文化移植的最后一站。它也没有必要越俎代庖，在其伊始就以适应本土文化标准的某种形式固定下来。贝尔曼在这里指出，文化移植有其不同的形式与阶段：异域文学首先有一个被发现、被本语读者注视的过程，这时就已经开始了文化移植，不过它仍然停留在出发语的语言形式里；接着——如果它与目的语语言文化冲突得太厉害的话——它很可能成为一种“改写”；之后，便出现了梅肖尼克称为“引导性”的介绍，主要是为着研究这部作品的一小部分人；然后便是以文学本身为目的的部分翻译，这通常是不太完善的；最终必定出现多种重译，直至真正的翻译最后来到。当然，只有真正的翻译才算确立了原作的价值，但原作的价值实现

1　参见 Antoine Berman: *Pour une critique des traductions: John Donne*, Paris, Gallimard, 1995, p.51。

与原作的本土化完全是两个不同的概念。正如我们观察到的那样，“翻译文学”并不是本土文学的一个内在部分，而是一个外加的、在某种程度上自治的领域，通常我们称之为“外国文学”。

就这样，梅肖尼克与以图里为代表的特拉维夫学派以极端的方式重新拾起翻译理论自发展以来就争论不休的老问题：是要忠实（忠实于原作）还是要再创造（以适应目的语语言文化）？两个极端都是已有的客观存在，可是真理到底在谁的手中？贝尔曼将两类批评标准并置，给予肯定与否定，就是想要表明，在这两个极端之间，有一个不应跨越也不能跨越的中点：翻译主体。翻译主体将原作（及原作的语言文化）与译语语言文化连接起来，并决定了连接的方式。因此，要进行翻译批评，唯有从翻译主体入手，翻译批评从来就不可能——像图里要求的那样——是中性的。

第三节　一个可操作的批评方案

贝尔曼赋予翻译主体一种个人化（翻译因翻译者不同而不同）、一种自省性（在一个自治的领域内产生逻辑联系）、一种自由度（每个译者对自己的活动以及活动结果负责），试图用主体来包容译者所处的目的语文化、社会历史、思想观念条件，以主体的“负责”或“尊重”的态度来面对原作，从而提出自己的翻译批评构想。

和其他翻译批评的具体操作一样，贝尔曼的实际操作也只能自阅读（原文的与译文的）始，最终落实到译文与原文或译文之间的比照上。所不同的是，在这几个翻译批评不同的操作阶段，批评者因对翻译的认识不同而致力于研究解决不同的问题，因而在操作的方法上也大相径庭。

一、译文与原文的阅读

大多数翻译批评都是怀着一种疑虑的目光来看待译文的，因为与大多数译家一样，这些批评家也有“译作总是不及原作，总没达到原作的高度”的思维定式。该思维定式不仅是译者罪恶感的来源，也是翻译批评家不及细读就匆匆投入“揭短”工作的根本所在。

因此，贝尔曼指出，阅读译文时要抛开原文，把译文当作一部真正的作品来读。批评家在此所要做的，是考察译作是否能够作为目的语语言里一部具有内在生命力的作品存在，是否能够——在不涉及原作任何因素的情况下——组成一个自治自足的符号体系。

而善于观察的批评者在阅读译文的过程中，还应该善于发现“可疑文域”(zones textuelles problématiques)，这通常表现在语言层次，表现为文体甚至结构的突然中断或变调，一种文本应有的和谐与连贯被打破，这往往就是译文的缺陷所在，可能是致命的，也可能是次要的。

当然（虽然这种情况较为罕见），批评者还可能找到精美的“文域”，这种精美绝不是归化为目的语语言的精美，正相反，它应该是作为一种全新的创作形式、文字形式出现在目的语语言文化中，只是在目的语语言规范的许可范围之内，它更表现为一种“有限制的自由”的最高形式，一种目的语从未经历过的空间的结合。

总之，译文的阅读能给批评者留下一个大致的印象。这种印象虽然在某些情况下带有一定的欺骗性，却是不可或缺的，因为它直接关系到我们将在下文中提及的评价基础。

阅读完译文，批评者就要开始原文本的阅读。这一回，他同样应该将译文抛置一边，虽然在他的脑中，还应该警醒地留有适才所发现的“可疑文域”的印象。

置于译文阅读之后的原文阅读当然进入了比照的准备阶段。而就批评者心理而言，他仍然要分两个步骤完成这个阶段。

首先，他要在原文阅读中发现原作与原作语言间的关系，亦即原作者怎样利用出发语的语言可能性创造自己个性化的言语。他要在原作中找出原作的基本特征，原作的系统性节奏感、风格、文体等一切使原作之所以为原作的地方。贝尔曼很有意思地指出，在这个步骤中批评者的阅读立场与译者的阅读立场相当。因为用现代阐释学的观点来看，译者也是批评主体的一种表现形式。

然而两者的阅读很快在第二个步骤中有所区别，因为译者毕竟是在翻译视界上所做的阅读，是一种“前翻译”(pré-traduction)，而翻译批评者的阅读，则是一种“前分析”(pré-analyse)。在这里指出这种区别是很必要的，因为，它可以阻止翻译批评的另一个危险倾向：教导译者“应该”译成什么。和文学批评理论一样，翻译批评所要做的也不是以新的译作代替旧的译作，它的功能仅限于“唤起”重译。因此翻译理论的任务并非对翻译行为的简单描摹，翻译行为亦非隶属于翻译理论的具体实践，双方都是相互依存的自治体。在这个步骤中，批评者要挑出能够代表原作文体、风格、节奏以及原作一切个性特征的段落。贝尔曼认为，任何一部作品都是“必然因素”（le nécessaire）与“偶然因素”（l'aléatoire）的辩证统一。正是“必然因素”与“偶然因素”的比例构成了不同作品。所以这些段落应当是体现“必然”的。在这个步骤的工作中，批评者已经开始了阐释工作——只是这种阐释是从对原文的阐释开始的。

二、找寻翻译主体

在阅读中以及在阅读之后，批评者当然不能忘记我们所说的翻译批评的支点：翻译主体。在贝尔曼看来，批评者无论怎样操作，都要试图回答这样一个问题：译者是谁？

译者是谁？他是职业翻译家还是业余的（在法国与在中国一样，大多数从事文学翻译的都是外语教师）？他除了翻译之外，是否还进行纯粹意义的创作？他翻译的是何种语言的文本？他与该语言的关系如何？如果他算得上是一个“双语者”，那么他是何种程度上的双语者？他从事的是哪些类型文本的翻译？他大致有哪些译作？代表译作又是什么？他的语言层次如何？他在外国文学界的地位如何？有没有写过外国文学的评论？有没有谈及过自己的翻译实践、翻译原则、翻译方法？在翻译理论上有没有建树？

自然，批评者不是传记作家，他要回答上面的这些问题，而且要系统地回答。因此，贝尔曼提出应将译者放入翻译立场、翻译方案、翻译视界这三个方面来考察。

（一）翻译立场

译者既然是批评者的一种形式，那么他对原作必然有个立场的问题。也就是说，任何一个译者，哪怕他从来没有进行过系统的考虑，他也必然对翻译有一种特别的概念，对翻译的意义、作用、目的、形式与方法有一种个人的认识；除此之外，立场中还有一些非个性的因素，因为译者总有其历史的、社会的、文学的或思想观念上的所属。

正如贝尔曼所指出的，第一，任何一个译者都为某种翻译冲动所驱使，才从事翻译活动，不同的译者以不同的方式受制于这种冲动[1]；第二，任何翻译都是为了完成一定的任务，达到一定的目的；第三，一定的翻译环境（周围对翻译的认识与看法）也以不同的方式作用于译者，译者必将其内化，只是内化程度不同。这就是他所勾画的翻译立场：在翻译冲动、翻译任务以及内化方式之间达成的一种妥协，它是译者面对原作“制作”的一种态度、一种选择，一旦确立，译者就在该立场中找到了自己的位置，从而使他译出的“每一个字都成为一种誓言”[2]。

译者在制定自己的翻译立场时很可能会不由自主滑向三种歧途：他可能会为了讨好目的语语言文化而做出随意的改变；他也可能为了平衡所谓的孤独感而赋予自己某种不负责任的自由；但更为常见的是译者总有隐身于原作之后的企图（或曰译文的透明性）。尽管翻译的立场总是随译者的改变而改变，但一般来说，这三种立场的大方向却必将导致译作的失败。

批评者首先要确定的，也正是译者的立场。译者的立场有时在译序、译后记或有关的谈话中有所陈述，但批评者对其进行考察的最根本的途径仍在译文中。此外，了解译者的出发语和目的语的语言立场，了解译者的文学立场，也是考察译者翻译立场时不可或缺的参考。

（二）翻译方案

贝尔曼认为：“在成功的翻译中，自主性与非自主性的结合就会促进我们所谓‘翻译方案’的形成，该方案无须理论化……而译者却可能据此决定自主的程度或其在翻译过程中不得不为之的非自主因素，这一切都是‘前分析’的基础。”[3]

翻译方案与翻译立场是密不可分的，不同的翻译立场决定了译者必定会产生自己不同的翻译方案，此外，不同著作对翻译所提出的不同要求也是翻译方案的决定因素之一。即便同一个译者，面对不同类型、不同时代的原作，也会采取不同的翻译方案。

反过来，翻译方案决定了译者将在“文学移植”的总过程中扮演什么

1　这让我们想起了弗洛伊德，但是关于“翻译冲动”，它的性质、它以何种方式作用于译者尚未可知。贝尔曼在注释中指出，翻译主体理论因此尚不能形成。

2　参见 Antoine Berman: *Pour une critique des traductions: John Donne*, Paris, Gallimard, 1995, p.75。

3　同上，p.76。

样的角色，以及译者选择什么样的翻译方法，例如：翻译全集还是选集？出版时采用双语对照形式还是单纯的译本？

同样，按照贝尔曼的观点来说，批评者此时正面对着一个“绝对循环”(cercle absolu)。尽管在译序或译后记中，译者有可能阐述自己的翻译方案，批评者却还只能从译本入手进入这个循环，通过考察译本在文学移植中的作用进一步确定它。批评者的阅读是以译者的翻译方案为参照，但他必须谨记，翻译的结果绝非翻译方案的现实化，方案提供给译者的只是一个方向性，并且译者超不出方案所规定下的这个范围。

因此批评者无法就方案本身做出好坏的评价，他只能随着这个方案所指的方向去进一步观照翻译的结果！

(三) 翻译视界

“视界”是贝尔曼向现代阐释学借来的概念。在伽达默尔的手上，视界通过“融合”之说达到了历史的超越。而“译者视界”能否以其与“原作者视界”的融合而达到超越原作的历史效果，这个问题还有待后证。

在这里，我们的作者给予“译者视界”一个大概的范围，那就是“所有‘决定’译者所感、所为、所思的语言、文学、文化以及历史的因素”[1]。“决定”是被作者圈在引号内的，因为它不是“条件性”的决定，而代表了一种“因果性”或者说“结构性”。具体一部作品的重译，译者的视界就表现为他进行重译的起点，例如重译时目的语的文学现状，目的语读者对原作所处时期的文学的了解程度，目的语文学现状与本国文学传统的关系，以及译者所处的翻译环境等。

首先，由于贝尔曼不愿意确立一个所谓翻译的标准，于是他借助现代阐释学中能动而历史的视界概念，因为这个概念本身就带有双重性：一方面，视界规定了译者可能有“所为”的大致范围；而另一方面，也正是视界为译者开启了“所为”的空间。

其次，作者还要借助视界的概念避免特拉维夫学派的“决定”论，因为目的语的语言文化对译者所起到的并不是“决定”作用。视界牵涉到的是阐释学中所有诸如经验、世界、行为这样的概念，在这些概念的辅助

1　参见 Antoine Berman: *Pour une critique des traductions: John Donne*, Paris, Gallimard, 1995, p.79。

下，贝尔曼也使翻译批评扬弃了理论与现实对立的二元论，扬弃了人为的“主体-客体”对立，使原作文本、译语文化这样的客观存在包含于翻译主体之中。

最后，作者更要借助现代阐释学借以建立的所有有关诗学、道德、历史乃至政治的思考。纵观现代翻译理论的建设，我们不难发现它也包含了对于诗学、道德、历史的思考：两者不约而同走了相同的道路！只不过对于作者来说，并不是要借现代阐释学的哲学根基来套用翻译，形成所谓的翻译哲学，而是翻译行为本身带来的哲学思考使翻译阐释学成为现代阐释学的一部分。

这样，对译者的翻译立场、翻译方案、翻译视界的考察就成了翻译批评的支撑点。当然，这番考察（特别是翻译方案的考察）不仅仅在批评的第一阶段——即我们在上文所提到的译作与原文的阅读——中展开，它更着重于批评的第二个行为层面：译作与原作的比较。反过来说，与过去各类翻译批评有所不同的就是，贝尔曼提倡的“比较”一定要以考察翻译主体为目的，因为在他看来，只有这样，批评才能是历史的、公允的。

三、译本的比照

比照是任何翻译批评都避免不了的阶段，但是它本身也具有不同的形式，因为它牵涉到比照的对象，是单独的译文（如一首诗）选集还是全集的比照？是对一个译本的研究还是对多个译本的比照？这一切都决定了批评者可以采取不同的形式进行对比。作者在这里指出，正是阐释的多元性注定了批评者往往不能够只局限于一个译本，因为这个译本很可能会与前时代的旧译、同时代的其他译本以及外国的译本并存。任何一个译本，就其本质而言几乎无一例外都是“重译”，是基于前译的原作又一次的“重新阐释”。具体而言，译文与原文（或译文之间）的比照可以采用以下四种形式：

（1）批评者在阅读阶段挑出来的原文的重要成分或章节与相应的译文之间的比照，以考察译文有没有与原文相当的特点、力量、节奏，有没有原文之所以为原文的所在；

（2）批评者在阅读阶段挑出来的可疑的或精美的“文域”与原文相应之处的比照，以进一步确证译文是否有不完善之处；

(3) 某一译文与其他译文的比照；

(4) 译文与批评者在阅读中离析出的译者翻译方案的比照。[1]

贝尔曼以一个批评家的眼光分析道，在对任何一个译本进行比照时发现“不和谐”之处都是在所难免的事情。关键只是在于批评者要确立这些“不和谐”因素的性质，如果原文中“偶然”有因素的失真或更简单的语言的误漏，这在任何一个被冠以“大家”的译者身上发生亦属正常，不足以构成评价的基础；而如果是由于翻译方案的缺失或由于译者在翻译过程中背离了自己制定的翻译方案，则该译本注定要失败。

四、批评的文体

这本来是批评者自己的事情，往往随批评者个性不同而变化。但是不合适的文风会直接影响到批评的效果。在贝尔曼看来，有四种倾向极易损害到批评文章的可读性：

首先是术语性太强。我们知道，翻译理论向语言学、符号学借了大量术语。如果在批评中过多使用，且不加以解释，会使批评文章的读者锐减。当然，适当地运用术语在批评中还是可行的。

其次是在批评中插入大量的原作片段，而且不说明来龙去脉或进行必要的阐释。翻译批评是面向译本读者的，而译本读者大多不通外语，插入大量原作片段定会使批评的读者丧失阅读兴趣。

再者是翻译批评过分烦琐，过分注重细节。一些无关主旨的“细节性”的错误绝不是翻译批评的真实所在。如果太热衷于指责译本中这样或那样的语言上的错误，势必使翻译批评沦为外语教学的课本。

最后是只重比较，没有分析。这一类批评文章单刀直入，草草了事，却不解决任何问题，也无助于译家和读者深入探寻翻译。

在这个基础上，贝尔曼提出了自己的看法。翻译批评要想发挥最好的效果，真正成为继翻译行为本身之后的理解循环的又一站，就必须明确具有思辨性，与原作保持一段距离，不是解释原作，而是真正地去评价原作。当然，至于文章的长短、批评工作的规模，则由批评主体依据不同情况而定。

1　参见 Antoine Berman: *Pour une critique des traductions: John Donne*, Paris, Gallimard, 1995, p.86。

五、评价的基础

既然是批评，最终仍然不免要落到好或坏的评定上。如是非之间，自然要有一个评定标准。贝尔曼以翻译主体为支点，不可能再把标准落回类似梅肖尼克与特拉维夫学派的两个极端上去。但翻译主体是包容了客体的主体，太具主观性，不适用于“标准”这个词，于是，他只能将出发语与目的语两端都纳入标准之中，如是而有了所谓道德的与诗学的双重标准。

道德标准是针对原文而言。有意思的是，作者在这里绝口不提“忠实”的概念而只提“尊重”。译者要“尊重”原作，要对原作“负责”，这也是阐释学理论根基规定之下的必然的宽容与能动。这种“尊重”有两种含义：一是保留（或曰再现）原文的特点、气韵、风格等；二是要在目的语语言里进行程度相当的再创作，要丰富、扩大原作，要延续原作的生命。也就是说，译者与原作者之间应当是一种对话的关系，他必须以平等的姿态直面对方的存在，不能回避；这还不够，译者还应当以其作品来真正实现对“原作的一种馈赠”。

诗学标准当然是针对目的语而言。诗学视作品为整体存在，则诗学标准强调的就是译作要作为整体而存在，有一定的节奏，有连贯的风格，有内在的统一，总之，是一部真正的目的语作品。完善的翻译当是“翻译-创作”，它不构成对目的语的侵犯，而是在目的语许可范围内，为它带来新的存在形式。

只要提及标准，就难免机械，说来容易的事情，贝尔曼也不得不承认“尊重”之难。一味尊重原作不容于目的语的“异质”，译者的奴性在所难免；一味强调在阐释学的循环里的视界融合超越前理解，又不啻陷入一种欺骗：看来光靠“标准”贝尔曼也解决不了翻译的悖论！

最后，贝尔曼还谈及对译作接受情况的研究。之所以没把它列在译本比照的操作过程之后，是因为贝尔曼认为并非所有的翻译批评都必须经历这个阶段。尤其对译作接受情况的研究往往需要假以时日才能实现。在某种程度上，它可以成为我们批评工作的佐证。但是译文的接受经常与外国文学的评介混作一谈，我们需要加以区分。我们在此需考察的一是译文有没有被发现，引起关注，进而得到评价与分析；二是大众（读者或新闻媒介）对译作有怎样的反应。在其实证部分里，贝尔曼还具体分析了法国

20 世纪 60 年代的翻译环境，包括翻译理论的建设情况、翻译史上的重大事件等。

一直到这里，贝尔曼的翻译批评体系可以说还差最后一笔没有完成，这就是作者所谓的“建设性”在其操作中的具体投射。我们可以回到引言来看看贝尔曼是怎样在他的批评体系里成就“建设性”的：如果译作是“好”的、“杰出”的，那么批评的任务就在于向读者如实反映它的杰出之处与伟大之处。施莱格尔论及“诗学批评”时曾说：“它应该重新展现已在我们眼前的东西，给予已有的形式以新的形式……它应该使作品更加完善，使它得到再造，得到新的生命。”而翻译正如其他任何一种作品一样，它也需要得到反映或——取但丁之义——得到阐明。究其本质，批评正是说明性的：它本身由作品来阐明，反过来它也阐明了作品。如果翻译是“平庸”的、“不足”的、“笨拙”的、“坏”的、“可恶”的、“虚假”的、“错误”的、“荒谬”的，所有这些印象主义的词也许是真的，也许在分析中已有所证实，然而在这种情况下，我们也不能像梅肖尼克那样，仅仅满足于摧毁性的简单劳动。批评担当的正是澄清翻译失败之所在，并且——不是要提供什么建议——开启复译的空间。这个空间本身被包含在一个更大的范围内，即外国文学进入一种语言文化的移植空间。[1]

开启复译空间，确立复译的原则，甚至提供复译可以参照的方案，这就是贝尔曼的建设性、肯定性，如同他在后来实证部分里所做的一样。

第四节　建构性的批评取向

毫无疑问，这本《翻译批评论：约翰・多恩》算得上近些年来法国翻译理论、翻译批评领域较为重要的收获之一，它本身就是建构性的。

首先，这部书使翻译，进而使翻译批评的地位得到一种论证。这当然与作者所选择的现代阐释学的理论基点是分不开的。现代阐释学将包括翻译在内的理解行为看成存在的根本，伽达默尔更是进一步说明：“理解不是理解与对象的绝对吻合，相反，理解是人存在的本体活动。理解充分体现出人的精神存在的能动性和创造性，它在理解者主观前见中去照亮作品

1　参见 Antoine Berman: *Pour une critique des traductions: John Donne*, Paris, Gallimard, 1995, p.17。

文本，在对作品的体验感悟中揭示作品的意义。这种对作品意义的寻求活动本身就是人精神生命的实现和拓展，是人在世的基本模式。”[1] 作为理解循环里的一站，翻译不是附属的、次要的，而且翻译必然不能是终结与唯一，它等待着翻译批评更甚等待着由翻译批评唤起的重译。

不过除此之外，贝尔曼还提示我们应当对翻译批评有所思考。正如翻译本身不附属于原作，翻译批评也不附属于翻译：这是“现代”的、“大写”的批评本质所决定的。然而翻译是一特殊的领域，它的理论研究正是从翻译批评开始的！这些年来我们渐渐体会到翻译的重要性，能够稍稍摆脱“唯实”的桎梏而在翻译理论上有所建树。可我们却恰恰忽视了直接引起翻译理论的翻译批评。如此想来，是该为翻译批评正名的时候了。

这的确是贝尔曼所说的“绝对循环”。翻译理论自翻译批评始，而翻译理论的建设又必将反过来为翻译批评的理论发展提供基石，因而我们的批评家（他应该是一个合格的译家、批评家、理论家，也应该懂得翻译的历史）从循环的哪一个切入口进入或许并不重要，关键是他必须意识到他进入的是一个循环的状态！

其次，也是最为重要的一点，即贝尔曼给翻译批评带来了“建构”这个词。他告诉我们，批评的真实应该在于肯定而不是表面所呈现出来的那种否定。这也就意味着翻译批评在有所破的同时必须有所立。当然如同其他的批评形式，翻译批评的立也不在于提供具体的解决办法，它只是要——像贝尔曼所说的那样——开启一个空间。

贝尔曼自己正是这样做的。这一点不仅表现在批评了 *Going to Bed* 的两个法译本时提供了复译的可能方案（这个方案不是唯一的），而且表现在他这个批评体系本身的提出上。我们看到，他在对梅肖尼克的“介入批评”与特拉维夫学派的“实用主义批评”提出批评的同时，正是通过保留其中的合理成分，而创立了自己的批评体系。此外，尽管他认为法国自17世纪以来就有所发展的应时批评以及只停留在语言比较层次的批评算不上科学意义上的翻译批评，他也还是采用了译本比照的形式，只是由于起点与目的不同，比照在他的批评体系里有了新的意义而已。

最后，用贝尔曼批评体系反过去观照翻译理论，应当说，在翻译的

1　参见王岳川：《后现代主义文化研究》，北京大学出版社，1992年，第47页。

悖论与两难之间，贝尔曼提出了一种变通的可能。二元对立不知从何时开始成了人们固定的思维模式，看到正面必然想起的一定是反面。但是贝尔曼告诉我们，还有第三条道路可走。他通过翻译主体连接了出发语与目的语，并用“尊重”的概念消解了忠实与再创造的争论。并且，他将翻译活动放入文化移植的流程之中，指出文化移植有其不同的阶段与形式，翻译只是其中的一种。在我们的批评中，我们自然不能以相同的标准去衡量处在不同的文化移植阶段的理解行为。这就是翻译的历史性所在。

与这些年法国翻译理论建设的潮流相符，贝尔曼也没用一个现成的理论体系去规定翻译批评的理论。他是直接从翻译批评的实践来，并且在本书的后半部分，又将自己的理论描述直接运用到实践中去。这个操作的过程本身就回答了理论与实践的关系问题。

当然，每个理论体系都会有——尤其在它创立之初——不够完善的地方。将阐释学的宽容与历史带进翻译的同时，就意味着我们必然会要面对这个“绝对循环”。“绝对循环”不是没有矛盾的：批评的根本评价性与“绝对循环”所牵涉的阐释的多元性之间就是矛盾生成的空间。如果说贝尔曼一直反对所谓的忠实 / 再创造、出发语 / 目的语之争的话，在其评价基础中却不得不面对它，两难之中他采取了并陈的办法，而归根到底，矛盾却依然存在。也就是说，具体到译者翻译行为中，选择依然存在。“尊重”这个概念可以掩盖矛盾，却不能解决矛盾。

作为“批评的批评”，翻译批评者必定有自己的立场、方案与视界，并且是双重的，既有他面对真正原作的立场、方案与视界，更有他面对译作的立场、方案与视界。如果说批评行为可以借助后一个立场、方案与视界和译者的立场、方案与视界的“融合”来完成，那么翻译批评者如何处理前一个立场、方案与视界和译者的立场、方案与视界之间的差距（承认阐释的多元性，就必须承认这个差距的存在）？这大约是贝尔曼留给后人解决的问题了。

第十一章 对翻译的历史思考

翻译史研究，是翻译研究的一个重要组成部分。王佐良先生在《新时期的翻译观》一文中指出："已有的翻译研究大体可分三类，理论探讨、译文品评、翻译史研究。"[1]关于译史研究的重要性，中外译论研究者都有不少论述，杨自俭先生在《论我国近期的翻译理论研究》中认为："翻译史和译论史研究，这也是译学研究的一项基本建设。"[2]安托瓦纳·贝尔曼在《异的考验——德国浪漫主义时代文化与翻译》一书中也表述了同样的观点："翻译史的构成是翻译现代理论的头等任务。对自身的反思，就是自身的确立，只有这种反思运动才有着现代性，而不是一种厚古的目光。"[3]数十年来，随着译界对译史研究重要性的认识不断提高，在世界范围内，开始有一批译史研究成果问世。就法国而言，在这一领域较有影响的成果有爱德蒙·加里的《伟大的法国翻译家》[4]、日纳维埃芙·康塔米娜主编的国际翻译研讨会论文集《中世纪的译事与译家》[5]、利埃温·杜勒斯

1 王佐良：《新时期的翻译观》，《中国翻译》，1987 年，第 5 期。

2 杨自俭：《论我国近期的翻译理论研究》，参见杨自俭、刘学云编：《翻译新论》，湖北教育出版社，1994 年，第 13 页。

3 Antoine Berman: *L'épreuve de l'étranger: culture et traduction dans l'Allemagne romantique*, Paris, Gallimard, 1984, p.12.

4 Edmond Cary: *Les grands traducteurs français*, Genève, Georg, 1963.

5 Geneviève Contamine (éd.): *Traduction et traducteurs au Moyen Âge*, Paris, CNRS, 1989.

特的《法国翻译理论研究一百年——从巴特到利特雷（1748—1847）》[1]、马利亚姆·萨拉马-卡尔的《阿拔斯时代的翻译》[2]、罗歇·佐贝的《佩罗·德·阿布朗古尔及其“不忠的美人”——从巴尔查克至布瓦洛的翻译与批评》[3]和米歇尔·巴拉尔的《从西塞罗到本雅明——译家、译事与思考》[4]。此外，还有一批数量可观的论文，散见于法国翻译家协会主办的《翻译》、国际翻译家联盟主办的《巴别塔》以及有关文学、诗学、语言研究的杂志上。从数量上看，应该说数十年来译史研究有了长足的发展，有关译史研究的论文和论著越来越多，但从内容看，主要侧重于对译家和断代史的研究，如爱德蒙·加里的《伟大的法国翻译家》，以主要篇幅集中研究、介绍了法国一批具有创造意识的译家，如多莱、阿米欧、达西埃夫人等。作为一个文学翻译家，爱德蒙·加里把更多的目光投向了法国翻译历史上有着“自由翻译”倾向的翻译家，在他看来，他所选择介绍的那些翻译家同时也是作家，具有创造的才能。在他们的翻译活动中，有着强烈的创造意识。在这部著作中，加里提出了一些重要的观点，例如，一部艺术作品的价值不是一眼就可被识别发现的，每一次翻译都是对原作的一次新的释读，也是诗人的一次再生；另外，任何翻译家在翻译过程中都要受到社会与读者的限制，他明确指出：“不管接受还是抗拒，任何译家都要受到他所处的社会的压力，越是抗拒就越难摆脱。”应该说，爱德蒙·加里的这部著作是有价值的，有许多独到的见解。但是由于他本身是一个译家，崇尚“艺术性”的翻译，所以，对历史上一些采用直译法的译家的评价有失偏颇，只从翻译结果这一层面进行评述，忽视了各种风格的翻译在历史发展中所发挥的作用，缺乏一种客观的、历史的审视目光。罗歇·佐贝则对法国翻译历史上被称为“不忠的美人”的翻译现象，特别是对1625年到1665年间法国翻译的普遍状况和主要倾向进行了研究，资料丰富，具有独特的研究视角。但是，法国译论研究专家乔治·加尔尼埃

---

1 Lieven D'Hulst: *Cent ans de théorie française de la traduction. De Batteux à Littré (1748–1847)*, Lille, P. U. L., 1990.

2 Maryiam Salama-Carr: *La traduction à l'époque Abbasside*, Paris, Didier Érudition,1990.

3 Roger Zuber: *Perrot-d'Ablancourt et ses «belles infidèles», traduction et critique de Balzac à Boileau*, Paris, Les Presses du Palais Royal, 1968.

4 Michel Ballard: *De Cicéron à Benjamin, traducteurs, traductions, réflexions*, Lille, Presses Universitaires de Lille, 1995.

认为，这是一部文学史博士论文，旨在为法国翻译史上“不忠的美人”这一翻译类型平反。该书实际上并不关注翻译本身的问题，也未就翻译问题进行深入的理论思考，而只是将翻译置放在一个具体的文学类型的关系中进行考察。[1]利埃温·杜勒斯特的《法国翻译理论研究一百年》如题目所示，着重于18世纪40年代至19世纪40年代这一个世纪翻译理论发展的各个阶段及其代表性观点的梳理，其中，对翻译在不同历史时期所起的作用和功能进行了探讨，并根据译者对出发语文化和目的语文化的态度及采取的翻译方法，对翻译的吸收与传播功能进行了分析。[2]其观点在译界有相当的影响，不过就目前而言，法国译论界在译史研究方面的代表性成果应该是米歇尔·巴拉尔的《从西塞罗到本雅明》，本章将从三个方面就巴拉尔对西方翻译的历史思考做一评述。

第一节　翻译历史研究的目的、方法与侧重

米歇尔·巴拉尔是法国著名的译论研究专家，原在里尔大学执教，后任阿尔图瓦大学外国语言文学系教授。他从事翻译理论研究工作多年，著述甚丰，研究方向主要有三：一是法英互译技巧研究；二是翻译教学理论研究；三是翻译史研究。

巴拉尔对翻译历史的研究有着十分明确的目的，他认为，人类文明的交流与发展史，包括着翻译的历史，翻译在人类文明交流中所起的作用是不争的事实。他援引凯利（Louis G. Kelley）的话说：“西欧的文明多亏了翻译家。从罗马帝国到共同体，多亏了翻译，国际贸易和管理才有了可能。”[3]然而，遗憾的是，历史学家们对人类这一重要的活动却少有提及，拿亨利·梅肖尼克的话说，人们对翻译所起的作用“避而不谈”，而对翻译的历史研究的首要目的，就是要还翻译应有的历史位置，让人们清楚地看到翻译所起的“重要的历史作用”。

1　参见 Michel Ballard: *De Cicéron à Benjamin, traducteurs, traductions, réflexions*, Lille, Presses Universitaires de Lille, 1995, p.150。

2　参见 Lieven D'Hulst: *Cent ans de théorie française de la traduction. De Batteux à Littré (1748–1847)*, Lille, P. U. L., 1990, p.9。

3　Louis G. Kelly: *The True Interpreter, A History of Translation Theory and Practice in the West*, Oxford, Blachwell, 1979, p.1.

翻译作为人类的交流活动，它所起的作用，与其方法紧密相连，因此，进行翻译历史的研究就不仅仅是对数千年来的翻译实践进行考察和梳理，还应结合翻译实践，对伴随着翻译活动的各种思考和理论升华的过程进行探讨。费道罗夫说过："世上存在的任何一门科学，都不可能不重视、汲取历史的经验，不吸收以往的学者们对同一问题已有过的探索、所取得的成果，首先必须使用翻译历史的资料和历史上众译家的思考，总结梳理有关翻译问题的各种看法和观点。这就意味着，翻译理论必须包含对翻译问题的历史思考。"[1] 巴拉尔认为，对翻译实践与翻译问题的历史思考，有助于人们增强翻译的理论意识，探索翻译在各个历史发展阶段所担负的使命与为完成该使命所采用的不同方法。

巴拉尔在长期的翻译研究中，始终关注翻译理论对翻译实践的指导问题，他发现翻译史上存在着一个有趣的现象，那就是"翻译的宗旨向来求信、求真"。然而事实上，在语言和文化方面，却始终存在着一些偏见和定见，而这些偏见或定见直接影响着人们的翻译态度和在具体翻译活动中的取舍。他认为，翻译的追求与翻译的具体实践之间始终存在着矛盾，进行翻译史的研究不能忽视这些矛盾的存在，而应该从历史的角度，对这些现象做出解释，探索产生这些问题和矛盾的深层原因。

巴拉尔进行翻译研究的这些基本目的或动机，从某种意义上来说，决定了他撰写《从西塞罗到本雅明》这部著作的基本方法。数十年来，西方在翻译史的研究方面有一批重要的成果，如亨利·范·霍夫的《西方翻译简史》[2]、保罗·奥格兰的《翻译方法论集》[3]、F. M. 莱纳的《阐释：从西塞罗到泰特勒的语言与翻译》[4]、安德烈·勒菲弗尔的《翻译文学：自路德至罗森茨维格的德国传统》[5]、T. R. 斯坦纳的《英国翻译理论——1650—

1　转引自 Michel Ballard: *De Cicéron à Benjamin, traducteurs, traductions, réflexions*, Lille, Presses Universitaires de Lille, 1995, p.13。

2　Henri Van Hoof: *Petite histoire de la traduction en Occident*, Louvain, Cabay, 1986.

3　Paul A. Horguelin: *Anthologie de la manière de traduire. Domaine français*, Montréal, Linguatech, 1981.

4　F. M. Rener: *Interpretation, Language and Translation from Cicero to Tytler*, Amsterdam, Rodopi, 1989.

5　André Lefevere: *Translating Literature: The German Tradition, from Luther to Rosenzweig*, Assen/Amsterdam, Van Gorcum, 1977.

1800》[1] 和乔治·斯坦纳的《巴别塔之后》[2] 等。巴拉尔在充分吸收了这些译史或与译史相关的研究成果的长处的基础上，根据自己的研究目的，在研究中形成了自己的特色。

在具体写法上，巴拉尔采取的是一种史论结合的途径，这不仅与他的研究动机是完全吻合的，而且也有利于梳理并客观地展示西方翻译实践与翻译理论几乎相对应地发展的历史。关于翻译史，特别是翻译理论史的写法，我国学者有过一些精辟的见解。《中国译学理论史稿》的作者陈福康这样说过："至于具体的写法，参考各种文学理论史等，似乎有两种方法。一种是按照历史发展顺序，挑选一些重要的译论者，分别作介绍和评述；另一种是不拘泥于时间先后，而照自己的见解和'理论设计'，将有关材料重新组合，分成某种类型、流派等，予以综述。"[3] 陈福康认为，这两种写法各有利弊："前一种写法的缺点是容易写得平，'只见树不见林'，成为关于一个个译论者的单篇评论的汇编，优点是可以对这些重要译论者论述得较为详尽，并为研究者提供较多的信息。后一种写法的缺点是容易写得浮，'只见林不见树'，在未发掘和占有详尽资料时容易'以论带史'，即把前人的观点剪裁了以后往自己的模式框架内填塞，而且，这种写法在突出主要线索后就只好放弃枝节，读者对每位译论者的了解便很不全面了，优点则是容易显出'理论性'和'体系性'。"[4] 巴拉尔的撰写方法似乎很难归于陈福康先生所说的哪一种。由于他坚持了史与论的有机结合，避免了有可能出现的"平"与"浮"的缺点。在巴拉尔看来，译史的研究不仅仅是译事的简单罗列与介绍，而应充分展示翻译的主体因素在翻译中的作用与他们对翻译活动的理论思考。为此，他给自己的研究加了一个副标题，为"译家、译事与思考"。

从全书的构架看，巴拉尔基本上按照历史发展的顺序来安排整个内容，但自始至终是以翻译的作用（在历史中的作用）作为一条主线来展开，将翻译活动、翻译家的思考放在历史的大背景中进行梳理。翻译活动，若就事论事孤立地进行研究，很可能出现陈福康所说的"见树不见

1 T. R. Steiner: *English Translation Theory, 1650–1800*, Amsterdam, Van Gorcum, 1975.
2 George Steiner: *After Babel, Aspects of Language and Translation*, Oxford, OUP, 1975.
3 参见陈福康：《中国译学理论史稿》，上海外语教育出版社，1992 年，"引言"第 6 页。
4 同上。

林”的情况，缺乏主线，必将会是一个个孤立的翻译事件简单罗列。巴拉尔强调，翻译不仅仅是语言活动，而是“人的活动”，把翻译在历史中所起的作用作为主线，恰好说明了作者的用心所在：突出翻译这一人的活动在历史中的作用，从而给翻译、给翻译家为历史发展所做的贡献进行客观的定位，给予应有的评价。

就全书安排的内容看，巴拉尔所侧重的，是西方翻译理论发展历史的勾勒与探索，以西塞罗为起点至本雅明。他明确指出，之所以选择西塞罗与本雅明，不仅仅出于年代上的考虑，更因为他们是西方翻译史上一直延续至今的两种迥然不同的翻译方法的代表，他们所代表的是翻译理论上“最根本的两极”。巴拉尔从对古希腊、罗马、中世纪、文艺复兴时代及17世纪至20世纪初的西方翻译史的考察中，发现人们从来就没有放弃过对翻译活动的思考，不像有的翻译理论研究工作者所说的那样，翻译的理性思考只是近几十年的事。从历史角度看，译论所关注的基本问题是从翻译一开始就存在的，例如翻译的忠实性问题，并伴随着翻译史的发展不断地被提出，任何译家都不能回避。从理论角度看，翻译的思考是一个历史的发展的过程，两千多年来有着继承与发展的关系，我们研究翻译问题不能割断历史。在这个意义上说，许多概念，如“模仿”“真实”“忠实”“再创造”“逐字翻译”“自由翻译”等，都有着特定的历史含义。基于这一认识，巴拉尔力戒“面面俱到”地罗列历史上众译家的各种观点，也没有着意追求所谓的系统性，给各种观点做流派的区别，他所着力梳理或阐明的，是种种翻译观和翻译方法所产生的历史环境与根源，以及翻译理论发展的主要脉络。

第二节　法国传统翻译理论的梳理

我们在上文说过，在《从西塞罗到本雅明》这部著作中，巴拉尔对翻译实践史与翻译理论史的梳理和思考是交叉进行的，但重点明显是放在后者身上。巴拉尔对西方翻译史的探源、对翻译在西方文化发展中所起的多重作用的分析以及给各个不同时期的重要译家的历史定位，我们在这里不拟展开评述。对西方翻译理论的发展过程及法国之外的一些重要译论的生成与继承，我们也从略，仅就巴拉尔为我们梳理的法国译论做一简要的勾勒。

我们都知道，从现有资料看，西方最早论及翻译的要算罗马帝国时期的西塞罗。巴拉尔介绍说，西塞罗是在公元前46年左右撰写的《论最优秀的演说家》一文中谈及翻译问题的，该文实际上是一部译文集的序言。译文集收录的是埃斯西尼（Aiskhines）与狄摩西尼（Demosthènes）就金冠事件发表的对立性的演说，西塞罗用这些译文作为论据，说明何为最优秀的演说家，其中谈道："埃斯西尼与狄摩西尼是两位最雄辩的雅典人，我曾将他们针对对方所做的两次最有名的演说译成拉丁文，我不是作为解释员，而是作为演说家进行翻译的；演说的精神不变，表达与修辞也未变；所有词语都符合我们语言的用法，但我并不认为有必要逐字翻译；我所保存的是整体的气势和表现力。"[1] 同时，他又指出："雄辩力存在于词语与思想之中。因此，我们必须寻求纯洁而准确的表达，也就是说用的拉丁语要好。"[2] 巴拉尔认为，西塞罗的这两段话构成了西方译论之源，在西塞罗的论说中，翻译是作为模仿这一类型的陪衬角色出现的，但具有模仿特性的翻译并不排除与原作之间保持一定的自由度和对目的语的尊重。他的这些观点被后人视为"意译"理论的基础。谭载喜在《西方翻译简史》绪论中也援引了西塞罗的有关论述，认为西塞罗关于"作为解释员"和"作为演说家"的翻译的区分，"厘定了翻译的两种基本方法，从而开拓了翻译理论和方法研究的园地。自西塞罗以来，西方翻译理论史便围绕着直译与意译、死译与活译、忠实与不忠实、准确（accuracy）与不准确（inaccuracy）的问题，被一条绵延不绝的线贯穿起来"[3]。虽然"厘定"之说有些牵强，但谭载喜对西方译论史发展的总体把握还是有道理的。勾勒法国译论发展的轨迹，评说法国各历史时期有关翻译的重要论述，自然不应该将之与西方译论发展的这条"绵延不绝的线"割裂开来。

乔治·穆南在《翻译的理论问题》中指出，在西方漫长的翻译历史中，自西塞罗到德·里尔，从圣哲罗姆到多莱，虽然不乏对翻译的思考，但主要集中于对翻译困难的描写，少有系统的理论探讨。米歇尔·巴拉尔提出了不同的看法，认为伴随着翻译实践，必然会有对翻译的思考，这

---

1 转引自 Michel Ballard: *De Cicéron à Benjamin, traducteurs, traductions, réflexions*, Lille, Presses Universitaires de Lille, 1995, pp.39–40。

2 同上。

3 谭载喜：《西方翻译简史》，商务印书馆，1991年，第8页。

种思考是随着历史的发展而不断深入的，有个逐渐系统化与理论化的过程。现代的法国翻译理论离不开其传统的滋养。早在8世纪，让·德安蒂奥什（Jean D'Antioche）就根据自己的翻译实践，在《西塞罗演说术》一书的跋中指出，他尽可能贴近原作进行翻译，但由于语言的差异，有时不得不以与原作不同的方式加以表达。为了保证译作的清晰可读，他摒弃逐字翻译的方法，认为有理由作适当的增饰。[1]在13—14世纪，法国不少翻译家，如让·德·墨恩（Jean de Meung）、皮埃尔·贝尔西厄（Pierre Bersiure）等，都就翻译的方法提出自己的原则。[2]特别在查理五世（1338—1380）时代，由于国王查理五世对身边的人的文化和道德素养要求甚高，鼓励翻译古代著作，聚集了让·高朗（Jean Golein）、拉乌尔·德·普莱斯莱斯（Raoul de Presles）、尼古拉·奥莱斯姆（Nicolas Oresmes）和西蒙·德·埃斯当（Simon de Hesdin）等一批精通翻译的文人。国王对翻译的书目亲自审定，并对译本的可读性提出了特殊的要求。这一在历史上有着"查理五世翻译院"之称的文人班子翻译了大量的希腊作品，在他们的翻译作品的序言或后记中，记录了国王对翻译提出的原则和要求，不少人感到力不从心，表示难以达到"译笔明晰"而又"忠于原作"的标准，请求读者宽恕。如奥莱斯姆在翻译亚里士多德的论集时，在译文序中指出："在世界的所有语言中，拉丁语是最适于表达自己的意思的。但是，要把亚里士多德全部翻译出来，却不可能，因为有许多希腊词在拉丁语中没有对应的词。就目前而言，拉丁语比法语要更完美、更丰富，因此，就更不可能将拉丁语完美地译成法语了。"[3]为了弥补法语表达的不足，他提出，应该将新词引入法语，以便传达拉丁语的原作。西蒙·德·埃斯当也明确提出，无论为传达原作的意思，还是为表达自身的美，都必须摒弃逐字的翻译。渐渐地，从13世纪至文艺复兴时代，法国形成了翻译的两条主要标准："清晰"与"典雅"。我们不难看到，奥莱斯姆关于缺少"对应词"和采用"借词"的观点，以及埃斯当对译文"美"与"清晰"的要求，已经涉及翻译障碍、翻译方法和翻译标准等一些翻译

1　参见 Michel Ballard: *De Cicéron à Benjamin, traducteurs, traductions, réflexions*, Lille, Presses Universitaires de Lille, 1995, p.81。

2　同上，分别参见，pp.82–83, p.86。

3　同上。

的基本理论问题。

巴拉尔指出，奥莱斯姆等翻译家对翻译的思考，使人们渐渐意识到各语言之间的本质差异，认识到了当时的民族语言的某些缺陷，为复兴时代采用大量借词与新词以丰富法语做了理论上的准备；同时，也使许多译家越来越清醒地感到翻译之于原作的“自卑性”，希望以各种修辞方式来美化译语，以弥补不足。关于这一倾向，巴拉尔认为这实质上是西塞罗所谓以演说家的方式来进行“模仿”（翻译）的观点在法国的继承与发展。

随着文艺复兴时代的到来，整个欧洲出现了翻译的高潮，其规模之大，可与第二次世界大战之后的翻译高潮相媲美。在16世纪初，特别在弗朗索瓦一世时代，翻译在法国受到普遍重视，翻译作品大量涌现，译家们对翻译本身的思考越来越深入，特别是对翻译方法的探讨，出现了以艾蒂安·多莱为代表的法国译论派。

艾蒂安·多莱是法国历史上人文主义先驱之一，也是著名的语言学家、古典思想研究者，撰写、翻译出版过许多关于语言历史和哲学的论著，因传播人文主义新思想，而多次遭受当局监禁，37岁时被处以绞刑。多莱对法国语言与思想的贡献是多方面的，在翻译理论方面，以他于1540年发表的《论佳译之方法》奠定了法国在西方近代翻译理论史上的重要地位。爱德蒙·加里在《伟大的法国翻译家》中称赞多莱为法国最伟大的翻译理论家、法国译论之父。多莱被普遍认为是“西方近代翻译史上第一个比较系统地提出翻译理论的人”[1]。

在《论佳译之方法》中，多莱提出了五条原则：（1）译者必须完全理解他所译作品的意思和作品的内容。（2）译者必须完全掌握翻译时使用的两种语言。（3）译者不应该屈从到逐字翻译的地步……只有不受原文词序的束缚，译者才能以句子为落脚点，既使作者的意图得到表现，同时也能奇妙地保持原语与译语的特点。（4）译者必须遵守“约定俗成”的用法。（5）译者必须注意表达的和谐，保证措辞的连贯，相互衔接，同时要优美，不仅赏心，而且悦耳……

米歇尔·巴拉尔认为，虽然多莱提出的五条原则还失之笼统，但与他

1 有关多莱的生平、著作和贡献，参见 Marc Chassaigne: *Étienne Dolet, portraits et documents inédits*, Paris, Albin Michel, 1930。

以前的许多译家的序言或论说相比，多莱对翻译所涉及的众多基本问题也有了较为全面的认识。这五条原则基本上涉及了从理解到译文修改的整个过程的基本问题，并对译者的素质提出了要求。如第一条涉及译者对原文的理解和对原文的内容的传达，规定了翻译的基本任务。针对语言差异所造成的翻译障碍，多莱反对盲目的忠实，主张不受原文词序的束缚，以句子为基本单位，采取灵活的译法，同时强调译语的可接受性。尤其是最后一条原则，提倡译文表达的和谐优美，不仅使读者的精神得到享受，而且要做到悦耳。可以说多莱的翻译主张在某种程度上奠定了法国意译理论的基础，他所提出的原则，有的至今仍未过时。法国著名翻译家加里认为，多莱的原则简洁而清晰，是他在欧洲第一次真正提出了翻译艺术的理论。[1]巴拉尔就加里的看法提出了不同意见。他指出，加里的评论在一定程度上反映了加里本人的翻译主张和立场，因为加里是个文学翻译家，反对翻译的语言学途径。巴拉尔认为，客观地说，多莱的翻译主张构成了法国翻译理论的雏形，没有像德国的路德那样隐入宗教的争论中去；他所提出的某些原则是具有普遍意义的，而且对翻译有指导价值。美国的奈达和英国的苏珊·巴斯奈特对多莱也有评价，前者称多莱提出了“翻译的基本原则”；后者认为他是近代西方最早提出翻译理论的作家之一。

1549年是法国文学发展史上的一个重要年份。在这一年，七星诗社发表了宣言书《保卫和发扬法兰西语》，该宣言出自杜贝莱之手。在宣言中，七星诗社提出了民族语言的统一问题，而前提就是保卫法语的地位，改变其词汇贫乏、粗俗的状况，同时，主张向希腊和拉丁语借词，创造新词，以丰富法语。在七星诗社的努力和推动下，“对法语的研究和语言规范化的工作受到了重视，法语作为民族语言终于取得了它应有的地位”[2]。而在确立法语为民族语言的过程中，翻译起到了不可忽视的作用。在《保卫和发扬法兰西语》中，杜贝莱强调了创作与创造的重要性。同时该书的上卷涉及了翻译的问题。巴拉尔认为，虽然该书不像多莱那样集中探讨翻译活动，但在上卷的第四、第五和第六章中，杜贝莱多次陈述了对翻译的思考，而在论述语言的起源的第一章和讨论模仿问题的第七章和第八

1　参见 Michel Ballard: *De Cicéron à Benjamin, traducteurs, traductions, réflexions*, Lille, Presses Universitaires de Lille, 1995, p.113。

2　柳鸣九等：《法国文学史》上册，人民文学出版社，1979年，第117页。

章，以及第十章中，也有对翻译的看法。在第一章中，杜贝莱就语言的起源和差异提出了重要的观点，认为语言起源于人类的智性，而语言的差异则产生于人的“随意性”。就表达的潜力而言，任何语言都是平等的，不能对不同的语言随意“褒贬”。在四个世纪以后，奈达也表述了同样的看法。基于这一观点，杜贝莱认为虽然“法语目前不如希腊语和拉丁语那么丰富”，但其价值和翻译能力不可否认。法语具有无限的表现力，其证据就是“数不胜数的希腊语、拉丁语作品，甚至还有意大利语、西班牙语和其他语言的作品被我们时代的一些优秀的文人译成法语”。杜贝莱持的是客观的立场，翻译对于不通外语的人们来说，是传播知识与文明的不可或缺的工具，但翻译“似乎并不是把我们的大众语言提高到与其他更有名的语言相等地位的唯一和自足的手段”。在第六章中，杜贝莱还对一些“劣质翻译家”提出了批评，批评他们“为了猎取博学者的名声，随意翻译他们根本不懂其基础的语言，如希伯来语、希腊语；更有甚者，为了炫耀自己，竟翻译某些独具一格的诗人；就我而言，即使我会翻译或想翻译，也不敢多问津，因为这些诗人具有非同一般的创造的神性”。巴拉尔认为，杜贝莱的批评具有双重的意义，首先是针对文艺复兴初期某些完全靠转译或借助第三者从事翻译、质量低劣的翻译家，如马洛（Marot）、尼肖尔（Nicholls）等，是一种有关译德的批评；其次，这一批评与多莱对译者的素质要求是相呼应的。所谓创造的神性，是指神赐的灵感。这一观点实际上是从另一个角度指出翻译需要灵感，需要才华，译诗需要具有诗才。在第十章中，杜贝莱论及了非文学作品的翻译，如百科全书的翻译，则需要忠实，忠实不仅仅是有益的，而且是有必要的。区别对待不同类型的翻译，提出不同的要求，这在实践上是有其积极意义的。[1]

雅克·阿米欧无疑是法国历史上最伟大的翻译家之一，译过如赫利奥多罗斯的《特阿革涅斯和卡里克勒亚》、朗戈斯的《达弗尼斯与赫洛亚》、狄奥多罗斯的《历史丛书》、普鲁塔克的《名人传》等。他的许多译作被读者视作他的作品。他的译事受到过弗朗索瓦一世的特殊关照和支持，尤其是他以 17 个春秋翻译的普鲁塔克的《名人传》，奠定了他在法国翻译

1　参见 Michel Ballard: *De Cicéron à Benjamin, traducteurs, traductions, réflexions*, Lille, Presses Universitaires de Lille, 1995, pp.118–122。

史上的重要地位。爱德蒙·加里认为，阿米欧的翻译“培育了一代又一代的军人和政治家，直至影响到法国大革命时期的国民公会议员和年轻的波拿巴。他让法兰西语言的光芒随着希腊作品的荣光在整个欧洲闪耀。无疑是多亏了雅克·阿米欧，普鲁塔克才有幸获得了令人喜出望外的辉煌的第二次生命”[1]。阿米欧对翻译有着自己的立场与原则。在《名人传》法译本的序言中，他明确提出：“一个称职的翻译家的任务，不仅仅在于忠实地还原原作者的话，还在于传达原作者的风格与情调。”作为一个翻译家，阿米欧还具有读者的意识。加里就此指出：“翻译理论家们总是乐于将译者置于作者的对立面，时而作为对手，时而作为仆人。很少有人看到整个翻译方程式中的补充项，即译者与读者的关系。阿米欧则深入到了这一相互依赖的关系中去。因为阿米欧在翻译时既考虑到了读者，也考虑到了作者；他所翻译的作品不仅富有情趣，而且具有生命力，总之是传世之作。”[2]不过，对于译者应该考虑到译语的读者、译作要适合读者大众的口味这一主张，也有人提出不同的看法，如下文中将要提到的德·梅齐利亚克就对阿米欧的翻译和翻译主张提出过批评。巴拉尔认为，阿米欧的功绩在于证明翻译家可以给一部作品以新的生命，并能以崭新而别具一格的形式使其流传于世。但他的翻译主张在一定程度上为法国17世纪出现的“不忠的美人”型的翻译做了理论上的准备。

17世纪30年代至60年代，法国有一位很有影响的翻译家，名叫佩罗·德·阿布朗古尔，他在语言方面有很高的天赋，精通拉丁语、希腊语，译过不少古希腊、罗马作品，最有名的是塔西佗的《编年史》。他翻译有个原则，就是不太顾及原作风格如何，译文务求优美、典雅，以适合当代读者的口味。据谭载喜在《西方翻译简史》中介绍，德·阿布朗古尔的翻译的特点是“拿一篇原作，抓住大意，不管原来风格如何，只要译文具有文学性和可读性，能使当代读者爱看，受到欢迎，就不惜牺牲一切地任意增删内容，能修改就修改，能发挥就发挥，而丝毫不顾及译文的准确性”[3]。谭载喜的这段评说，尽管语气太绝对化了一些，但总的来说，确实抓住了德·阿布朗古尔的本质。据巴拉尔介绍，德·阿布朗古尔曾在卢奇

1　Edmond Cary: *Les grands traducteurs français*, Genève, Georg, 1963, p.16.

2　同上。

3　参见谭载喜：《西方翻译简史》，商务印书馆，1991年，第110页。

安的《真正的故事》一书的译本序言中宣称："书中那些庸俗不堪的段落，我全已删去；过分露骨的文字，也在多处做了委婉的处理……更不用说书中那些老掉牙的古老宣言，以及早已过时的成语、典故和比喻，即使对作者的后代来说，这些文字今日恐怕也会起到完全相反的效果，因目的是要让人喜欢，而不是要炫耀博学。"他在序言中还进一步说明："我并不时时都完全忠于原作者的语言，也不完全忠于原作者的思想，我只是按其宗旨，以我们今日的方式和装饰来处理。不同的时代不仅需要不同的语言方式，也需要不同的思想。"从以上的文字可以看出德·阿布朗古尔的翻译目的十分明确，是要让他同时代的读者"喜欢"。在他看来，在不同的时代，读者有不同的需要，译者要按照读者的需要来处理译文。应该说明的是，德·阿布朗古尔的翻译主张从某种意义上说，还真富有"现代意识"，只是他走了极端，犯了唯读者论。他要迎合读者，以优美、典雅的译文来"讨好"读者，让读者喜欢。不过，他的读者不是一般的读者，他所提出的翻译主张在很大程度上也是迎合了他所处的那个时代的风气。17 世纪初期至中叶，法国贵族沙龙成风，贵族们以"高雅"自诩，无论衣饰、举止，还是语言、艺术，务求高雅，艳丽的小说、纤巧的情诗风行。德·阿布朗古尔的翻译，文字华美、俏丽，自然赢得了那些贵族读者的欢喜，影响越来越大，渐成风气，不少翻译家纷纷效仿，如沃日拉（Claude Favre de Vaugelas）"花了三十年时间修改他所翻译的库尔提乌的作品，为的是使其语言风格高雅绝伦。有一位名叫佩兰的天主教教士在 1648 年译了维吉尔的《伊尼特》[1]，对译本的风格感到扬扬自得，在序言中竟自称第一个给'《伊尼特》穿上了法国骑士的衣裳，配上了华丽的羽毛和金银箔'"[2]。

德·阿布朗古尔的译风不仅影响了他同时代的法国翻译家，还影响了英国、德国等欧洲国家的翻译家。据 T. R. 斯坦纳称，佩罗·德·阿布朗古尔的翻译观点大概在 17 世纪 40 至 50 年代传入英国，不少英国翻译家也越来越倾向于美化原文，追求高雅的风格。对德·阿布朗古尔的翻译和翻译主张，尽管附和者、追随者甚多，但也有反对的意见，如法兰西科学院院士、著名作家、语法学家安托瓦纳·富尔迪埃尔

1 即《埃涅阿斯纪》。
2 参见谭载喜：《西方翻译简史》，商务印书馆，1991 年，第 111 页。

(Antoine Furetière）就持激烈抨击的立场，指责他“随心所欲，给自己的译作穿上时髦的新装”。波尔·罗亚尔派的核心人物勒梅斯特·德·萨西（Lemaistre de Sacy）更是针锋相对，提出翻译应该尽可能忠实于原作，保持原作的“说法”和“比喻”，要“以美还美，以比喻还比喻，哪怕两种语言所表达的风韵并不对应”。最有趣的是法国著名作家、博学的吉尔·梅纳日（Gilles Ménage）针对德·阿布朗古尔的翻译说的一段话：“当德·阿布朗古尔翻译的卢奇安的作品问世时，许多人都抱怨翻译不忠实。而我称它为‘不忠的美人’，那是我年轻时对我在图尔的一位情人的称呼，她很美丽，但不忠实。”后来，“不忠的美人”的说法渐渐流传开来，用以指那些语言很美，但不忠实于原文的翻译。

以佩罗·德·阿布朗古尔首开风气的“不忠的美人”型的翻译，在17至18世纪的法国始终占据上风。然而，讨论翻译，研究翻译的理论问题，不能不倾听多方的声音，不能不关注那个时代对立各方的翻译主张和看法。“所谓的‘不忠的美人’这一翻译现象不过是那个世纪所开始的一个广阔的历史整体中的一个环节而已”，涉及多种因素。

我们知道，在整个16世纪，法国语言不断吸收外来词汇以及大量的俚言俗语，渐渐地丰富自身，得到了发展。但同时也出现了“芜杂不纯的情况”。17世纪初，马莱伯（François de Malherbes）感到这种状况必须改变，以维护法语的“纯洁性”。在《关于德波特的评注》中，我们可以读到马莱伯有关语言规范化、建立古典主义诗学和翻译问题的许多主张。马莱伯本人身体力行，为维护法语的“纯洁性”做了大量实际工作。在翻译方面，他有大量的实践，译过塞内加的《自然界问题》《论善》《书简》等，还译过提图斯·李维乌斯的《罗马史》的第33卷，在这部译著的“敬告读者”中，马莱伯提出了他的翻译原则。他认为翻译该书有阐释的问题，同时，因原作的拉丁语不纯，所以有必要用法语“重写”，为此他说：“凡提图斯·李维乌斯原作中不完美的地方，在我的翻译中都经过重新装饰，这也是本着求真的精神。”至于用“法语重写”，他采取了以下三种具体做法：一是“原文晦涩，有可能给读者造成阅读障碍的地方”，他添加有关解释，以使读者“明了”；二是“为了行文不重复，或为了避免出现有可能使敏感的人感到不快的粗俗文字”，有时“做些删改”；三是要让读者愉悦。他指出：“关于历史叙述，我是准确地加以传译，连标点也认真对待；但我不想有怪异的行文，而若一味陷入逐字翻译的束缚之中，这就难免了。我完全清楚学院派的情趣，但我还是适可而止，以卢浮宫的情趣为限。”[1]

我们可以看到，马莱伯的翻译主张是十分明确的。在文艺复兴时代，人文主义者们对原作一方面有着求真的要求，另一方面又有着满足读者，让读者感到愉悦的愿望，这就是要装饰译文、美化译文。在求真与求美之间，他们更倾向于求美，这与马莱伯等一批古典主义的倡导者的艺术主张是相符的。毫无疑问，马莱伯的观点直接影响了在他之后的众多翻译家。他们有个共同的特点，特别强调古典作品的翻译要适应当代的标准。在这些翻译家中，安托瓦纳·戈多（Antoine Godeau）是个典型的代表人物。

安托瓦纳·戈多曾任格拉斯主教，为作家、法兰西学院院士。他的翻译观在很大程度上可以说是继承了马莱伯的主张。1630 年，他在《马莱伯全集》出版之际，写了《论马莱伯的著作》一序，其中有对翻译的多种思考，提出了一些值得探讨的观点。米歇尔·巴拉尔将之做了梳理，主要观点归纳如下：

（1）翻译与创作相比，并非雕虫小技。戈多指出：“许多人认为，一个有胆识的人，是不屑做翻译的。相反，我认为，若要将优秀作家的作品成功地翻译过来，也需要理论，需要鉴赏力，需要表现力，跟创作是一样的。”

（2）翻译为许多文学作品之母。戈多认为：“在普劳图斯和泰伦提乌斯的喜剧中，可看到拉丁语的丰富多姿、美不胜收。但这些作品大多是纯粹的希腊作品的翻译。”

（3）翻译可与原作相媲美，如梅萨拉“以其译本的优美使人们叹服，译本并不比原作逊色”。

（4）翻译有助于传播文化。戈多认为，对许多人来说，由于杂务在身以及年龄、身体等原因，无法追根溯源，获得别国的科学知识，但在一个又一个世纪中，有这样的一批人，他们虽然并不富有，却将他们在雅典、

1　转引自 Michel Ballard: *De Cicéron à Benjamin, traducteurs, traductions, réflexions*, Lille, Presses Universitaires de Lille, 1995, pp.155–156.

在罗马发现的文化珍宝传播给大家。

（5）翻译是困难的，要做好翻译，必须要有语言差异的意识。戈多指出："只有无知者才会设想翻译工作轻而易举。因为每一门语言都有其特殊的魅力，正如每个人都有其不同的性格。"译者应该意识到两种语言的差异，以免原作不习惯新的装扮，而显得怪诞。

（6）戈多认为拉丁语的表达不如当时法语的表达那么优雅和讲究，如在避免重复，明喻与暗喻的使用，或上下文的衔接方面。这一对拉丁语的看法，表现出了法国古典主义者们对希腊、罗马作品的传统态度有了根本转变。这一态度的转变对当时的许多翻译家在修辞上"美化"或"装扮"译文的做法无疑是有影响的。

（7）关于翻译的忠实，其衡量的最高标准应是意思与效果的忠实与否。戈多明确指出："译者的主要目的应是以准确无误的忠实来还原原作的意思。若耽于原作的表现形式，有时就会出现明显的判断错误，因为每一民族对风格之美的欣赏趣味是很不相同的，在某处令人赞叹的文字，在别处却有可能激不起任何感觉。"

（8）译者要意识到译语的价值与表现能力。戈多认为当时读者的耳朵已经十分敏感。若没有优雅的表达，哪怕再真实也无法给他们留下多少印象。他对马莱伯的翻译方法表示完全赞同：马莱伯若不果敢地打破词序，改变连接手段以使全文贯通；若不删去多余的词语，增添必要的词句，以使读者明了；若不说明译语读者不了解的某些事物的背景；若不委婉处理某些有可能使读者感到不快的露骨的文字，那他所翻译的那位神圣的哲学家就会使读者感到讨厌。[1]

从以上八个方面的主张看，戈多的论述可以说是"不忠的美人"型翻译的一篇宣言。戈多的主张在当时引起了较大的反响，但也出现了不同的声音，对不忠的翻译提出了批评，最有代表性的是法兰西学院最早的院士之一梅齐利亚克（Claude-Gaspard Bachet，Sieur de Meziriac），他在1635年12月10日请沃日拉在法兰西学院代他宣读了题为《论翻译》的长篇演说。我们知道法兰西学院成立于1634年，被选入该学院的都是当

1 参见 Michel Ballard: *De Cicéron à Benjamin, traducteurs, traductions, réflexions*, Lille, Presses Universitaires de Lille, 1995, p.156。

代最具有权威性的文人，限额四十名，院士被称为“不朽者”。1635 年初，法兰西学院决定每个院士进入学院时都必须就他熟悉的重要领域做一演说。梅齐利亚克选择翻译为演讲内容，可见当时对翻译的重视，翻译得以堂而皇之地登上大雅之堂，是当时的条件所决定的。

实际上，早在发表《论翻译》的演说之前，梅齐利亚克就已经十分关注翻译问题。在 1626 年，他对阿米欧的翻译提出了批评，认为阿米欧的译本缺乏一个好的翻译应具备的准确性。在演说中，梅齐利亚克仍然以阿米欧翻译的普鲁塔克的《名人传》为对象，对该译本的错误进行了系统的研究。他第一次用逻辑的方法列出阿米欧不忠实于原文的地方，对阿米欧的增、删、改等做法逐一进行了分析，最后着重分析阿米欧这些错误产生的原因。梅齐利亚克指出，翻译具有教育和滋养的功能，而丰富法语的最佳方式之一，就是能用法语与古代的作家，特别是希腊作家对话；古希腊和古罗马人将艺术和科学提高到一个完善的境地，一百年来，众多的翻译家将古希腊和古罗马人创造的财富传到了法国。阿米欧“被众人认为是我们国家所拥有的最优秀、最明智的翻译家”，这不仅仅是就他所选择翻译的作家而言，而且也在于他的译作的质量。可以说，阿米欧是帮助法语走出“粗俗”状态的有功之臣。然而，梅齐利亚克认为，阿米欧的风格并非尽善尽美，今日的语言已经更为纯洁，因此，有必要重新审视他的译品，让它变得更为优美，“以便人们有更多的阅读乐趣”。巴拉尔指出，就此而言，梅齐利亚克的观点与当时的新一代翻译家是相符的，即翻译是满足读者的审美情趣。但是，梅齐利亚克讨论的重点不在于此，他认为：“语言之美不足以构成一部优秀的译作。没有人不承认，一个好的翻译家应具备的最关键的品质，是忠实。”[1] 在阿米欧翻译的《名人传》中，梅齐利亚克以忠实为标准，“发现在两千多个段落中，原作者的意思不仅没有得到忠实的传达，相反，还被整个地曲解了”[2]。他在演讲词中说，他之所以这样做，不是为了贬低阿米欧，而是为了让真理大白于天下，最终的目的是要“明确一个好的翻译家应负的责任”。为此，他明确提出了三条原则：要忠实地翻译，“不得给原作家增添任何东西，不得删去任何东西，也不得有

1 参见 Michel Ballard: *De Cicéron à Benjamin, traducteurs, traductions, réflexions*, Lille, Presses Universitaires de Lille, 1995, p.164。
2 同上。

可能歪曲原意的任何改动”[1]。

以我们今天的目光来看，梅齐利亚克的不增、不删、不改动的要求必须具备的品质也是不足取的——忠实，确实是好的翻译必须具备的品质，但不是愚忠，不是盲目地拜倒在原文脚下的忠实。但从另一个方面讲，梅齐利亚克用理性的方法，以“忠实”为标准，以不曲解原文为基本要求，对原文进行系统的分析，并从具体实例入手，寻找“错译”“误译”的原因，从方法论上讲，是可取的；可以说，梅齐利亚克的这篇《论翻译》是法国翻译批评最早、最具系统性的一次实践。从阿米欧、戈多的翻译主张到梅齐利亚克的批评，可以看到历史上关于“忠实”的争论一直没有停止过。然而，在17世纪40年代，“美译”之风盛行，梅齐利亚克的立场、观点与起源于人文主义思潮的翻译观是相悖的，与他同时代的许多译家观点也有冲突，所以他在法兰西学院发出的这一“忠实于原作”的声音被淹没在以佩罗·德·阿布朗古尔为代表的“美译”的大潮之中。

考察翻译历史，我们可以看到，翻译的方法是与翻译的目的紧密相连的，不同的翻译主张又是与一定的哲学、宗教、社会和文艺观分不开的。在17世纪40年代，以波尔·罗亚尔修道院为中心，法国的詹森派聚集了一批优秀的文人，其中有不少有名的翻译家，如罗贝尔·阿尔诺·安迪伊（Robert Arnauld d'Antilly）、安托瓦纳·阿尔诺（Antoine Arnauld）、安托瓦纳·勒梅斯特（Antoine Lemaistre）和勒梅斯特·德·萨西等。他们的翻译以传播宗教为目的，无论是宗教典籍的翻译，还是作为教学手段的翻译，都受到他们的神学观的限制。如勒梅斯特·德·萨西的翻译主张，可以说明显统一于他的神学观和教育观。由于他坚持詹森派立场，所以在翻译上，他绝对不可能去担当“不忠实”的罪名。在翻译中，他小心谨慎，生怕背叛原作，译作中常加上许多注释。在教学中，特别在教授翻译课时，更是采取严格的翻译方法，提出：“若不向学生提供翻译的样板，如何教会学生准确地翻译拉丁语？”虽然在理论上他要求绝对的忠实，但实践上却常有难以克服的障碍。根据自己的翻译和学生的翻译练习，勒梅斯特·德·萨西提出了既不违背“忠实性原则”，又比较实际可行的翻译

1　参见 Michel Ballard: *De Cicéron à Benjamin, traducteurs, traductions, réflexions*, Lille, Presses Universitaires de Lille, 1995, p.164。

方法：一是尽可能领悟原作的精神；二是尽可能传达原作的表现力，以美还其美，以比喻还其比喻；三是“尽可能避免走翻译者很容易走的两个极端，一个极端是为所欲为的自由，另一个是奴隶般的屈从……”[1]

在这一原则指导之下，波尔·罗亚尔修道院渐渐形成了一套翻译的教学方法，如克洛德·朗瑟洛（Claude Lancelot）就对拉丁语翻译成法语的教学提出了比较完整的一套方法。在《学习拉丁语的新方法》一书的“敬告读者”中，朗瑟洛还明确地提出了“从未知到已知”的循序渐进的翻译教学法。1687 年，皮埃尔·古斯代尔（Pierre Coustel）出版了两卷本的《儿童教育规则》。该书明显受到波尔·罗亚尔修道院所提倡的教学法的影响，但与勒梅斯特提出的有关原则相比，有了很大的发展。书中针对翻译在语言教学中的作用、翻译的“忠实”原则、逐字翻译的危险、翻译对表达清晰优美的要求以及必要的变通等问题提出了重要的观点。如关于“忠实”的问题，古斯代尔指出：“当我说翻译必须忠实的时候，我的想法并非完全受原话的束缚，逐字翻译，我是说只要还原其意便行了；这就是说只要用法语传达出拉丁语或希腊语中的全部意思就行了，不必卑怯地受原文词序以及每一门语言独特而自然的表达法的束缚。”[2] 换句话说，翻译的忠实是忠实于原作的意义，而非形式。在处理原作的意义与形式的关系上，古斯代尔更加明确地指出：“意义是原作之神，词犹如原作之形。完全逐词对译就像无神之形，因为这样一来，两门语言便形神分离。”[3] 古斯代尔的这段论述令我们想起傅雷的形似与神似说，傅雷认为翻译中形神不可兼得，主张重神似而舍形似，与古斯代尔的观点有相通之处。问题的本质是客观上神形不可兼得，才舍形似而求神似，而不是主观上一味求神而毫不顾及其形。关于对译语的要求，古斯代尔指出，“由于希腊语和拉丁语的美在于其简洁，因而在本质上便有些难解，而恰恰相反，法语之美在于其词语的铺展”，因此，翻译时要避免模棱两可的晦涩，有必要时可拆开过于冗长的句子。翻译作品，“要像是原作者用我们的语言写的一样”。在三百多年前，古斯代尔就清醒地意识到语言的差异给翻译造成的障

1 参见 Michel Ballard: *De Cicéron à Benjamin, traducteurs, traductions, réflexions*, Lille, Presses Universitaires de Lille, 1995, p.175。

2 同上，p.182。

3 同上。

碍，主张客观地处理形与神的关系，同时对译语提出明确的要求，其中不少观点，我国的译家已有过差不多同样的表述；可见，翻译在客观上给我们提出的问题，只要认真探索，是可以达到某种相通的认识的。同时，我们也可以看到，对于翻译的认识，会随着社会、时代的发展而不断加深与发展。

除波尔·罗亚尔修道院的一些教育家兼译家提出的翻译方法与翻译主张之外，还有一些译家有关翻译的思考值得我们重视。米歇尔·巴拉尔特别介绍了皮埃尔-达尼埃尔·于埃（Pierre-Daniel Huet）和加斯巴尔·德·坦德（Gaspard de Tende）。于埃是阿夫朗什的红衣主教，学识渊博，精通拉丁语、希腊语等多种语言。他于 1661 年发表了专著《论翻译》。该著作以三位人文主义者的对话形式，就翻译问题提出了自己的观点。他认为，要做好翻译，首先必须忠实于原作的思想，其次必须在两种语言的特性所允许的范围内忠实于原作的词语，以便既不过分又不打折扣地传达原作各个方面的独创性。针对当时主张对原作进行重新创作并加以美化的翻译观点，于埃提出译者面对原作和原作者应该是谦逊的，必须尊重原作的情调与风格："以西塞罗的和谐复合句式来翻译亚里士多德，岂不是一幅夸张讽刺的漫画；若您模仿侵巢之鸟，不满足于将自己的蛋下在人家的巢里，还要把别人那窝合法的蛋掀翻在地，那您就会随意增添文字。"[1] 同时，他认为翻译方法应该视不同类型的翻译而定，对《圣经》和宗教典籍的翻译，逐字翻译是唯一可行的，宗教典籍的神圣性要求这类作品要以十分简洁的方式加以翻译。语法学家和历史学家的作品也应该如此，因为这些作者的品格应该在翻译中表现出来。至于演说家和诗人，则应以保存原风格之精华为妥，而不要受逐字翻译之法的束缚，那是行不通的。于埃指出："科学著作的翻译，您能添加词语来装扮亚里士多德的《形而上学》、欧几里得的《几何原本》、阿波罗尼奥斯的《圆锥曲线》、加里安努斯的《治疗学》吗？设想一下，若阿基米德就圆柱体和球体来发表辞藻华丽的演说，托勒密就天体的运行来吟唱，岂不令人发笑？这些东西是教给人知识的，丝毫不必装扮。"[2] 从上面的介绍中，我们可以看到，于

1　参见 Michel Ballard: *De Cicéron à Benjamin, traducteurs, traductions, réflexions*, Lille, Presses Universitaires de Lille, 1995, p.184。
2　同上，p.186。

埃关于译者与原作者的关系、翻译的任务以及采用不同方法翻译不同类型的作品的观点至今仍然没有过时，具有重要的理论价值和实践指导意义。

就总体而言，于埃对翻译的思考主要是在涉及翻译总的原则的宏观层次，而我们下面要介绍的加斯巴尔·德·坦德则是就具体的语言转换进行系统的探讨。他于1660年以德·埃斯坦的笔名分别在让·勒米尔和达米安·富科书社出版了《翻译规则》一书。该书以“拉丁语译法语之方法”为副标题，以两门语言的具体翻译为素材，就翻译的原则、方法及具体技巧进行了系统的研究。米歇尔·巴拉尔称该书为法国第一部真正研究拉丁语译法语的专著。全书分为三卷，并附一长达15页的序。坦德在序中称出版此书、制定“翻译规则”完全是为了满足自己的特殊愿望，因为有一位好友认为这些规则颇有用处。他希望这部书能给“所有想学习拉丁语的人提供益处，殊不知翻译是学习语言的最简便、最易行的方法之一”。可见他编撰该书的目的是双重的，一是为了总结翻译方法，二是为了语言教学。在卷一，坦德提出了九条翻译规则，以实例逐一进行分析与讲解。第一条涉及译者的条件和意义的传达与忠实的原则之间的关系问题；第二条谈如何忠实于原作的词语；第三条讨论如何忠实于原作者的精神与特性；第四条提出了语言运用的基本原则，涉及“风俗、作者的性格、原作的意义、语言”等因素的协调；第五条探讨如何以相应的手段传达原作之美；第六条则规定不要随意增添词语、装饰原作，认为“最简洁最自然的表达是最美最好的表达”；第七条要求“译文务求清晰”，有必要时可拆断长句；第八条讨论句子的调整的方法；第九条提出要尽可能捕捉隐藏在原文字里行间、难以发现的美，并传达出来。继这九条之后，德·坦德提出翻译应根据不同的目的，在不伤害语言优美的情况下，忠实地传达原文的意思”，“并要以某种方式让译作比原作更美”。除此之外，他还认为翻译对法兰西语言来说是一种丰富的手段，同时也是传授拉丁语的可行方法之一，让“那些不懂拉丁语的人可以学会更好地说话和写作”。

卷二以“词”为题，但德·坦德探讨的主要是翻译的风格和美学方面的问题。他从具体的翻译实例出发，根据语法的词、词组、句子的顺序，对用法语翻译拉丁语可能遇到的障碍进行分析，介绍如何采取各种方法，“让翻译更漂亮，更易懂”。卷三则讨论译文衔接与连贯的问题，主要分析关联词在翻译中的运用方法，但该卷安排不尽合理，与前两卷有重复且深度不够，限于篇幅，我们不拟展开介绍。就全书而言，德·坦德对翻译理论的贡献是多方面的，首先是以对比的手法，通过拉丁语和法语的比较，探索两门语言的差异与相似点，从而总结出可行的翻译方法。这种方式，后来被许多研究翻译转换技巧的学者所认可、采用。维纳和达尔贝勒纳的《法英比较修辞》采用的就是这一方法。其次，德·坦德在书中以大量的翻译实例为分析素材，有针对性，他所总结的某些技巧具有一定的规律性，可以操作。再次，德·坦德充分利用了当时已经获得的语言研究成果，对具体的翻译操作进行了较为系统的研究，可以说是朝翻译研究的科学性迈了一大步。同时，我们也可以看到，德·坦德对译文的要求仍然是以"美"为标准，这自然与他所处的那个时代的风气有关。

在18至19世纪，法国在文学翻译和翻译研究方面虽然也有不少成就，如18世纪的夏尔·巴特（Charles Batteux）曾出版过《论文学原则》一书，其中的第五部分从文学创作的角度对翻译进行了研究，特别讨论了语序的处理问题，并提出了"六条翻译原则"；又如19世纪的夏多布里昂、奈瓦尔和波德莱尔等在翻译外国的优秀文学作品方面做了大量的工作，但从理论研究角度看，缺乏深度和系统性。米歇尔·巴拉尔在《从西塞罗到本雅明》一书中把梳理和分析的重点主要放在16和17世纪，对17世纪以后的法国译论未做进一步的研究，而是把目光投向了英、德等国的翻译家，对他们的翻译思考与理论贡献做了一番富有启迪意义的探寻。

第三节 探寻西方翻译理论史的启示

研究历史，不仅仅是为了总结过去，更重要的是为了从中吸取经验，指导现在与未来。米歇尔·巴拉尔对西方翻译与翻译理论史进行梳理与探寻的同时，注入了自己的思考，并善于从历史中获得启示。

启示之一：有翻译实践，就必然会有对翻译的思考，而随着翻译实践的不断发展，人们对翻译的认识也不断加深，而翻译理论正是在人们不断加深对翻译的认识，不断回答翻译实践提出的问题中渐渐形成的，有个继承与发展的关系。考察西方翻译史和翻译理论发展史，可以看到伴随着历史上每次出现的翻译高潮，人们对翻译的思考和认识总会有进一步的加深与拓展，比如对逐字翻译法的认识。在西方，一开始，逐字翻译几乎是翻译的金科玉律，特别是在宗教典籍的翻译中，逐字翻译是忠实地传达上帝的旨意和声音的唯一保证，任何变动，哪怕对原文词序的变动，都可能有损于原作的忠实。而随着历史的发展，人们的认识逐渐加深，开始注意到了不同语言之间的差异，以及这种差异给逐字翻译造成的几乎难以逾越的障碍，渐渐地突破了只有"忠实于形式"才能忠实于意义的认识局限，在实践中开始探讨可行的方法，比如允许在形式上的某种变通，以忠实于原作的"意义"等。应该说，我们对翻译的认识，特别是对涉及翻译的种种因素的认识趋于全面，无疑会有助于我们在理论上更有效地探索克服翻译障碍的手段，以指导翻译实践，提高翻译质量。

启示之二：作为一项人类的实践活动，翻译首先是人的活动，而人所依存的各种社会、历史、文化环境，必然会影响到翻译活动。译者在一定的历史环境和一定的社会条件下所意欲达到的目的，包括政治的、宗教的、教育的、文化的或审美的目的，在很大程度上决定了翻译的手段和方法。而译者的态度和主观因素更是直接影响着整个活动，通过对法国文艺复兴时期特别是古典主义时期的翻译史的考察，我们可以更清楚地看到这一点。因此，历史上对不同翻译原则、方法和标准的争论，不仅仅是纯语言转换问题，里面掺杂着多种因素，比如 17 世纪的"美译"之风，就明显与古典主义的艺术追求和那个时代的风尚有密切关系。我们研究翻译理论的发展，不能忽视这一点。因此，我们讨论某个译家提出的某个提法和某个主张时，不能割断历史，不能不考察他所处的那个时代的各种因素。

启示之三：从翻译活动的具体形式看，翻译是两种语言的转换。转换所涉及的种种因素以及翻译活动向不同时代和不同社会的译者所提出的许多问题，特别是某些基本的问题，有着某种共性，比如翻译的忠实性、原文形式与内容关系的处理、原作者与读者关系的协调等，任何时代、任何国度的译者都不能回避，都必须做出思考。事实上，比较中西翻译理论，我们可以发现在许多问题上都有着比较相似的看法，基本点比较一致，如我国翻译界所讨论的翻译中"形"与"神"的关系、翻译与绘画的对比、翻译竞赛或超越论，西方也有过比较深入的思考。如超越论，在古罗马时期就提出过。关于"形"与"神"的思考，法国的古斯代尔在 17 世纪 80 年代就有过明确而精辟的论述。又如 20 世纪 60 年代所强调的对应问题，早在 1370 年尼古拉·奥莱斯姆就已经提出过“对应”的概念。同时，我们也看到，历史上提出的一些翻译标准，中西方也有着惊人的相似，如法国 17 世纪许多译家所推崇的“意义忠实”“表达清晰”“译文美丽”标准，与我国严复的“信”“达”“雅”有着相通之处。至于在具体语言转换的微观层次，由于中西方语言之间的差异较大，西方有的译家所提出的有关翻译方法和技巧我们不可能硬搬，但他们研究有关问题时所采用的科学方法和多种角度，是可以借鉴的。

启示之四：无论在中国还是在西方，翻译界在“直译”还是“意译”、“忠实”还是“再创造”这两个根本问题上一直争论不休，两种观点非但没有达成一致的意见，反而各自朝着理论化和系统化的方向发展，看来两者会在不断的争论和相互批评中继续完善自己，并存下去。在研究翻译理论发展史中，我们不能采取绝对化的立场，而要以历史的发展观来考察问题，树立辩证、相对的观念，客观地衡量翻译标准的实际价值。就翻译理论研究而言，我们应向总体和综合的方向努力，把对翻译具体转换方法与规律的探索与对翻译基本问题的总体思考结合起来。

主要参考书目

贝尔曼著，章文译，《异域的考验：德国浪漫主义时期的文化与翻译》，生活·读书·新知三联书店，2021 年。
博纳富瓦著，许翡玎、曹丹红译，《声音中的另一种语言》，广西人民出版社，2020 年。
陈福康著，《中国译学理论史稿》，上海外语教育出版社，1992 年。
陈原著，《社会语言学》，学林出版社，1983 年。
卡特福德著，穆雷译，《翻译的语言学理论》，旅游教育出版社，1991 年。
卡西尔著，于晓等译，《语言与神话》，生活·读书·新知三联书店，1988 年。
刘靖之主编，《神似与形似》，台湾书林出版有限公司，1996 年。
刘宓庆著，《当代翻译理论》，台湾书林出版有限公司，1993 年。
罗新璋编，《翻译论集》，商务印书馆，1984 年。
米兰·昆德拉著，唐晓渡译，《小说的艺术》，作家出版社，1993 年。
庞纾著，《教育心理学》，人民教育出版社，1983 年。
申丹著，《文学文体学与小说翻译》，北京大学出版社，1995 年。
什克洛夫斯基等著，方姗等译，《俄国形式主义文论选》，生活·读书·新知三联书店，1989 年。
司汤达著，许渊冲译，《红与黑》，湖南文艺出版社，1993 年。
斯坦纳著，孟醒译，《巴别塔之后》，浙江大学出版社，2020 年。
索绪尔著，高名凯译，《普通语言学教程》，商务印书馆，1982 年。
谭载喜编译，《奈达论翻译》，中国对外翻译出版公司，1984 年。

谭载喜著，《西方翻译简史》，商务印书馆，1991 年。

伍铁平著，《语言与思维关系新探》，上海教育出版社，1990 年。

许钧著，《文学翻译批评研究》，译林出版社，1992 年。

许钧主编，《文字·文学·文化——〈红与黑〉汉译研究》，南京大学出版社，1996 年。

徐友渔等著，《语言与哲学》，生活·读书·新知三联书店，1996 年。

许渊冲著，《翻译的艺术》，中国对外翻译出版公司，1984 年。

杨自俭、刘学云编，《翻译新论》，湖北教育出版社，1993 年。

叶维廉著，《中国诗学》，生活·读书·新知三联书店，1992 年。

张景莹著，《大学心理学》，清华大学出版社，1986 年。

张泽乾著，《翻译经纬》，武汉大学出版社，1994 年。

祝珏、周智谟节译，《翻译学——问题与方法》，南木审校，中国对外翻译出版公司，1988 年。

P. B. 邓斯、E. N. 平森著，曹剑芬等译，《言语链——说和听的科学》，中国社会科学出版社，1986 年。

BALLARD, Michel, *La Traduction de l'anglais au français*, Paris, Nanthan, 1987.

—*La traduction: de la théorie à la didactique*, Presses Universitaires de Lille, 1984.

—*De Cicéron à Benjamin, traducteurs, traductions, réflexions*, Lille, Presses Universitaires de Lille, 1995.

BERMAN, Antoine, *L'épreuve de l'étranger: culture et traduction dans l'Allemagne romantique*, Paris, Gallimard, 1984.

—*Pour une critique des traductions, John Donne*, Paris, Gallimard, 1995.

BRISSET, Annie, *Sociocritique de la traduction, Théâtre et altérité au Québec (1968–1988)*, Montréal, les Éditions Balzac, 1990.

BONNEFOY, Yves, *Entretiens sur la poésie*, Neuchâtel, La Baconnière, 1981.

—*La Communauté des traducteurs*, Strasbourg, Presses Universitaires de Strasbourg, 2000.

—*L'autre langue à portée de voix*, Paris, Seuil, 2013.

CARY, Edmond, *Comment faut-il traduire?*, Lille, P. U. L., 1986.

—*La traduction dans le monde moderne*, Genève, Georg, 1956.

—*Les grands traducteurs français*, Genève, Georg, 1963.

CONTAMINE, Geneviève, *Traduction et traducteurs au Moyen Age, Actes du Colloque International du C. N. R. S.*, organisé à Paris, Institut de recherche et d'histoire des textes, les 26–28 mai 1986, Paris, Éditions du C. N. R. S.,

1989.

DELISLE, Jean, *L'Analyse du discours comme méthode de traduction*, Ottawa, Éditions de l'Université d'Ottawa, 1980.

DURIEUX, Christie, *Fondement didactique de la traduction technique*, Paris, Didier Érudition, 1988.

ETKIND, Efim, *Un art en crise. Essai de poétique de la traduction poétique*, traduit par Wladimir Troubetzkoy avec la collaboration de l'auteur, Lausanne, L'Age d'Homme, 1982.

GALLIX, François, et Micheal, *La presse économique, versions et thèmes anglais*, Paris, Hachette supérieur, 1992–1993.

GRELLET, Françoise, *Apprendre à traduire*, Presses Universitaires de Nancy, 1991.

—*Initiation à la version anglaise: The Word against the Word*, Paris, Hachette Supérieur, 1985.

—*Initiation au thème anglais*, Paris, Hachette Supérieur, 1992–1993.

GOUANVIC, Jean-Marc, *Sociologie de la traduction — La science-fiction américaine dans l'espace culturel français des années 1950*, Artois Presses Université, Arras, 1999.

GUILLEMIN-FLESHER, Jacqueline, *Syntaxe comparée du français et de l'anglais. Problèmes de traduction*, Gap, Ophrys, 1981.

HAGEGE, Claude, *L'homme de paroles, contributions linguistiques aux sciences humaines*, Paris, Fayard, 1986.

HULST, Lieven d', *Cent ans de théorie française de la traduction. De Batteux à Littré (1748–1847)*, Presses Universitaires de Lille, 1990.

KELLY, Louis, G., *The True Interpreter, A History of Translation Theory and Practice in the West*, Oxford, Blackwell, 1979.

HORGUELIN, Paul A., *Anthologie de traduire; Domaine français*, Montréal, Linguatech, 1981.

HURTABO ALBIR, Amparo, *La notion de fidélité en traduction*, Paris, Didier Érudition, 1990.

LADMIRAL, Jean-René et Edmond Mare LIPIANSKY, *La communication interculturelle*, Paris, Armand Collin, 1989.

LADMIRAL, Jean-René, *Traduire: théorèmes pour la traduction*, Paris, Payot, 1979.

LARBAUD, Valery, *Sous l'invocation de Saint Jérôme*, Paris, Gallimard, 1946.

LAROSE, Robert, *Théories contemporaines de la traduction*, Presses de l'Université du Québec, 1989.

LAVAULT, Elisabeth, *Fonctions de la traduction en didactique des langues. Apprendre une langue en apprenant à traduire*, Paris, Didier Érudition, 1986.

LEDRER, Marianne, *La traduction simultanée. Expérience et théorie*, Paris, Lettres modernes Minard, 1981.

—*La traduction aujourd' hui, le modèle interprétatif*, Paris, Achette, 1994.

LE FÉAL, Karla Dejean, *La pédagogie raisonnée de la traduction*, Méta, Vol. 38, No.2, Presses de l'Université de Montréal, 1993.

LEFEVERE, André, *Translating Literature: The German Tradition from Luther to Rosenzweig*, Assen/Amsterdam, Van Gorcum, 1977.

MAILLOT, Jean, *La traduction scientifique et technique*, Paris, Eyeolles, 1969.

MESCHONNIC, Henri, *Pour la Poétique, Épistémologie de l'écriture et Poétique de la traduction*, Paris, Gallimard, 1973.

MOUNIN, Georges, *Les belles infidèles*, Paris, Cahiers du Sud, 1955.

—*Les Problèmes théoriques de la traduction*, Paris, Gallimard, 1963.

—*La Machine à traduire. Histoire des problèmes linguistiques*, La Haye, Mouton, 1964.

—*Linguistique et traduction*, Bruxelles, Dessart et Mardaga, 1976.

PERGNIER, Maurice, *Les Fondements sociolinguistiques de la traduction*, Librairie Honoré Champion, Paris, 1978.

PERRIN, Isabelle, *L'anglais: comment traduire*, Paris, Hachette supérieur, 1996.

PEETERS, Jean, *La médiation de l'étranger — une sociolinguistique de la traduction*, Artois Presses Université, Arras, 1999.

RENER, F. M., *Interpretation, Language and Translation from Cicero to Tytler*, Amsterdam, Rodopi, 1989.

SELESKOVITCH, Danica, *L'interprète dans les conférences internationales. Problèmes de langage et de communication*, Paris, Lettres modernes Minard, 1968.

—*Langage, langue et mémoire, Étude de la prise de notes en interprétation consécutive*, Paris, Lettres modernes Minard, 1975.

SELESKOVITCH, Danica et Marianne LEDERER, *Interpréter pour traduire*, Paris, Didier Érudition, 1984.

—*Pédagogie raisonnée de l'interprétation*, Paris, Didier Érudition, 1989.

STEINER, George, *After Babel, Aspects of Language and Translation*, Oxford,

OUP, 1975.

TATILON, Claude, *Traduire, Pour une pédagogie de la traduction*, Toronto, Éditions du G. R. E. F., 1986.

VAN HOOF, Henri, *Petite histoire de la traduction en Occident*, Louvrain, Cabay, 1986.

VINAY, J.-P., DARBELNET, J., *Stylistique comparée du français et de l'anglais*, Paris, Didier, 1973.

ZUBER, Roger, *Perrot d'Ablancourt et «ses belles infidèles», traduction et critique de Balzac à Boileau*, les Presses du Palais Royal, 48, Galerie Vivianne, Paris, 1968.

后 记

早在十几年前，与原在《中国翻译》编辑部任编辑的焦向英先生多次商议，想组织国内翻译界的力量，出版一套“外国翻译理论译丛”，第一辑拟收六部，涉及英、美、法、德、苏等国，都是当代翻译理论研究有影响的著作。结果因种种原因，特别是市场经济的因素，出版遇到了困难，只有穆雷译的那部《翻译的语言学理论》在北京旅游教育出版社的史美珍女士的大力推荐下，才得以面世。译丛虽未能如愿问世，但我至今仍然认为，有计划、有选择地系统翻译介绍外国译论的重要著作，对我们借鉴国外翻译理论研究的优秀成果，促进国内译论研究的发展，加快翻译学科的建设，无疑是有必要的。同时，我又想，若国内翻译界同人同心协力，在掌握近三十年来国外翻译理论研究的基本成果和资料、了解其现状，把握其趋向的基础上，或按国别，或按流派，将国外翻译理论研究的重要成果做一系统的介绍，并在介绍中融入自己的思考，对翻译研究所涉及的基本问题提出自己的看法，恐怕对深化我国译论研究、促进翻译人才的培养有着更为积极和现实的意义。正是基于这样的认识，并结合翻译研究方向研究生的培养，我于1992年详细制订了“当代法国翻译理论”的研究计划，利用出国访学、开会的机会，开辟学术合作渠道和资料交流途径，广泛搜集译论研究成果，了解法国译论研究的现状，把握其发展脉络，为整个研究做了资料和学术上的准备。后在南京大学的支持下，该计划于1994年列入“樱松奖”特别研究项目。经过四年的努力，于1996年底基本完成了原先的研究设想，又承蒙南京大学教材建设领导小组各位专家、领导的厚爱，入选1997年“南京大学教材、专著出版资助项目”，使本书得以顺利出版。在此，我要特别感谢南京大学对促进我国翻译学科的发展所做的积极努力和对我所在的法国语言文学博士点的重视和扶持。

《当代法国翻译理论》自1998年由南京大学出版社出版以来，受到了翻译界同行的关注，《中国翻译》等刊物还发表了长篇评论，在给予肯定的同时，指出了其中存在的不足。根据同行的意见，我们对《当代法国翻译理论》的部分章节，如第二章、第六章，进行了修订。2000年，征得南京大学出版社同意，我们从学科建设的角度出发，将修订本列入唐瑾策划的“外国翻译理论研究丛书”，由湖北教育出版社出版。2003年，经教育部委托全国学位与研究生教育发展中心组织有关专家对本书的通讯评议，并经国务院学位委员会学科评议组召集人会议审定，本书有幸入选教育部研究生工作办公室2002—2003年度推荐的研究生教学用书。这次根据《教育部办公厅关于2002—2003年度推荐研究生教学用书入选书目的通知》，对全书又做了修订，由湖北教育出版社出版。

应该说，这部评介性的著作是教学、科研相结合的成果，参与研究的，主要是我于1996—1999年间指导的博士研究生袁筱一和袁莉。另外，还有毕业于法国巴黎高等翻译学校、获得翻译研究方向博士学位的刘和平教授，广东外语外贸大学蔡小红教授和南京大学法语专业翻译研究方向博士生俞佳乐。全书分工如下：许钧负责资料的搜集，全书主旨、构架的安排和书稿的修订，袁筱一参与全书的通读和修订工作。各章节具体执笔者如下：绪论、第一章、第十章，许钧；第二章、第三章、第九章，袁筱一；第四章，袁筱一、许钧；第五章，刘和平；第六章，蔡小红；第七章，俞佳乐；第八章，袁莉。本书的部分章节，曾在《中国翻译》《外语研究》等杂志发表过，成书时做了补充、调整与修改。在整个研究过程中，我们得到了法国巴黎第八大学学术委员会副主席雅克·纳夫斯教授（M. Jacques Neefs），国际翻译家联盟前秘书长、现任《巴别塔》《国际译联通讯》主编热内·阿埃瑟朗教授（M. René Haeseryn），法国国际文学翻译中心主任雅克·迪埃里奥先生（M. Jacques Thiériot），法国阿尔图瓦大学外国语言文学系米歇尔·巴拉尔教授（M. Michel Ballard），加拿大蒙特利尔大学翻译与语言学系主任让-克洛德·热玛尔教授（M. Jean-Claude Gémar）等专家学者的支持，在此表示谢忱。同时，北京大学比较文学与比较文化研究所孟华教授，北京大学法语系秦海鹰教授，南京大学法语专业王允道教授、张新木教授对本书的编写也给予了关注与帮助，在此一并表示感谢。

许 钧

2004年2月28日于南京大学

增订本补记

《当代法国翻译理论》于1998年由南京大学出版社出版，至今已走过了24个春秋。对一部学术著作而言，最重要的，是其学术生命的延续和学术对话空间的拓展。作为《当代法国翻译理论》的作者之一，我感到十分欣慰：这部著作，先后已有三个版本问世，而且还被教育部研究生工作办公室选为研究生教学用书，向全国高校推荐。这次，又幸得译林出版社的厚爱，推出增订版，在新的历史时期，焕发新的学术生命力。

借增订的机会，我细读了全书，有一种突出的感觉：随着时间的推移，《当代法国翻译理论》一书的学术价值不断得到了确认。二十多年前书中所重点评述的当代法国各家翻译理论，对中国翻译学界产生了不可或缺的参照作用，如书中刘和平教授所评介的法国释意派理论对中国的口译教学与研究具有深远的指导作用，袁筱一对翻译诗学的评介、俞佳乐对社会翻译学的评述、袁莉对贝尔曼文化视界的评介等，对中国翻译研究而言，可以说都具有前瞻性和开拓性的意义。书中关于贝尔曼翻译批评思想的介绍与评价，还有对翻译基本问题研究的评述，在今天看来，仍不失其学术的敏锐性。特别值得一提的是，这部著作在法国多所高校被用作重要的教学参考书，受到了法国翻译学界的肯定。

这次增订，我们以2004年湖北教育出版社版为基础，除对文字做了必要的修订外，还增加了"诗歌翻译的理论建构"一章，重点评介了法国著名诗歌翻译家、翻译理论家博纳富瓦的"在场"诗学及其诗歌翻译思想，作者是南京大学法语语言文学系主任曹丹红教授。此外，我们还在绪论部分增加了法国学者对翻译哲学思考方面的一些介绍，对主要参考书目也做了必要的增订。各章节具体执笔者如下：绪论、第一章、第十一章，许钧；第二章、第三章、第十章，袁筱一；第四章，袁筱一、许钧；第五章，曹丹红；第六章，刘和平；第七章，蔡小红；第八章，俞佳乐；第九章，袁莉。

我曾说过，《当代法国翻译理论》这部评介性的著作是教学与研究相结合的产物，让我感到欣喜的是，当初参加这项研究工作的数位博士研究生，在各自的翻译研究领域取得了喜人的成绩，如今都已成长为法语语言文学界和翻译学界的学术骨干，有的还成为学术带头人。我相信，在未来的翻译研究与探索中，她们会不断进取，取得更为卓越的成就。

最后，我要特别感谢译林出版社的大力支持，感谢王理行、韩继坤为"许钧翻译论丛"收录的各部著作的编辑与出版付出的心血。我还要诚挚地感谢南京大学刘云虹教授和曹丹红教授为《当代法国翻译理论》(增订版) 的修订工作给予的珍贵帮助。

许　钧

2022年1月30日于黄埔花园